老年學概論

Introduction to Gerontology

彭駕騂・彭懷真◎著

老人服務叢書

梅序

民國 88 年 9 月，老友兼好友彭駕騂教授，將他的新著《老人學》送了我一本；那時他已經 75 歲，仍輕輕鬆鬆寫了一本 20 萬字、厚達 382 頁的巨著，令我驚佩！他要我寫序，我在序文說：「這是一本值得人人一讀之書，特別是中年以上的人和政府有關的官員。把老人問題處理好了，我們的社會才會更祥和、更幸福、更可愛！」事隔十二年，駕騂兄駕鶴西歸，哲嗣彭懷真博士是全國知名的社會學家和社工專家，也是著名的演說家與作家，克紹箕裘，把父親的巨著，做了非常多的補充，加以改寫，以《老年學概論》為書名，這種「敘事繼志」的孝行，令我萬分敬佩！

懷真博士是頂尖的社會科學家，他雖年僅半百，卻對老人問題做了極其深入的研究，所蒐集的資料更是出人想像的豐富！加上父親的傳承，他對老人的瞭解，在臺灣應不做第二人想！因此他改寫的老年學，令讀者對當前甚至全世界的老人問題，有更深入的瞭解，對如何處理老人問題也有更實際、可行的建議！應該是研究老人問題的經典之作，更是政府主管部門推動老人行政的指南針！值得當前臺灣社會特別重視。

「高齡社會」這一個令人警惕的名詞和現象，業已在不知不覺中到臨臺灣，可是臺灣對於這個世界各先進國家極其重視、想盡辦法因應的現象，仍是沒有太多、太重要的反應。政府沒有拿出一套完整的制度來為老人服務；社會當然更少因應的措施，似乎任其自然發展。

我今年已 95 歲，唯一的感受是我戶籍所在地的政府給了我一筆每月 3,000 餘元的養老金；除此之外，沒有任何官方或民間老人機構主動與我聯繫；各方面似乎覺得我這「高高齡」老人並不存在。我的老伴也已 90 歲，她的情形與我相同！真的，臺灣各方面對「老人」似乎並沒有特別重視，也沒有加以注意！所以，我覺得懷真博士增修編寫他父親的「老年

學」，是真情流露，是值得讚佩的！

來，讓臺灣社會大眾，為重視臺灣的老人而大聲疾呼！把這本書作為藍本，使臺灣的「高齡社會」煥然一新！

梅可望　序於大肚山，時年九十有五。

自序　真誠面對統整的老人

　　這本書寫給希望真誠瞭解老人的朋友，也寫給希望服務與關懷老人的朋友。希望透過此書，讀者能認識老人，與老人相處。本書也寫給在年齡上被認為是老人或即將成為老人的前輩。擁有清楚又完整的知識，會使老年生涯精彩、幸福又美好。

　　「真誠」很重要，首先這本書要說「真話」，拿出真實的數據與事實來說明。一般人對老人，包括老人自己都不夠瞭解。很多老人領域的書，往往偏重某些角度探討，不夠完整。本書涵蓋四十多個主題，盡可能將與老人有關的議題都納入。真實，也顯示在科學上的本質，力求證據嚴謹、論述清楚，期望以「冷靜的理性」將與老人有關的研究整理與陳述；真誠，更是充滿關懷的。作者之一的彭駕騂從事教育工作五十多年，對臺灣的輔導工作付出極大的心力。總是以關懷的態度教學、寫作、演講，在本書中讀者處處可讀到彭教授以優美的文字貼切地與老人及老人的家人分享。作者彭懷真投身社會工作實務三十多年，二十多年來持續帶領團隊推動關懷工作，又撰稿、論述、教學，協助人們更瞭解老人，並知道如何服務老人。彭懷真擔任中華民國幸福家庭協會秘書長十多年，近年獲選為理事長，這個協會在關懷與服務老人、研究老人議題方面，有相當的成效。

　　彭駕騂教授於 1999 年撰寫《老人學》時，主要是蒐集國內外若干專家之論著與實務工作者之經驗，以為老人學之研究出發，以不同之「我」為核心，認為「我」之生理層面、心理層面與心靈層面是研究之根基。然後，才是在不同家庭中生活之「我」，如何適應老化之過程；接著再擴充到社會與國家對「我」之影響，以及「我」對他們的影響。

　　進入 21 世紀後，老人學非常「夯」，單單是大學就以老人為核心成立了超過二十個學系、研究所、學程。相關學系開授各式各樣的課程，學術研究、實務研究、博士碩士論文、政府專題等，非常豐富。老人也成為

出版界與媒體關注的核心，書籍、雜誌、廣播節目、網站，推陳出新。在老人服務方面，更是熱門，政府、醫院、非營利組織等都以老人為主體推出各種方案，照顧產業快速擴張，食衣住行育樂各行各業都嘗試以老人為對象擴展商機。「老人」與「社會」的互動也就更為頻繁了。另一方面，家庭結構正在改變，以往老人依賴家庭是常態，現在老人與家庭關係是多元的、動態的，需要有新角度的分析與因應。更重要的，是要能「統整」。

本書的出版，從理性的角度，重點在「統整」，提供對老年學有全貌的瞭解。兼顧理論與實務，希望對老師與學生都易於閱讀，也期盼是從事老人研究及老人服務的工具書。從感性的角度，也是「統整」，老人與自己統整，家庭不要因為有老人而不統整，社會的資源在注意老人時也注意到其他人的需要。例如被照顧的老人很重要，照顧老人的家人、監護工、各機構的工作人員也很重要。

身為彭駕騂教授的第四個孩子，我要特別感謝這本書讓我與父親更統整。家父一生好學不倦，在 75 歲時寫了《老人學》，81 歲時寫了《老人心理學》，罹患癌症仍試著寫《老人失智學》。在 87 歲時辭世。父親在與癌症搏鬥的七年中，我們家人的關係更為緊密。出版《老人學》與《老人心理學》的揚智出版社要我將父親 1999 年版的書增編修訂，感謝揚智與我的家人給我這個機會更瞭解父親所關心的，也像天下無數為人子女者的心情，傳承父母所關心、所投身的。

也許是巧合吧！在家母被主接去滿週年時，父親所寫《老人心理學》問世，我修訂的這本書也在父親逝世週年時出版。

特別感謝已經高齡 95 歲的梅可望校長又為新書寫序。十三年前的《老人學》，梅校長寫了精彩的序言，如今，梅校長依然硬朗，仍然是臺灣發展研究院與中國現代化學術研究基金會等機構的董事長，每週自己搭高鐵去臺北處理中國現代化學術研究基金會的公務，其餘每天上午 9 到 12 點、下午 3 至 6 點在臺灣發展研究院工作。感謝梅校長以旺盛的生命

力長期指導引領我，梅校長真是最棒的老人。

　　也要感謝幾位我指導的博士與碩士：王明鳳老師、許傳盛副秘書長、邢雅苹組長等，在指導的過程中，我更瞭解老人領域。謝謝我的大哥、二哥、姊姊、兩個妹妹及每一位家人，從母親生病、父親生病到先後被主接去，我們的家人彼此同心、相互鼓舞。姊姊在美國買的 *The Cambridge Handbook of Age and Ageing*，送給父親，成為此書的重要參考。我接收了父親幾百本書（有三分之一是老人領域的），成為我往後撰寫書籍的材料。

　　特別謝謝張怡倩小姐，她辭掉了報社編輯的工作，幫助我完成此書，細心又專業地修正各項資料，校對了各種參考書目，使書中內容的正確性與完整性都提高不少。鄭茹庭小姐也在撰寫初期幫了不少忙，她們都可以將這本書送給父母。內人許惠仙老師當年幫忙協會寫《中壯年生涯規劃手冊》、幫忙家父與梅可望校長、黃堅厚教授所寫《老年生涯規劃手冊》做校對，這本書她也出力不少。我在撰寫此書的初期，她去美國照顧孫子 Max 與孫女 Ashley，讓我心無旁鶩，一方面思念父親、一方面滿懷喜悅地迎接剛出生的孫女，這也是奇特的經驗。

　　特別感謝揚智文化（威仕曼文化）的每一位同仁，尤其是葉發行人、宏錢、湘渝，因為您們的熱誠，使我父親在 20 世紀即將結束所寫的著作到 21 世紀的第二個十年有了嶄新的呈現。

彭懷真　謹識

關於作者

彭駕騂

　　廈門大學文學士、美國密西根大學研究（學校行政）、菲律賓大學亞洲師資研究所畢業、美國夏威夷大學研究（特殊教育）。

　　曾任臺灣省立屏東中學教員；臺灣省立臺北師範專科學校組長、主任、副教授、教授；美國威斯康大學與關島大學客座教授；臺灣彰化師範大學教授、系主任、教務長；私立復興中小學校長。也擔任過中國輔導學會理事長、國立編譯館中小學教科書審查委員、張老師指導委員、教育部六年輔導計畫諮詢顧問、世新大學新聞學系兼任教授等職。

　　寫作書籍十餘本，包括《教師心理衛生》（1987）、《婚姻輔導》（1996）、《老人學》（1999）、《老人心理學》（2008）等。

彭懷真

　　臺灣大學學士（社會工作）、碩士（應用社會學），東海大學博士（社會學）。曾任東海大學幸福家庭研究推廣中心主任、社會工作系系主任、教師會理事長、學生事務長等職。也擔任過幸福家庭促進協會及臺灣社會工作教育學會等秘書長，應聘為行政院婦女權益委員會、內政部性侵害防治委員會等委員。

　　目前是東海大學社會工作系副教授、中華民國幸福家庭促進協會理事長，應聘為行政院性別平等委員會、內政部人口政策委員會、中國國民黨廉能委員會、臺中市兒童及少年性侵害防治委員會等委員，自 1999 年起也是中廣新聞網「5L 俱樂部」主持人。

　　寫作出版的書籍超過四十本。

目錄

Part 1　老年與老化　　　　　　　　　　　1

Chapter 1　緒論　　　　　　　　　　　3

Chapter 2　老化現象與理論　　　　　　27

圖表目錄

Part 1

老年與老化

Chapter 1

緒論

第一節　什麼是「老」？

壹、關於「老」的英文

　　老的英文有兩種說法：一是 old；一是 aged。老人的英文有五種說法：(1)an old person；(2)a greybeard；(3)a senior citizen；(4)the aged；(5) the old。old age 是指**老年**，是個人生命歷程（life course）的最後一段，也是本書特別看重的人生旅程。人到了這個階段會出現官能衰退、社會影響力降低、減少原來的義務等現象。老年是生物性階段，也是一種社會結構狀況，因為老的到臨和意義都隨歷史和文化條件而有所不同。老年人的英文是 senior citizen。senility，可以指老年人，也可以指心智鈍化、記憶衰退、體能失調等因為老而出現的現象。

　　從「發展心理學」的角度，老年仍然在發展，而且隨著平均壽命的延長，老年時期的發展還很長。這樣的老化歷程因為醫藥水準的提高而漸漸緩和。老化的英文有兩種說法：(1)ageing；(2)maturing，泛指人一生中的所有變化。按年齡，老人可以分為以下三類：(1) **初老者**（young-old），或稱「前期高齡者」:65 至 74 歲;(2) **中老者**（old-old），或稱「中期高齡者」：75 至 84 歲；(3) **老老者**（oldest-old）：85 歲以上，或稱為「後期高齡者」。

　　老化（aging）是一個過程，絕大多數人都會經歷，都將進入老年期。國立自然科學博物館有一個展覽區的主題是「生、老、病、死」，其中有一個機器是可以將自己目前的樣子照下來，然後在螢幕上呈現 45、55、65、75 等歲時的模樣。還沒有到老年階段的朋友應該去這個地方，看看自己未來大致的臉部長相。但年輕人多不願意參與這實驗；的確，才二十歲左右，怎麼能接受自己老年的樣子！但是擁有老年歲月的人還是愈來愈多。

　　顯示老化的老化指數（aging index）是：「以 65 歲以上老年人口數

除以 14 歲以下幼年人口數計算得出。」例如臺灣 2009 年底老化指數是 65.05%（內政部，2011A）。**扶養比**的英文是 nurture ratio 或 dependency ratio，指依賴人口對有工作能力人口的比率，亦即幼年及高齡的總和對青壯年（工作年齡）人口之比率；用指數來表示即每 100 個有工作能力人口應扶養多少個依賴人口（內政部，2012A）。其中：

1. 幼年人口扶養比（young dependency ratio）：指工作年齡人口對幼齡人口的負擔指數，計算方式為：

（0-14 歲人口數）÷（15-64 歲人口數）×100

2. 高齡人口扶養比（old dependency ratio）：指工作年齡人口對高齡人口的負擔指數，計算方式為：

（65 歲以上人口數）÷（15-64 歲人口數）×100

100 年底我國戶籍登記人口為 2,322 萬人，65 歲以上者 252 萬 8,249 人，占 10.89%。我國自民國 82 年起邁入高齡化社會以來，65 歲以上老人所占比例持續攀升。老化指數為 72.2%，近三年間又明顯上升 10.7 個百分點。扶老比 14.7%，續呈平穩上升趨勢；扶幼比因為少子化的趨勢，100 年底是 20.4%，呈下降趨勢，近十年間平均每年下降 0.9 個百分點。（內政部，2012A）

貳、關於「老」的中文

老化是進行式，是不會逆轉的單方向進行式。身體不僅是「日漸衰老衰退」，更是「分秒都走向死亡」。對老年，也有各種說法，常聽到的是年齡上的說法，年齡的呈現主要用「數字」，如幾歲。不過，用文字來

表達，也可以有不同的方式。如：

1. 60 歲：

    (1) **樂齡**是對 60 歲以上的別稱。此詞語最早源於新加坡等地，出現在 1970 年代末，當時新加坡第一個老人活動中心在惹蘭勿剎茂德路成立，首次採用「樂齡中心」這名稱，為鼓勵老年人快樂學習而忘齡，是以「樂齡」之名稱作為學習資源中心之標誌。我國教育部推動樂齡學習，設有樂齡學習中心，又規劃了樂齡學習網。

    (2) 花甲之年，或稱花甲、平頭甲子。天干地支順次組合為六十個紀序名號，自甲子到癸亥，錯綜參互相配，稱花甲子或花甲。出自《唐事紀事》：「手挼六十花甲子，迴圈落落如弄珠」。

    (3) 耆，《禮記‧曲禮上》：「六十曰耆。」；《荀子‧致士》：「耆艾而信，可以為師。」

2. 70 歲：

    (1) 耋：指 70 至 80 歲。《左傳‧僖公九年》：「以伯糾動耋老，加勞。」

    (2) 古稀之年：「人生七十古來稀」。

3. 77 歲：又稱「喜壽」，因「草書喜看似七十七」。

4. 80 歲：耄：指 80 至 90 歲。《禮記‧曲禮上》：「八十九十曰耄。」

5. 88 歲：又稱「米壽」，因米字拆開就是「八」、「十」、「八」三個字。

6. 90 歲：

    (1) 鮐背：鮐是一種魚，背上的斑紋如同老人褶皺的皮膚。

    (2) 凍梨：人到暮年時，皮膚上生出的老年斑如凍梨之皮，故稱「凍梨」。

7. 99 歲：又稱「白壽」；白，百字省一橫也，100-1 意指 99。

8. 100 歲：即期頤之年。

9. 108 歲：又稱「茶壽」；茶字上面為廿，下面八十八，二者相加，得 108 歲。

長壽是值得慶賀的事，在民間的習俗上，60 歲開始就可以做大壽了。90 歲以上為上壽；80 歲以上為中壽；70 歲為下壽（也有指 60 歲以上者）。長壽，還有如上介紹的喜、米、白、茶壽之說。更進一步有：

1. 「花甲相慶又添二八春秋」：花甲六十，相慶為二，再添十六，計一百卅六歲。60 是花甲，相慶有乘是乘以二的意思，2（乘）8 是 16，所以是 60×2 + 16 = 136。

2. 「古稀重喜再加三七歲月」：古稀是 70 歲；「花甲重開外加三七歲月，古稀雙慶內多一度春秋」。清乾隆五十年，百叟宴上，乾隆看見一位老壽星年高 141 歲，非常高興，就以這位壽星的歲數為題，出了上聯，紀曉嵐對了下聯。上聯的「花甲」是指 60 歲，「重開」就是兩個 60 歲，「三七」是 21 歲，加起來就是 141 歲；下聯的「古稀」是指 70 歲，「雙慶」就是兩個 70 歲，「多一度春秋」就是多 1 歲，合起來也是 141 歲。

報紙上處處可見老的議題，如斗大的字「老，我們分手好嗎？」，旁邊介紹各種號稱能「打『老』賊」的化妝品。其實，化妝品只是處理一小部分外表的問題，比較不受到老化所影響的是「心理」，心情可以年輕、心態可以好奇、心胸可以開闊。對於學習、對於開拓人際關係、對於發展新的興趣，都可以動態、多元、探索。到了這個年紀，可放可收、可隨時開始可隨時結束、可以在乎可以馬虎。生活與心理都不是一條單行道，有些像森林小徑，不同路徑有不同的美。但願有更多人能夠大方說：「老，我們不分手，我們和平共存吧！」

參、關於「老」的名詞

人一生在社會結構裡的位置持續在改變。每個人都是依年齡分級的（age-graded），不同年紀的人，在社會上都有不同的角色、期待、機會、地位及限制。大眾對於就學年齡、就業年齡、生育年齡及退休年齡有大致相近的看法。年齡（age）是一個**社會概念**（social construct），有明顯的社會意義（Schaie & Carstensen, 2006)。年齡分級於不同的文化或歷史時期則有所差異。相關的名詞有（彭懷真等譯，1991；蔡文輝，2008）：

1. life span（壽命）：指個體自生命開始到死亡的時間。
2. cohort（世代）：指出生時間接近，而有許多共同經驗的一群人，如經歷二次大戰。
3. life course（生命歷程）：一個人從幼年到老年乃至死亡的變化過程，是個人事件與社會相互作用的結果。許多人用生命歷程一詞而不用「生命周期」，因為人的生活並非嚴格按年齡經歷，生命歷程著重社會歷史的過程。
4. life cycle（生命周期）：是一個人變化和發展的過程，與「生命歷程」意思相近，但由於意味著一個不斷更新變化的過程，如同「季節周期」那樣有必然性。

社會學和心理學近年來對於生命歷程的議題十分重視。艾力克森（E. Erikson）是最早提出人在成年之後的發展並未結束的理論家之一，他描述了八個接續的心理發展階段（孫武彥，2007）。C. Buhler 也致力說明先天論（nativist），強調人的生命歷程中的共同過程（這與生命周期的定義最接近）（張春興，1989）。

第二節 什麼是「老年學」？

壹、意義

老年學（gerontology）是研究老化和老年人議題的學科。著重研究人口中老年人的比例日益增加產生的影響、老化的個人經驗和老年人在社會中的地位。把老年視為問題是受到歧視老年人的思想所影響，這種思想否認老年人的地位和作用，使老年人不得不退休，只能依賴不充分的社會資源生活。從歷史和文化的角度，對老年人群體社會地位的比較研究主要建立在社會階層化的研究之上。

老年學是探討個體老化過程之科學。gerontology 一詞源自希臘文geron，本意是一位老人。這一字 geron 也是一些相關名詞的字首，如：(1)gerontocracy：指由老人們所領導的政府及政治；(2)geronpsychology：指研究老人心理與行為的科學；(3)geront 或 geronto：表示「老人」；(4)gerontic：表示「老人的」；(5)nostology：表示「老人病學」；(6)geriatrics：表示「老人醫學」；(7)social gerontology：是「社會老人醫學」或「社會老年學」的意思；(8)geriatrics：專門指「研究老人疾病的醫學」（黃富順，2002；葉志誠，2010A）。

貳、研究歷史

13 世紀 Roger Bacon 著有《生死史》（*The History of Life and Death*）一書，主張要增加壽命就要改善個人和公共衛生。19 世紀，數學兼統計學家 Adolp Queletet 首先解釋老化為發展的過程，而不是停滯或倒退的過程，他也進行老化的橫斷面研究（Malcolm, 2005）。

20 世紀初，老年人口快速增加，各國退休政策出現。更刺激老化的

研究與老人議題的思考，開始有「老年學」的專門領域。早期老年學的研究多集中在社會和經濟問題，也針對影響老人生命中生理、心理、社會以及政策等因素進行探究。例如俄國生理學家 Ivan Pavlov 研究動物的老化；1922 年美國心理學家 G. Stanley Hall 的《衰老——你的後半生》（*Senescence, the Last Half of Life*），則探究美國對老年人負面烙印的社會與心理層面。

隨著社會正視老年人口問題，1940 年代美國有一些組織開始正式且持續研究老化。1945 年，美國老年學學會（Gerontological Society of America, GSA）成立，許多有興趣的研究人員和實務工作者參與其中。老年學正式成為美國心理學協會（American Psychological Association）的一項研究領域，隨後老年學也納入美國社會學協會（American Sociological Association）的研究範圍。《老年學期刊》（*Journal of Gerontology*，為美國著名的老年學學術期刊）於 1946 年由 GSA 創刊，對於傳遞老年學知識，扮演開路先鋒。1988 年，發展成兩份期刊（《生物暨醫學期刊》及《心理學暨社會學期刊》）。

1946 年，美國國家衛生研究院（National Institutes of Health）於巴爾的摩（Baltimore）市立醫院成立老年學研究中心。Shock 博士開始一項縱貫性研究，探討健康男性老人的生理變化。到了 1978 年，把女性也納入研究，統稱「巴爾的摩老化縱貫性研究」（Baltimore Longitudinal Studies of Aging）。杜克大學成立老年學中心著重研究生理老化和心理衛生，同時探索老化的社會面向。在 Robert Havighurst 的帶領下，芝加哥大學成立研究中心，探究老化的社會層面，也探索成人發展中社會及心理的層面。在各大學紛紛設置相關科系，美國老年學高等教育協會的網站（www.aghe.org/site/aghewebsite），網站上列出了 269 所通過審核有老年學相關學系符合資格的大學。

為積極迎向高齡社會，聯合國於 1991 年通過「聯合國老人綱領」，提出獨立、參與、照顧、自我實現、尊嚴等五要點，為老人基本權益保障

之共同目標。20 世紀末至 21 世紀初，健康與福祉已被聯合國認定為老人的兩大議題。世界衛生組織（WHO）於 2002 年提出「活躍老化」（active ageing）為核心價值，認為若想使老化成為正面的經驗，必須讓健康、參與和安全達到最適化的狀態，以提升老年人生活品質，這也是目前國際組織擬訂老人健康政策的主要參考架構。2002 年聯合國召開「老化問題世界大會」，關注如何將老人融入社會各層面、擴展老人角色及活力老化等政策議題；世界衛生組織並彙集全球性友善老人城市計畫（Age-Friendly Cities Project, AFCP）實驗成果，於 2007 年公布以住宅、交通、戶外空間與建築規劃、社會參與、溝通與訊息傳播、市民參與及就業、社會尊重、社區支持與醫療服務等八大發展指標，期望排除環境中的障礙，積極增進老人的日常活動及社會參與（《聯合國統計年鑑》，2009）。

在我國政府體系方面，內政、衛生、教育等部會是與老人最直接相關的，都對老人議題持續做研究、整理、分析，以提供制訂政策做依據。臺灣省政府時代的家庭計畫及人口研究所、中央研究院等單位都持續進行老年學的研究。各醫院的主要服務對象是老人，當然要研究老年學。

非營利組織與社會福利機構有些主要是服務老人，有些雖然創立的宗旨不是服務老人卻也以老年人口為對象，也注意老年學。宗教體系更不能忽略老人，宗教教育與服務有許多是以老人為核心的工作。

在學會方面有「臺灣老年學會」（1982 年成立）、「臺灣老人保健學會」（2004 年成立）、「臺灣老年精神醫學會」（2005 年成立）、「臺灣老人急重症醫學會」（2008 年成立）等。在刊物方面則有臺灣老人學暨老年醫學會出版《臺灣老年醫學暨老年學雜誌》（2006 年發行）與成功大學老年學研究所《臺灣老年學論壇》電子刊物（2008 年發行）等。在書籍方面非常豐富，請參考本書的參考書目。

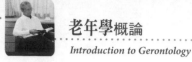

參、老人學系與課程

學系與研究所

在我國，在大學之中，社會學系、社會工作學系、社會福利學系、心理學系、護理學系、公共衛生學系、復健學系、成人教育系等，都陸續開授老人相關的課程。例如世新大學社會心理學系有老年專題研究學程、臺大醫學院有老人醫學照顧相關的學程、東海大學社工系的老人社會工作與老人福利專題、臺大社工系有老人社工與老年學的研究、陽明大學臨床護理研究所有老人護理與老人照顧等。

我國自 21 世紀起，有超過 20 所大學成立了老人相關學系、學程以及雙修制度。依照教育部參照聯合國教科文組織（UNESCO）之國際標準分類（Internation Standard Classification of Education, ISCED）1997 年版「學科標準分類」編碼方式，大專校院學科標準分類計分：9 大類（領域）、23 中類（學門）、158 小類（學類）及 1,305 細類（系、所）。9 大類（領域）之一「醫藥衛生及社福領域」包含「社會服務學門」及「醫藥衛生學門」。在社會服務學門中包含了「身心障礙服務學類」、「老年服務學類」、「社會工作學類」、「兒童保育學類」及「其他社會服務學類」等 5 小類。老年學與社會工作兩個學科的知識體系恰恰是老人社會工作的專業基礎。臺灣各大學院校醫藥衛生及社福領域——社會服務學門之「老年服務學類」，共有 18 所學校、19 個系所。

其中，南開科技大學「福祉科技與服務管理系」、「銀髮族健康促進與照顧服務學程在職專班」僅有研究所，尚未成立大學部，其餘 14 所學校皆為大學部。經國管理暨健康學院「老人服務事業管理學系」僅招收四年制在職專班；亞東技術學院「老人照顧系」僅招收日間部二年制學生；中臺科技大學「老人照顧系」僅招收二年制在職專班學生；長庚技術學院「老人照顧管理系」僅招收進修部二技在職專班。學程方面，有臺南科技大學進修部二年制在職專班「銀髮生活產業學位學程」及輔英科技大學護

理學院「老人照顧學位學程」（二技）。

在研究所與學系方面，以「老人」為系名的，大致可以分為三類：

1. 相關研究所有：

   (1) 長庚大學的護理研究所──老人社區護理學組

   (2) 中正大學的高齡者教育研究所

   (3) 成功大學的老年學研究所

   (4) 臺北護理健康大學的長期照護研究所

   (5) 南開科技大學的福祉科技與服務管理研究所

   (6) 南開科技大學的銀髮族健康促進與照顧服務碩士學程專班

2. 偏重護理與管理的學系有：

   (1) 經國健康暨管理學院的老人服務事業管理系

   (2) 亞東技術學院的老人照顧系

   (3) 中臺科技大學的老人照顧系

   (4) 臺北醫學大學的老人護理暨管理學系

   (5) 亞洲大學的健康暨醫務管理學系──長期照護組

   (6) 大同技術學院的福祉科技與服務管理系

   (7) 育達商業科技大學的健康照顧社會工作學系

3. 在社會服務學門方面，主要有：

   (1) 明新科技大學的老人服務事業管理系

   (2) 稻江科技暨管理學院的老人福祉學系

   (3) 美和技術學院的老人服務事業管理學系

   (4) 弘光科技大學的老人服務事業管理學系

   (5) 朝陽科技大學的老人服務事業管理學系

   (6) 嘉南藥理科技大學的老人服務事業管理學系

輔仁大學有老年學程，由生物科學與醫學、社會科學、行為科學以及科技與自然科學等不同領域共同探討，由文化的觀點探索個體在老化過

程中生理、心理、社會與靈性方面的變化現象，作為相關領域發展老人相關專業學術探討之基礎。規劃課程分為必修與選修，學分數為 30 學分。甲、必修：老年學核心課程、專業核心課程、老年學實習或專題研究（16 學分），在核心課程方面，「成人發展與老化」、「銀髮族體適能」與「銀髮族活動設計」為共同必修核心課程。專業核心課程是由相關系所所開的課程中，選修非主修科系所開設之課程：老化的健康觀、慢性病管理、營養與老化、老人住宅設計、老人社會工作、長期照護、生死學與臨終關懷、藝術治療、老人體能促進、失智老人照顧、老人心理學、家庭與老人生活、銀髮族的休閒與觀光。在修習老年學學程必修課程至少 9 學分後，可以開始進行實習課程。實習過程中學生半數以上的工作時間必須為老人進行專業服務。跨領域選修課程由參與老年學學程之各系所開的相關課程組成，各系學生在其主修科系所開課程至多可抵免 14 學分。藉著這些跨領域課程之選修，可使來自不同專業領域的學生獲得跨領域老年學相關課程之訓練。

第三節　老年學的範圍

壹、主要範圍

　　早期的老年學僅注意到生理學的範疇，現今不同領域的學者專家對老人問題都高度關切，感受到導致老化的實際因素非常複雜；更體認到老化對個人、家庭、社會乃至整個國家，都有極其深遠的影響；因此，老年學的內涵也就隨之不斷擴大。以國內各大學社會服務學門 6 個學系的專業課程規劃資料，以課程名稱相似度做 14 面向分類。在 97 學年度以「社會支持與照顧類」課程最多，占總專業課程 24.06%，「健康照顧類」課程次之，為 17.69%；再者為「老人產業與福利機構類」課程（15.80%），以

「老人住宅類」、「老人保護類」、「老人交通類」課程最少，皆未超過專業課程規劃總數量之 2%，許多科系均未將「老人交通類」課程納入規劃（邢雅苹，2010）。

依照邱天助（2011）的看法，老年學大致包含下列幾個知識內涵：(1) **老年的變化**（change in oldness）：研究老年時的生理、心理和社會變化；(2) **生物老年學**（biogerontology）：探究生物老化的過程；(3) **老年科學**（geroscience）：探就正常老化與老年疾病的分野與關係；(4) **老年政策、老年政治**（gerontocracy）：探討人口老化對社會造成的影響，包括養護、照顧、年金、津貼、保險和退休規劃等等；(5) **應用老年學**（applied gerontology）：以上這些知識在政策和方案的應用，包括巨觀的政策層面與微觀的實際措施。

由這些統計顯示，老年學的範圍很廣，與自然科學、應用科學、人文科學與社會科學等的關係愈來愈密切。在自然科學及應用科學方面，特別相關的有：

1. 生理學：老年學最初的研究就是從生理學切入，探討人們為什麼會開始老化。
2. 醫學：借重醫學中之老人醫學與精神醫學，提供老人保健與醫療之正確服務。
3. 生物學：人類是哺乳類動物，對老化的某些研究可能要利用動物做實驗。
4. 營養與衛生：對老人之保健與復健有幫助。
5. 運動學：與老人之強身及復健有關。
6. 建築學：提供了居家安全，設計和建造老人醫療、安養機構。

在與人文科學及社會科學方面特別相關的有：

1. 社會學：老人問題很多是在人際互動上產生；社會變遷、人口結構、社會組織也直接或間接地影響到老人問題。

2. 心理學：心理學中之發展心理學、老人心理學與社會心理學，對研究老人之心理、智力、情緒、人格，都有幫助。
3. 經濟學與政治學：政策的制訂、銀髮產業等，都直接間接地與老年學有關。
4. 教育學：牽涉到老人的終身學習與成人教育。
5. 宗教學：宗教開啟老人的心靈，信仰給予許多老人力量。

在專業方面，特別相關的有：

1. 護理：老人照護就是護理學的重要主題。
2. 管理：如何有效提供老人各項服務、如何經營老人照顧機構等需要管理。
3. 社會工作：老人福利與服務特別需要社會工作。

以老人社會工作為例，是兼顧鉅視面與微視面地服務老人、老人的家庭、老人所住的社區與老人有關的政策。在微視面，主要是透過對老人的諮商、直接服務、關懷照顧、社區方案、倡導辯護等方式推動；在鉅視面，則與各醫療機構、老人保護體系、大專院校及各非營利組織共同爭取老人的權益，使公共政策對老人更友善（趙善如、趙仁愛譯，2001；戴彰州、吳正華，2009；楊培珊、梅陳玉嬋，2011）。

老年學者包括研究人員及實行者，遍佈於生物、醫藥、護理、牙醫、物理及職能治療、心理學、精神病學、社會學、經濟學、社會科學及社會工作等領域。老年學除著重預防及處理老化疾病之外，陸續成為醫學、藥學、護理及牙醫學的一項專科。「老年學」還發展出許多不同的學術觀點與研究取向，包括「批判老年學」（critical gerontology）、「科技老年學」（technogerontology／gerotechnology）、「環境老年學」（environmental gerontology）、「種族老年學」（ethnogerontology）等等，顯示出豐富多元的學術樣貌。（Johnson, 2005；邱天助，2011）

以科學方法研究人類老化，必須運用邏輯、統計分析與實驗工具進行研究。研究範圍還包括個人晚年生活中的信仰與態度，也包含藝術、哲學、文學等領域，又可進一步探討社會福利、經濟發展與國家政策對老人的影響。

貳、核心與重點

　　老年學的核心是什麼呢？主要應該是針對影響老人生命中生理、心理、社會，以及政策等因素進行研究。依據臺灣高齡服務管理學會 98 年會議提案「老人相關科系共同課程規劃」決議，基礎課程是：老年學 I、老年學 II（6 學分，或開設老人生理學、老人心理學及老人社會學三個科目），老年學最重要的有三大領域：社會老年學、老人心理學與老人生理學。

　　社會老年學（social gerontology）一詞由 Clark Tibbitts 於 1954 年率先使用，試著敘述在老年學的範疇中，社會及文化對老化過程的衝擊，及這個過程所造成的社會衝擊，也探討老年人口的老化經驗與社會間交互影響的力量。更進一步分析老化之社會意涵，例如：健康與長期照護、年金及退休政策、社區照護機構模式及政府經費模式。社會老年學促成了健康照護及長期照護中的專門知識、促成專門服務的成長，如生活輔助（assisted living）及成人日間照護計畫（adult day health programs），也促成了以老人為主軸的休閒事業。相關主題還包括：(1) 社會老化的生物學與生理學脈絡：闡述生物學和生理學對老年人日常生活能力的影響；(2) 探討老年人的智力、學習能力、人格等心理層面的變化：說明老化的社會學脈絡，分析家人和朋友等社會支持、照護議題、居住議題、退休和休閒議題、老人對於死亡的看法等；(3) 檢視老化問題的社會政策：從更宏觀的角度檢視老化及老人問題（郭鐘隆、林歐貴英譯，2003；邱天助，2011）。

在家庭方面的研究包含了家庭組織、家庭環境、家人關係與居家服務及其他。老年學在社會方面的研究，包含社會福利、社會工作、醫療保健、社會教育與社會救濟及其他。老年學在國家此一層次上則研究若干法規、照顧組織等。

綜合而言，老人研究的重點有：

1. 研究老年人的生理、心智、社會等方面的改變狀況。
2. 探討老化及老化的過程，也就是生物老年學。研究老化的原因、機制與結果，也探究人究竟可以活幾歲。試著掌握使人們老化的因素，減緩這些因素的干擾，因此可以延長人類的壽命。
3. 分析正常的老化與老化所產生的疾病，也就是 geriatrics；專門研究老人致死的疾病。
4. 探究老年人口（ageing population）對社會的影響。這個領域很豐富，包括社會工作、護理、心理學、社會學、人口學等都有許多研究；也分析如何教育及增進老年人的生活。
5. 將相關研究的知識應用到與老人有關的政策或方案之中，例如在鉅視面建議政府如何推動老人計畫，微視面則建議老人如何自我照顧。

參、主要研究方法

以科學方法研究老人生理、心理與社會行為，主要牽涉到三個層面：(1) 理論層面：企圖探討、確定從客觀資料所瞭解的老化歷程與其所顯示的特質；(2) 方法層面：希望發展更多研究的程序，仔細評估目前對老化本質的研究成果；(3) 應用層面：試圖以各種理論與方法，防範或減輕老化對個人、家庭與社會的影響。

老年學與其他行為科學相比，有大致相同的方法，又因為其研究對象的特殊，有其特別看重的研究方法。

老年學運用了與自然科學和社會科學所必用之邏輯學，以反映客觀的存在，並透過思維形式與思考方法，對事物的基本原則有進一步的認識。同時，廣泛地透過調查研究、收集資料，並使用統計學的原理與方法，加以整理分析。

以下簡介本書應用到的幾種方法（彭懷真，2009A）：

1. 選樣調查（sampling survey）：本書許多的統計數據，都是利用政府、研究機構或學術報告裡調查所得到的資料。調查研究是從採用的樣本中選出具有代表性的一群人（稱為樣本），系統地蒐集民眾的行為與態度的方法；也可從調查的對象中，依科學原理抽選出一部分的人加以調查，而以此部分的資料推估整體情況或全部資料的方法。這時全部資料就是母體（population），抽出作代表的一部分則是樣本（sample）。樣本調查可以節省經費和時間，而如果抽樣的方法符合科學原理，則其結果就較可靠，也較符合母體的情形。利用選樣法雖然會造成誤差（error），但誤差是可以計算出來的，不致於損害調查結果的準確性。

2. 訪問法（interviewing）：對老人的研究，親自訪問通常比問卷調查要有效。這是一種面對面，由訪問員親自詢問問題的蒐集資料方法，用以支持研究員的理論假設。詢問法問卷裡所使用的詞句、問題安排的順序、語氣等都會影響訪問的成敗。在使用上，可分為「有結構訪問」和「無結構訪問」兩種。

3. 實地觀察（field work）：也稱觀察法，人類學家稱此方法為田野工作。這種方法是實地觀察老人的實際生活狀況，以瞭解其問題。若將選樣調查與實地觀察加以比較，選樣調查所調查的內容是老人的經驗與態度，這與實際情形常有出入，因為有些老人的記憶不太可靠，也有可能基於各種考慮不一定訴說真實情形。觀察法則可看到現場的情形，可直接觀察到事情的發生或情況，所以實地觀察所蒐集的資料，較為詳盡與可信。

4. 實驗法（experimental method）：較少應用在老年學的研究，在社會心理學小團體或面對面互動研究上使用較多。實驗法主要是研究者針對某一特定的社會現象或行動而設立一個可控制的人為環境，觀察在該環境內特定現象或行動的改變或成長。通常研究者把受測驗團體分成兩組：一組是控制組（control group）；另一組是實驗組（experimental group）；然後讓實驗組接受一個被認為影響行為改變的因素，而控制組未受該因素的影響。如果實驗組行為有了改變，而控制組未改變，則可以推測該因素是行為改變的原因。

5. 內容分析法（content analysis）：研究法裡比較次要的輔助法。是以報章雜誌、書籍或電訊等資料的內容來做客觀和系統性的分析與研究。一種常用的資料是報紙標題與內容，瞭解大眾對老人的看法，也可以比較不同政黨或不同國家對老人的政策。

6. 檔案資料（archives data）：檔案資料包括政府及民間各機關所蒐集的業務統計資料。政府的人口普查、經濟統計、公報等皆是可用的資料。這一方面，臺灣有相當豐富的研究資料。

除了上述的六個方法之外，老年學的研究還包括下列的六大方面（沙依仁，1996）。

一、橫斷面的研究法

橫斷面研究法是對不同發展階段個體的某種或多種行為進行研究。如此在短時間內即可獲得各年齡階段老人發展或心理問題的資料，如初老者、中老者、老老者的不同。這種方法在時間上較為經濟，但因資料並非得自同組個體，不能用以解釋前後的因果關係。

研究老化最普遍的方法，便是**橫斷面研究**，意即研究人員會比較某一群特徵相同但年齡不同的受試者，以測定與年齡有關的差異。使用頻繁的原因是資料蒐集相對較容易；但有其風險，因為差異很可能並非來自老

化，而與特定的文化及歷史情況有關。例如老人較年輕人更積極參與宗教活動，並不一定是年齡所造成。

　　儘管有諸多的研究方法推陳出新，社會老年學大半常以橫斷面研究作為基礎。不過，讀者有必要仔細閱讀研究及其結果的敘述，以正確推斷年齡變化，而不是年齡差異，更應注意究竟是世代效應還是老化效應造成了不同年齡群間的差異。

二、縱斷面的研究法

　　縱斷面研究方法是對同一老人或同一組老人的某種或多種行為特徵做追蹤研究的行為發展研究法，其優點是符合個體行為發展的本義，因係自同一對象所得的資料，故便於解釋發展過程中行為改變的因果關係。但是這一方法不易實施，一則是時間上曠日持久，另外研究對象常常流動，不易維持關係。

　　非關研究的事件會影響受試者在一段特定時期的反應，這是縱貫性研究所無法避免的。受試者練習後可能會有影響，這也是一個問題，只要研究包含成就或知識測驗，都可能發生這個問題；因為受試者不斷接受同一項測試。縱貫性研究還會遇到受試者退出的問題，在實驗性研究或調查中，受試者不斷接受測試後有可能會中途退出，原因很多，如死亡、生病、失去興趣，或因表現不佳感到挫折等等。

三、回溯性的研究方法

　　回溯性研究是以回溯的方式搜集個體過去的生活史料，如家庭情況、服務資料、病歷、家庭關係等，從而分析各項資料與目前行為的關係。所謂**個案研究**（case study），主要是應用回溯法從事個體以往行為發展的研究，此一方法日前普遍應用於老年學之研究中。

四、同輩分析

同輩分析（cohort analysis）或稱「世代序列」（cohort-sequential）設計，是縱貫性設計的延伸，方法是連續測試兩個或以上的世代一段時間。得以在不同時間點，測量不同時代中同年齡的人。

五、橫斷面序列

橫斷面序列（cross-sequential）設計，結合了橫斷面及縱貫性研究設計並加以改良，但仍會受到年齡及時間干擾。

六、時間序列

時間序列（time-sequential）的設計，測量歷史因素中年齡及時間的差別，還可用來測定變化是來自於老化或歷史因素。使用這項設計的研究人員，會在兩個或以上的測量時期，比較兩個或以上橫斷面研究的結果。

縱貫式與橫斷面各有其優缺點，運用許多不同的抽樣調查法，在不同時間收集調查問卷或相同的資料，過了一段時間再收集另外一些問卷，以便瞭解不同年齡的老人其意見及行為與其同輩有何不同，過了若干時間之後，意見及行為又有哪些改變？

橫斷面研究設計只能提供年齡組之間的差異訊息，縱貫面研究設計能提供年齡變化訊息，但必須面臨受試者的流失與對同一個人進行多次測試的問題。世代序列、時間序列及橫斷面設計的設計可能含有許多干擾變項。也要考慮樣本殘存（selective survival）的問題。時間一久，原團體內會有人死亡，剩下的人不能完全代表原團體。例如，還在世的人可能出生時就健康，終其一生健康狀況良好，有較高的社經地位。老人在記憶力與注意力上同樣會有差別，這會干擾訪談或測試進行。例如在研究 85 歲以上老人時，會受到臨終期智力衰退（terminal drop）的影響。縱貫性研究中會造成高估表現的情形，因為還活著的人代表受試者中身心比較健康的

老人。

在研究對象上，老年學研究焦點大半都放在主要人口群上，少數民族的資料付之闕如，因此必須考慮民族、種族及文化等對老化的影響。社會老年學家面對的挑戰，是如何進一步改良研究方法。只要方法進步，老化研究資料的品質就會不斷改善。

第四節　本書架構

壹、1999 年《老人學》架構

高齡人口逐漸在我國總人口中所占的比例愈來愈高。當人們殷切地盼望他們活得更久，也活得更好的時候，但是對老人瞭解得實在不多，《老人學》就在此一背景之下應運而生。所談論的主題以瞭解他們、協助他們，並希望向老年學習為核心。「老吾老，以及人之老」是我國幾千年最好的傳統之一，可是對於老人，我們究竟瞭解多少？又有多少亟待澄清的迷思？老人最需要的是什麼？我們又該如何去研究他們的心態與有關的問題？

本書第一版於撰寫時，主要是蒐集國內外若干專家之論著與實務工作者之經驗，以為老人學之研究出發點，以不同之「我」為核心，以「我」之生理層面、心理層面與心靈層面，應為研究之根基；然後才是在不同家庭中生活之「我」，如何適應老化之過程；接著再擴充到社會與國家對「我」之影響，以及「我」對他們的影響。

1999 年版的《老人學》在各章的順序方面，先說明生理、疾病、保健與醫療等生理層面的，共二章，接著用四章談心理層面，包括心智、教育、人格、心理健康。然後用四章介紹老人與家人因應老化，包括愛、生涯規劃、挑戰、家有老人。最後三章介紹社會福利、社會工作、全球老化

等。全書共十五章，每章四至五節，每章少則 3,500 字，多則 9,000 字。

貳、2012 年《老年學概論》架構

　　新興的老年學企圖透過各種學科的統整，針對老年人所面臨的實際問題，探求有效的策略，希望從而提高老年人、老年人的家庭與整個社會的品質，鼓勵更多老年人活得健康而幸福。當然，老年學之研究方興未艾，而老人問題尤為錯綜複雜，老年學今後研究之範疇，亦必日益擴大。本書所擬定之內涵，參照各理論之架構與系統，以及各家所提出的重點作為探討範疇及介紹。

　　從 1999 到 2012 年，老年學的研究進步飛快，也廣受重視，相關的領域範圍愈來愈多。出版的書籍大量增加，有不同的呈現架構。彭懷真以 1999 年彭駕騂所撰的內容為主，依據臺灣高齡服務管理學會 98 年會議提案「老人相關科系共同課程規劃」決議中關於老年學範圍的共識，又參考美國 *Aging: A to Z* 及英國的 *The Cambridge Handbook of Age and Ageing* 等書的分類，以 A、B、C、D、E 及 H，各章之間相互銜接，可以單獨閱讀，也能整體瞭解老年的各議題。各英文字母開頭的各有兩章，共十二章，除了第七與第十一章為三節，其他章都是四節，共四十六節，每節平均在 4,000 到 5,000 字之間。

第一篇　Aged and Ageing ——老年與老化
第二篇　Body and Mind ——身體與心智
第三篇　Career and Living ——生涯與居住
第四篇　Do and Learn ——工作與學習
第五篇　Empowering ——自我與家人充權
第六篇　Holistic ——統整的老年

參、本書立場

　　臺灣已從「高齡化社會」（aging society）階段，逐漸邁入「高齡社會」（aged society）階段，這也顯示老人的需求與問題，接踵而來。隨著老人身心機能退化、生活功能與社會適應力變弱，各類照護服務對老人狀況之改善其實很有限，照護服務的功能多侷限在維持（maintain）生活機能及減輕（reduce）生活之不便。老人健康問題對於經濟與社會層面所帶來的挑戰，包括龐大的醫療服務耗費、需要長期照護、家庭對於老人的照護工作，伴隨著家中子女數變少、家庭結構改變、成年子女外出工作、家庭內照護人力萎縮等因素，使得老人的照護問題與社會負擔愈形沉重，家庭已經很難繼續獨力承擔照顧之責，但政府與社會的支持顯不足。

　　更令人痛心的是，社會上有種種歧視乃至限制老年的論點，而歌頌年輕是主流。「年輕至上」的意識型態普遍，各種電影、影集、傳媒對老年人的醜化強烈質疑。「老又醜」、「年老力衰」都是傳媒的主題。社會強加在老人身上的種種指責，如經濟上的，退休系統的支出龐大；生物上的，老人無法生育下一代以致無法為社會創造生命力；社會的，輿論不再以正面態度對待長輩……。但是這些指責都有待商榷，老年真的在工作上表現較差嗎？並非事實。老年當初也生育過下一代，而且無數老人都有良好的形象，自助也助人。如果用「給與取」的觀點分析，老人取之於社會的固然增加，他們給社會的，也在增加。

　　時代的潮流肯定進化，反對退化。老化經常與「退化」連在一起，事實並非如此。老人可能穩定和保守，如此使社會避免躁進。長輩的經驗與考慮是各家庭、各組織重要的資產，也透過選舉使政治的走向較為穩健。媒體應避免對老年的歧視、貶損、諷刺，人們在日常生活中應以尊重的態度與長輩相處。長輩需要對自己的美好未來積極定位，適度地參與。不是老年的人們，乃至政府、企業、媒體、家庭等也應該以合理的態度重新定位老人，協助老人健康、自信、有生產力。最重要的是人人都需要瞭

解老年人的豐富面貌，而認識老年學的理論與知識是最好的方法。

肆、如何閱讀本書

1. 先看章節，瞭解整章的架構。每一章內容分為三或四節，每節再分二到四項，必要時配合圖表說明。全書 27 個圖表，主要的目的是呈現整體事實。

2. 為了老師容易講解、學生容易閱讀，每節的內容都在 4,000 到 5,000 字之間，學生每分鐘閱讀教科書平均 300 字，一章可在一小時之內大致看完一遍。老師講解、學習者記住重點，則建議每一節用一小時。

3. 教科書的撰寫以編輯彙整為主，本書廣泛蒐集各主題的精華論點，參考超過三百項書籍、專論、論文或網路資訊，整理在全書之後。

4. 在引述方面，若直接引述會加上引述作者與年代。若是整理多本，則註記載該段的刊頭。如果是政府的法令與規定，除了統計資料，原則上不另外加註。參考書目分為官書資料、中文資料、英文資料、雜誌與報紙資料、網路資料等。

Chapter 2

老化現象與理論

第一節　老化現象

希臘古老神話裡，獅身人面的怪獸斯芬克斯問了一個謎語：「什麼動物，早上四隻腳、中午兩隻腳，傍晚用三隻腳走路？」答案是：「人。」身為人，夕陽無限好，需要用三隻腳走路時，希望自己的腳強健，家庭與國家另兩隻腳也幫忙撐著，雖然年歲愈來愈高，卻能不病、不殘、不窮、不孤獨，能夠老身硬朗、老本足夠、老居安適、老友往返、老伴相隨！

壹、全世界在變老

公元元年全世界人口大約 3 億。公元 1650 年全世界人口大約 5 億（可見在一千六百多年中，人口的增加不到 1 倍）。公元 1850 年世界人口突破 10 億，由 1650 年的 5 億到 1850 年的 10 億，剛好是兩百年。到 1930 年是 20 億，僅八十年之中，人口又增加了 1 倍。到 1975 年是 40 億，四十五年中人口又增加了 1 倍。公元 2000 年世界人口達到 65 億，在 2011 年 10 月底達到 70 億人《聯合國統計年鑑》。

造成世界人口如此快速成長的原因，是死亡率明顯下降所致。在世界人口急遽增加的時間中，伴隨出現的世界人口老化現象，在未來將會更加明顯。

1990 年時，「經濟合作開發組織」（OECD）的會員國中，60 歲以上的人口占了 18%，到了 2030 年，60 歲以上的人口將提升到 30%，屆時預計 80 歲以上的人口將達到 6%。從 2000 年起，已開發國家 65 歲以上人口，已經超過 14 歲以下青少年及兒童的人口數。亞洲國家和第三世界國家的人口老化速度，尤其快得驚人。到了 2025 年，亞洲的老年人口將占全球老年人口的 58%。到 2025 年，除了非洲大部地區，世界各國都將進入高齡化社會之列。

近年來整個地球人口的高齡化現象，也與生育率之急速下降有關。1972 年，每一位婦女在一生中所生育的子女數為 5.6 人，但是到了 2000 年，全世界有 66 個國家的婦女生育率等於或低於 2.1 人，達到**人口替代水平**（replacement level）。

　　人類平均壽命的增長，促使地球人口高齡化。凡是經濟高度開發、政治昌明、社會安定的國家，通常死亡率低、嬰兒出生率低、老年人口比例高。以西歐、北歐、日本、北美、澳洲及紐西蘭等國為例，到 2025 年，這些國家中每 4 人就有 1 人在 65 歲以上。日本是人口趨向老化非常快速的國家之一；第二次世界大戰後出生率激增，其後急遽下降，到 2025 年，估計日本 65 歲以上的老年人口將占總人口的 21.3%，高居全世界之冠，超過德國之 20%，英、法之 18.6%、美國之 15.8%。相反地，在經濟低度開發，政治動盪不安，內戰頻仍之國家，如非洲及中南美某些國家，出生率雖不低，死亡率卻更高，老年人口平均在總人口 5% 以下（經建會，2008）。

　　人口的成長與老化的趨向，必會對這個地球村引起某種震盪。研究人口之老化應該集中討論 65 歲以上之人口組群，但嚴格說來人類一出生就開始老化，因此也就不得不探討在生命延續過程每一個階段中，所應扮演的角色與所應達成之任務。

　　每一個人在他（她）生命的週期（life span or life course）中，受制於生物之因素，由出生、成長而衰老之歷程中，各有階段性的生命特徵。先是在嬰兒期到青少年前期，依賴著父母或其他親人的教養或引導而快速成長，然後進入社會成為生產的人口，善盡培育子女與養育父母的職責，而在歲月不斷奔馳下，身心逐漸衰老，又成為依賴人口。另一方面，社會的結構，又參照生命之週期，賦予個人在每一階段應完成之任務。15 歲以前的個體，15 至 65 歲之間及 65 歲以後的老人，各有其社會之期待，也各有其所應扮演之角色（Giles, 2002；李宗派，2011）。

　　不同社會結構對於個體之期待，不全相同，人口結構中之不同階段

個體，有著不同之成長模式。以工業革命以前的社會為例，由於生產之技術較之現代而言是相當簡單的，因此從兒童期快速進入成年期，在某些部落中甚至早在 7、8 歲，最遲在 12 歲，就有能力協助父母農耕、畜牧或紡織，成為生產人口。由於大環境的限制，這類人口群一生也可能只是在自己的家園中成長、結婚生子，從而逐漸走向衰老、死亡。只有貴族或上等社會之子女，才可能託庇於先人之餘蔭，而不必付出勞力，坐享別人生產的成果。

然而，隨著工業革命所帶來的改變，人們須經過相當教育與訓練才足以謀生，因此非到 15、16 歲，甚至 17、18 歲，在較長的學習之後，方得以承擔生產之任務。老人又在高度競爭之工商社會中紛紛退休，成為依賴人口。更重要的是，因為生命之不斷延長，退休之後到死亡之前，可能有一段很長的時間，得依賴生產人口的扶養與政府的福利措施，才能維持生活。

許多國家人口的負成長，意味著參與勞動人口的減少，更明確地顯示一個必然的事實，那就是目前的年輕一代以及今日出生的一代，都得在成年以後，65 歲以前，參與工作人口之列，來撫養日益增多的老年人。隨著年輕人口之減少、年老人口之增加，每一年輕人口的負擔，自然日益沉重。同時由於勞動人口結構的改變，影響了政府稅收，而政府所要支付的老年福利費用反而大幅增加，也嚴重地影響了國家的財政狀況，可能無法將有限的稅收投資於經濟的持續成長，因此又造成惡性循環，工作機會少了、稅收也少了，老人福利支出仍在不斷增加。

以 2007 年與 1980 年相比，社會福利支出占國內生產毛額的比例，澳洲由 10% 上升到 16%、美國由 13% 升到 16%、加拿大由 14% 升到 17%、日本由 10% 急升到 19%、英國由 17% 到 21%，希臘更是翻兩番，由 10% 升到 21%（難怪該國財政最先亮紅燈），西班牙由 16% 到 22%、義大利由 18% 到 25%、德國由 22% 到 25%，法國高達 28%，1980 年時才 21%（《聯合報》2011/11/21/A13 版）。很多國家因龐大的退休金，以

及日益膨脹的社會福利支出，而出現財務短缺的困境。因此許多人都擔心政府有沒有能力實現照顧他們安享晚年的承諾。許多西方國家也正在努力採取一些必要的步驟，如訂定鼓勵婦女生育政策以提升不斷下降的生育率；另一方面也在考慮提高退休年齡，讓人活到老，工作到老。

根據美國「2010 World Population Data Sheet」的資料顯示，多數國家，尤其是已開發國家，都在變老，平均餘命都在延長。（請見**表** 2-1）

表 2-1　世界各主要國家 2010 年 0 歲平均餘命之比較　　　　單位：歲

國家別	兩性	男性	女性
中華民國	79	76	82
日　本	83	79	86
中國大陸	74	72	76
南　韓	80	77	83
馬來西亞	74	72	77
新加坡	81	79	84
菲律賓	72	70	74
美　國	78	75	80
加拿大	81	78	83
英　國	80	77	82
法　國	81	78	85
德　國	80	77	82

資料來源：美國"2010 World Population Data Sheet"，網址：http://www.prb.org/Publications/Datasheets/2010/2010wpds.aspx，檢索日期：2012 年 3 月 5日。

貳、臺灣在變老

您喜歡去電影院還是醫院？您喜歡去探望新生兒還是去殯儀館？您喜歡看美女帥哥還是白髮長者？答案都很清楚！可是在臺灣，每天去醫院的人比去電影院的人多，死亡的人數有時比出生的人還多，老人家比大

學生還多，超過桃園縣加上新竹市的人，而且是原住民加上新移民的 2 倍半。

關於臺灣的老，有幾項必須瞭解的數據（內政部 2011A；內政部 2012A）：

1. 國人平均餘命逐年延長，民國 99 年國人平均餘命為 79.18 歲，男性平均餘命為 76.13 歲，女性是 82.55 歲。

2. 老年依賴人口數量勢必增加，依賴期間也相對延長。「年輕老人」（65 至 74 歲）與「老老人」（75 歲以上）之相對比例，民國 97 年時年輕老人約占五分之三，到 125 年將各占一半。

3. 老年人口扶養比率從民國 97 年的 14.4%，增加至 117 年的 34.5%，135 年的 60.8%，145 年的 71.8%。扶老比從 94 年的 7 比 1，上升到 2015 年的 3.3 比 1，未來將再升高到 2051 年的 1.5 比 1。

由**表** 2-1 可知，我國國民兩性 0 歲平均餘命與世界主要國家相比。就亞洲鄰近國家觀察，高於中國大陸、馬來西亞、菲律賓，低於日本、南韓、新加坡。日本是世界上最長壽的國家，其國民平均餘命，男性為 79 歲、女性為 86 歲，分別較我國男性多 3 歲、女性多 4 歲。若與歐美主要國家比較，我國男性 0 歲平均餘命較美國多 1 歲，較英國、德國少 1 歲，較加拿大、法國少 2 歲；而女性 0 歲平均餘命則與英國、德國相當，較美國多 2 歲，較加拿大少 1 歲，較法國少 3 歲。（內政部 2011A；內政部 2012A）

人口學研究將 65 歲以上人口達到 7% 的比率定為「高齡化社會」（ageing society）；到 14% 則為「高齡社會」（aged society）；到 20% 就成為「超高齡社會」（super-aged society）（內政部 2012A）。根據行政院經建會民國 97 年的推估，我國老年人口將於 106 年增加為 14.0%，正式進入高齡社會，於 114 年再增加為 20.1%，約有 481 萬餘人，邁入所謂的超

高齡社會。至 145 年，老年人口預估有 764 萬人，占總人口比率將超過三分之一（經建會，2008）。

　　相較於歐美先進國家有五十至一百年的時間因應準備，我國由高齡化社會邁入高齡社會僅約二十四年左右，由高齡社會轉變為超高齡社會縮短為八年，我國人口老化的速度將愈來愈快。（**表** 2-2 呈現了各國的狀況比較）

表 2-2　各國人口老化所需時間比較

國　別	到達 65 歲以上人口比率之年次					倍化期間（年數）		
	7%	10%	14%	20%	30%	7%→14%	10%→20%	20%→30%
中華民國	1993	2005	2017	2025	2040	24	20	15
新加坡	2000	2010	2016	2023	2034	16	13	11
南　韓	2000	2007	2017	2026	2040	17	19	14
日　本	1970	1985	1994	2005	2024	24	20	19
中　國	2001	2016	2026	2036	--	25	20	--
美　國	1942	1972	2015	2034	--	73	62	--
德　國	1932	1952	1972	2009	2036	40	57	27
英　國	1929	1946	1975	2026	--	46	80	--
義大利	1927	1966	1988	2007	2036	61	41	29
瑞　典	1887	1948	1972	2015	--	85	67	--
法　國	1864	1943	1979	2020	--	115	77	--

資料來源：行政院經建會（2008）。中華民國臺灣 97 年至 145 年人口推計，網址：http://www.welcometag.com/167495，檢索日期：2012 年 3 月 5 日。

參、妳或你身邊的人正在變老

　　按五直轄市觀察：就 99 年的平均餘命而言，以臺北市 82.42 歲最高、新北市 80.30 歲居次，高雄市之 77.81 歲最低。也就是說，臺北市人比高雄市人平均多活 4.6 歲。就男性而言，以臺北市之 80.06 歲最高，高

雄市之 74.86 歲最低，臺北的男人比高雄的男人多活 5.2 歲。就女性而言，臺北市之 84.81 歲最高，高雄市之 81.13 歲較低。

按臺灣省各縣市觀察：99 年的平均餘命以新竹市 80.20 歲最高（男性 77.14 歲、女性 83.50 歲）；而以臺東縣為 74.24 歲最低（男性 70.69 歲、女性 78.72 歲）；花蓮縣 74.96 歲次低（男性 71.42 歲、女性 79.29 歲）。

衛生署國民健康局（2011A）公布臺灣老化地圖顯示，嘉義縣、雲林縣、澎湖縣已經是「高齡縣」，南投、苗栗、臺東則是女性人口達「高齡人口」（≧ 14%）水準。也有 5 個縣市老年人口還少於 10%；至於全臺最年輕的縣市依序為：桃園縣、新北市、臺中市、新竹市、連江縣。

若男女分開看，則男性人口尚無任何縣市超過 14%，女性則除嘉義縣、雲林縣、澎湖縣三縣以外，尚有南投、苗栗已經是「高齡人口」。新北市平溪區則是全臺最老的鄉鎮（區），老年人口達 25.8%，全國已經有 23 個鄉鎮（區）是「超高齡地區」，每 4 到 5 個居民當中就有 1 位是老人！

原住民長壽的人少，兩性平均餘命為 70.30 歲，其中男性為 66.00 歲，女性為 74.78 歲，男、女性平均餘命差距為 8.78 歲。若與 99 年全體國人比較，原住民較全體國民少 8.89 歲，其中男性少 10.14 歲，女性少 7.77 歲。

按近十年我國兩性 10 歲年齡別觀察：各年齡組平均餘命大致呈現上升趨勢，0 歲組由 89 年之 76.46 歲增加至 99 年之 79.18 歲，增加 2.72 歲；高齡部分，60 歲組由 89 年之 21.30 歲增加至 99 年之 23.23 歲，增加 1.93 歲；70 歲組由 89 年之 13.99 歲增加至 99 年之 15.49 歲，增加 1.50 歲；80 歲組由 89 年之 8.30 歲增加至 99 年之 9.31 歲，增加 1.01 歲；也就是說，一位 80 歲的長輩，預估還有九年多的壽命。到底臺灣有多少老人？可自**表** 2-3 查知。

表 2-3　民國 99 年底老年人數

歲	65~69	70~74	75~79	80~84	85~89	90~94	95~99	100 以上
合計	736,850	648,886	497,209	364,105	173,270	53,396	12,066	2,111
男性	351,553	298,770	234,614	188,509	85,006	23,822	5,201	1,036
女性	385,297	350,116	262,595	175,596	88,264	29,574	6,865	1,075

資料來源：內政部（2012A）。

肆、因應老化、研究老化

一個人身體結構及功能隨時間進行而累積的變化，稱為**老化**（aging），是一種正常又不可逆轉的持續性過程。正常的老化並不是疾病，但老化造成身體很多功能的改變，因而可能產生不同程度的障礙（林麗惠，2006；黃富順，2008）：

1. 自然（chronological）老化：人自出生後一直進行的過程。
2. 生物（biological）老化：指生理上的改變，減低了器官系統的使用效率，如肺臟、心臟及循環系統。隨著有機體自然老化，細胞繁殖數會減少，又稱功能性（functional）老化。
3. 心理（psychological）老化：包含感官和知覺過程的變化、心理功能的變化（如記憶力、學習能力及智慧）、適應力的變化及人格的變化等。一個人若是心智上還很活躍（intellectually active），也能適應環境，就可說他心理上還不老。
4. 社會（social）老化：指個人的角色以及與他人關係的轉變，如家人和朋友間、有酬及無酬的生產角色以及社會性角色。人的自然年齡、生物年齡或心理年齡若老化，則社會角色和社會關係也隨之改變。社會環境對不同的人有各種程度的變化；個人老化的定義及老化經驗是正面或負面，常由社會環境所決定。

整體來看，老化從細胞至組織乃至器官，使人體產生結構及功能的持續衰退。身體老化的現象包括心肺功能降低、腎臟及膀胱功能降低、消化系統運作速度減慢、葡萄糖耐受力變差、性荷爾蒙分泌減少、生殖系統功能減少及性徵改變、神經系統衰退、肌肉力量下降、骨質密度減少、關節穩定性及靈活度變差。在心理上，產生知覺、記憶、認知、思考、情緒、學習動機等能力與人格的改變。在社會方面，老人的角色、地位、權利與義務皆隨年齡而調整。

　　影響老化的原因是多重的，包括生物、心理、社會三方面。因此，老化理論也多從生物學觀點、心理學觀點、社會學觀點進行探討。

第二節　生物學角度

壹、基本認識

　　老化是某些特定生理機能，隨著年齡的增加而改變的過程，生理上的改變必須符合下列四項條件才屬於老化過程（王瑋等，1990；孫安迪，2006）：

1. 普遍性（universality）：儘管老化程度可能因人而異，但同種生物內的多數成員會發生相似的現象，如白髮或禿頭。
2. 內因性（intrinsicality）：老化的因子是源於內在生理上的改變，如白內障。
3. 進行性（progressiveness）：老化的因子隨著年齡的增加而快速、持續地發展，並且在某一年齡後的發生率明顯增加，如動脈硬化。
4. 有害性（deleteriousness）：老化現象與膠原纖維（collagen fiber）的跨鏈連結增加有關。

生物學角度的人體老化理論，包括隨機偏誤理論、DNA 跨鍵連接理論、自由基理論、生物時鐘學說、內分泌衰退學說、自體免疫學說、免疫低下學說、磨損理論等。

貳、主要的解釋

針對生物學角度列舉下列七大項目進行解釋（Johnson, et al., 2005; Webster, 2007；吳老德，2003；李宗派，2011；劉淑娟等，2011；林麗嬋等，2011）。

一、基因論

基因論主張身體的發展由基因控制，老化現象也是因為基因功能改變所造成。人類的壽命主要由基因決定，甚至可以從父母、祖父母與外祖父母的平均壽命來預測。全身不同組織的細胞會以不同的速率繁殖分裂，同種動物的平均壽命受到代代相傳的遺傳因子所影響。由同卵雙胞胎比異卵雙胞胎更容易死於相近年齡的事實，推論有機體的基因如果相似，其生命之發展也相似。基因論認為在生命歷程中，基因突變發生在組織的細胞內，大部分的變化使細胞功能變差，因而持續的變化會使身體衰弱，最後死亡。這種理論強調一個人變老的時候，他的細胞容易呈現不正常特質，而影響老年行為。基因可控制核酸的修復，並可藉著去除適當的抑制而達成轉化（transcription）過程，而抑制物的產生由一特定的調節基因（regular gene）所控制，因而間接控制細胞的功能。

二、用久必損理論

基因突變理論，又稱用久必損理論（wear and tear theory of aging）。此學說認為，當一個人變老時，細胞會比較頻繁地呈現不正常的特質，影響老年生活。假設有機體的老化，就像衣服般容易破舊，那麼當細胞的代

謝功能增加時，將加速細胞耗損而死亡。老化可視為　種內分泌或神經控制功能因受破壞，而非只是歷經時間的耗損。個體的日常生活會逐漸傷害生物系統，當傷害逐漸累積到足以損壞某一功能時，才會被發現。相關的解釋還有：

1. DNA 修補論：在新陳代謝過程中，受污染或放射的關係，造成了 DNA 的傷害，雖然它會自行修補，但其修補的速度趕不上傷害的速度，未能修補的 DNA 累積就會造成老化。

2. 自動免疫論：免疫系統喪失能力，無法區分自己體內的蛋白質和外來的侵略物質，侵略物質攻擊自己身體的系統以致老化。人之所以老化是因為身體內的各種系統開始抗拒本身的纖維組織，導致受損的蛋白質與身體裡其他部分改變，進而導致身體的自我傷害。

3. 細胞老化論：細胞有其生命期限，人愈老，細胞分化的速度就愈慢，因此雜質累積，導致細胞死亡，終至生命終結。

4. 分子串聯論：蛋白質的老化導致老年纖維細胞失去水分和彈性。長期下來，身體上的化學成分會逼使分子相互串聯或凝結在一塊。

三、限制理論

　　1962 年，海弗利克（Leonard Hayflick）觀察到人體細胞的分裂能力有其極限，大抵上可達到五十次的分裂。這些細胞分裂後來減少次數了，而且產生不規則的分裂形式，變為粒狀型的外觀，有扭曲的體積及形狀。跟著而來的就是細胞死亡，就好像是人類老化的過程。此一過程被認為是不可逆的，海弗利克甚至抽取出細胞加以冷凍（在分裂二十次後），其結果並無差別；一旦解凍了，那些細胞也只能再分裂三十次，之後仍舊會變型。從這個研究觀察，海弗利克認為，生物有機體之壽命似乎出現一種規律，可稱之為「生物時鐘」，在受孕時便由基因安排好了，而且事先就已設定這生命可「搖擺」多少次之後便自動停止。人類有機體的細胞可以分

裂五十次，相對於生命壽數，大概可達到 120 歲。

對於細胞分裂之上限學說又稱為**海弗利克限制**（Hayflick limit），這個上限學說隨生物種族而有不同。而細胞到達生長限制前，細胞就停止正常分化，而開始退化衰敗。人類紀錄上最老邁之人，是法國之珈魯門特女士（Jean Louise Calment），活到 122 歲。

四、自由基理論

有些人原來看來很年輕，可是生了一場大病後突然變得很蒼老，究竟是什麼因素導致老化現象加速？關鍵可能是自由基。**自由基**（free radical）不像病毒或細菌等是有生命的微生物，而是一個原子。正常的原子具有成對的電子，而自由基是含有不成對電子的氧原子物質。這種電子不成對的情況相當不穩定，自由基為使自己的結構穩定下來，會去攻擊細胞內其他正常的原子，搶奪它們的電子，因此對細胞具有強大的殺傷力。

自由基是在細胞運用氧氣時產生，會和其他細胞的分子產生互動，造成 DNA 的變異，結締組織的連結，並且改變蛋白質的運作，而造成其他損害與老化現象。現代人享受到文明的益處，但同時也在不知不覺中付出了代價，我們比祖先受到更多自由基的迫害，例如各種環境污染、紫外線、放射線、香煙、殺蟲劑化學藥品，尤其是環境污染（汽車或工廠的廢氣）都大量增加有害的自由基。

自由基的攻擊可簡略的分成細胞膜損害和 DNA 損害兩種。過剩的自由基最容易攻擊細胞膜上的不飽和脂肪酸，形成脂肪過氧化酶（lipid peroxides）、氧化血管內壁的低密度膽固醇（Low-Density Lipoprotein，簡稱 LDL）、抑制具有保護作用的酶（prostacycline synthetase），這些造成動脈硬化、糖尿病、關節炎、白內障、老化、冠狀動脈等疾病的原因。如果自由基作用深入到細胞核，攻擊 DNA，使得遺傳訊息改變，發生突變，甚至會誘發癌症。當人體內由於自由基的破壞，而逐漸失去各自的機能時，身體和精神也日漸衰老。估計大約 80% 至 90% 的老化性、退化性

疾病都與自由基有關，包括癌症、老人失智症、帕金森氏症、肌肉營養不良、皮膚黑斑沉積、皺紋生成、氣喘、肺氣腫、白內障、黃斑、退化性心臟病、中風、潰瘍、類風濕性關節炎、多發性硬化等。

人類可藉由呼吸方法，吸入大量的正常氧（O_2）及單氧（O），與有害的自由基接觸後，會將有害的自由基轉化為穩定安全的分子，而自己則變成活躍性很低的自由基。這種低活躍性的自由基，不易攻擊其它正常分子，而有較多機會排出體外，或者與另一個鄰近的自由基結合，而變成安定分子；人體內必須隨時保持足夠的抗氧化物質，使有害自由基能維持在可控制的程度，如此人體的免疫系統就會增強，不容易感染各種疾病。小分子抗氧化物質則包括維他命 E，維也命 C，β- 胡蘿蔔素等，這些抗氧化物主要來自蔬菜水果。

五、疾病壓縮理論

疾病壓縮理論（compression of morbidity）認為，未來老年人病痛將減少且集中在生命末期，會致命的疾病到生活的盡頭才發病。未來的老人可能會「自然死亡」。如此發展的趨勢將包括：(1) 對健康型態及長期醫療服務產生影響；(2) 增加對次急性醫療機構及短期家庭照護的需求；(3) 老人身心障礙的比率下降或呈緩和狀態；(4) 急性失能老人的復原率增加等。

六、老化結構論

老化結構論（programmed theory or prigrammed theory of ageing）認為，身體老化是自然現象，身體的每個器官內本來都潛伏著老化的因子，只要達到相當年齡，老化現象自然會出現。按此理論，老化是無從避免的。

七、老化損耗論

與老化結構論相對者為**老化損耗論**（wear-and-tear theory of aging）。

老化損耗論指的是人類到中年以後，身體功能漸成老化現象的一種理論。按此理論，身體老化是因生活勞苦、體能過度損耗所致；若生活調理適當，避免過度勞累，將可延遲老化的出現。

第三節　心理學角度

壹、基本認識

　　人到老了，真的是百無一用嗎？為何過去年長的人士要自稱老朽，好像老了就要朽？難道是隨著歲月的流動，人到 65 歲以後，就生理衰之於外，心智隨著亦衰之於內嗎？有一些老人性格怪異、思想奇特、言行舉止不循常規，起因於他們人格的異常，可是什麼叫做人格異常？它的起因又是什麼？相反地說，一個正常人格的個體又具有何種特徵？

　　心理學（psychological）觀點著重於瞭解及解釋老化過程對老年人認知思考、心智行為與學習動機之影響；心智則指一切智力、記憶與學習、思考與創作等心理活動。

貳、主要的解釋

　　針對心理學角度列舉下列八大項目進行解釋。（Birren, 1991; Giles, Bridget, 2002; Johnson, et al., 2005；周勳男，1979；張隆順譯，1985；張宏哲譯，1999；葉在庭，鍾聖校譯，2008；葉怡寧等，2012）

一、心理社會發展危機理論

　　Erikson 提出心理社會發展期八個階段的觀點，認為老人處於第八個人生檢討的階段，反省即將瀕臨終結的意義，以達到生命意義的統整。若

是對自己過去所做的選擇與結果感到滿足，將擁有超越感；若是對自己的一生不滿意，對失去的機會感到惋惜，而對即將來臨的生理生命結束感到無奈與失望。Erikson 人格發展理論認為，老年期的基本價值是智慧（wisdom），需解決的問題是尊嚴與絕望（integrity vs. despair）之間的衝突；這也是人生最終的階段，個人體會到人生階段的完結和死亡的來臨。最重要的任務是對過去的一生重新評價，以樂觀的態度來設計安排有意義的晚年，智慧因而產生，用以對付死亡的恐懼。

二、發展理論

Peck 的發展（development）理論內容強調，老人為了心理發展順利，必須解決三大危機：(1) 自我價值感統整或工作角色偏差；(2) 身體超越或身體偏見；(3) 自我超越或自我偏見；最大的危機是第三項的自我偏見危機。

自我超越是指接受死亡，對人生最終的旅程不憂不懼，視死亡為生命不可避免的結局，主動地為未來打算，超越死亡的恐懼。**自我偏見**是表示老人拒絕承認死亡即將到來。健全心理發展的老人必須坦然地面對死亡的事實，超越此時此刻的自我，肯定死亡的必然性，成功地對準備死亡的到來。

三、成人人格辨識模式

成人人格辨識模式又稱**生活結構**（life structure）發展模式；Levinson 將生命結構分為四個時期（又可稱為生命四季），每一個時期約持續二十年，另有五年的轉型期。轉型期發生在個人感覺轉變，或面臨如生產、退休等重大事件發生時，使個人在關係的發展上有新的可能。

四、人格特質理論

人格特質是人格中比較穩定的部分，可區別每一個人的個別性，除

非是個人刻意努力去改變，否則特質是不會改變的。老人人格類型按照人格與調適的情況，可以分為成熟型、搖椅型、防衛型、憤怒型、自怨自艾型等。

五、生命期限發展理論

生命期限發展（lifespan development）理論強調一個人如何適應環境，選擇成功的方式以求生存。老人階段可視為「人生的下半場」，下半場比上半場有更多差異、選擇，也需有更多內在對話。影響生命期限有三大因素：(1) 基因的重要性隨著年齡而減低；(2) 對文化的需求隨著年齡而上升；(3) 文化的影響力隨著年紀的老邁而下降。這些因素會影響老年人選擇適應環境的方法，雖然常要面對損失、限制，仍要尋找機會。

六、補償與選擇最佳化理論

補償與選擇最佳化（selective optimization with compensation）理論，探討老年如何在充滿得與失的人生階段尋求生存的策略，在人生中可以選擇的逐漸減少，身體的功能又逐漸退化時，更要設法安排，擴大自己的資源、增加自己的機會，設法增加良好調適的可能性。

七、社會情緒選擇

社會情緒選擇（socio-emotional selectivity）結合了發展心理學與交換理論，解釋為何老人減少社會互動，避免擴大生活圈，主要是因為不想浪費自己的情緒給一般人，卻對身邊重要的人有更強烈的情感，希望有更緊密的互動。

八、認知與老化理論

認知（cognition）能力包括多元的智能、思考辨識、社會文化知識等。隨著年紀漸長，學習、記憶、推理、空間等流動的認知能力會下降，

因此更要把握住關鍵的能力，培養良好的生活習慣，依賴規律的生活求生存。

第四節　社會學角度

社會學觀點著重在瞭解及解釋社會互動、社會期待、社會制度及價值觀對老化過程適應的影響。（Estes, 2001; Ernie, 2004; Johnson, et al., 2005；周榮謙、周光淦譯，1998；郭鐘隆、林歐貴英譯，2003；蔡文輝，2008；彭懷真，2009A）

壹、針對老化的解釋

一、生命週期理論

生命週期（life course）理論認為，瞭解老人需掌握老人在各生命週期所遇到的重要社會或心理因素。此理論廣受重視，注意到各社會與心理層面的因素，兼顧總人口群與特定個人之間的差異。基於此理論的研究嘗試解釋：(1) 關於老化的動力、相關因素與過程；(2) 人生軌道中與年齡有關的因素；(3) 年齡是如何受到社會與文化所影響；(4) 時間、時期、年齡層是如何改變年齡的意義。

二、退隱理論

Cumming 與 Henry（1961）主張，隨著老人健康與體力的衰退，愈來愈少參與組織化的社會結構，逐漸退出社交生活是老化所必經的過程，也是人類代代相傳的道理。以老人來說，由於無法在社會中找到新的機會，在角色、人際關係、價值體系等方面都應該保守，唯有採取退隱（disengagement）的策略來保護自己，始能得到自我的滿足。從社會功能

學派觀點而言，認為老人已無力對社會有積極的貢獻，便須退出社會，安心地接受與扮演「無角色的角色」，讓年輕人取而代之，才能維持社會的新陳代謝與均衡。

三、隔離理論

隔離（isolation）理論與「退隱理論」類似，認為老年不一定是中年期的延長，而是從現存的社會角色、人際關係及價值體系中後退與撤離，此種撤退並非社會力量壓迫的結果，而是老化現象中內在本質的演變，使老人形成以自我為中心的現象；甚至鼓吹社會須淘汰那些失能和隨時可能死亡的人。

四、老人喪失理論

老人喪失理論強調，老年期整個時期都在喪失各種功能與角色，包括喪失工作角色及職業認同、喪失親密的聯繫、喪失性方面的興趣、喪失身體方面的能力、智力的喪失以及社會地位的喪失等。

五、社會權能減退理論

社會權能減退理論又稱責任解除理論；社會權能反映個人日常的人際互動與職責，也是心理與生理的整合作用，老年的社會能力與社會效果降低，即是社會權能式微的現象。

由上述第二至第五個理論可以看出，這四個理論基本上都認為「老人要逐步從社會撤退」，減少對社會的參與。但活動理論與持續理論卻提出了截然不同的看法。

六、活動理論

活動理論（activity theory）由 Harvighurst 等人提出，認為老人雖然

面臨生理、健康狀況的改變，但與中年期一樣，有從事各種活動的心理性和社會性需求，並主張高能量的活動可為老人帶來較為滿意的生活。活動和生活滿足感之間存在正相關，成功老化是鼓勵老人儘量活得像中年人，不間斷的社會參與能使一個人獲得許多的社會地位及社會角色。老人之所以逐漸喪失與社會互動的機會，是社會拋棄了老人，而非老人自願與社會脫離。強調老人應該努力去維持自己的社會地位，因為老人一旦放棄了他們從前的角色時，會感到失落、被排除、自尊消失等。此論述幫助老年人成功的適應，屬於成功老化的理論。

七、持續理論

持續（continuity）理論也稱為「連續理論」。Neugarten 等人認為，人會為了適應人生不同階段的生活而適時改變人格，如此較能成功地適應老化過程。人從成熟期至老人期間會發展較安定的價值觀、態度、標準及習慣，形成個性；人是依照一般生活型態而老化，隨著每一階段的適應而繼續走到人生的終點。

隨著年齡的增長，個人面對老化時維持一定的生活型態，並積極尋找相似的生活型態與角色，這是老人於環境中適應的方式。若老化時變化不大，人格與成年生活保持相似，個人的生活滿意度會提高，愉快的感受是由當前的活動及生活型態，與其生活經驗的一致性所決定。

貳、微視理論的解釋

社會學理論有偏重「微視（micro）角度」的兩大理論，這兩派學說對老化有不同的見解，分別是符號互動理論與社會交換理論。

一、符號互動理論

符號互動（symbolic-interactionism）理論主張，環境、個人與週遭的

事物會影響人們的老化經驗。老人的生活滿意度之正向或負向結果取決於在環境規範中,個體所擁有的資源(健康、經濟與社會支持)之多寡。此理論認為,個人與社會都能從互動中創造出不同的選擇與出路。

二、社會交換理論

社會交換(social exchange)是一種將社會互動視為交換性質的理論,認為人與人之間的互動是利潤與成本的算計與交換的過程,人們會去維持有利潤的報酬,也會儘量迴避成本太高的人際關係。老人無法在人際關係上投資許多資源是造成其與年輕人互動逐漸減少的主要原因。社會就是一種權力結構,反映在那些技能已經不符合時代潮流老人們身上,他們被迫有更多的經濟與社會依賴。此理論也研究家庭照顧、代間社會支持,認為經濟因素扮演關鍵角色,考慮權力、資源等的需求與供給,因此老年父母與成年子女都有各自的考量。

三、標籤理論

標籤(labeling)理論基於社會背景中,人們與其他人的互動中衍生的自我概念,思考別人如何看待自己,並據此產生回應。一旦老人定義自己為某特定角色,就會以對待該身分的方式對待自己,個體自我概念與行為也會因此改變。

四、老年次文化理論

由於身心社交各方面的衰退,老人適應環境的狀況較年輕人困難,導致老人之間的互動較老人與其他年齡者互動較多。老人與老人較容易相處談得來,而形成老年次文化(subculture)。老人們因此有其獨特的價值觀點、態度與行為。

參、鉅視理論的解釋

一、批判理論

批判（critical）理論藉由質問傳統主流對老人現象的研究，挑戰傳統的實證哲學假定和測量方法，以更具批判意義與人道主義的方法，鼓勵老人自己去定義研究問題，並以此建構社會問題的老化模型與老化觀點。批判理論又分為兩大派別：一是強調老化的人性面；一是看重老化的結構面。在人性面有四個目標：(1) 注意老化理論的主觀詮釋；(2) 強調老人的實踐；(3) 經由實踐聯結學術與實務；(4) 因而產生綜融的知識。

批判有助於對老化研究的動能與多元，更多看重「權力」（power）、「社會行動」（social action）、「社會意義」（social meaning）等概念。

二、政治經濟理論

分析政治與經濟力量是如何決定對老人的社會資源配置及對老人地位的安排，經由檢視公共政策、經濟趨勢與社會結構因素來探討老人議題。此理論認為，老人失去權力、自主性與影響力是社會因素所造成，也與老人所處階級、性別、種族、族群密切相關。外界的限制使老人個別期望有好的老年生活成為奢望。

三、社會建構觀點

社會建構（social constructionist）觀點強調，各家庭、各機構、無數老人的社會行為都處在社會的大結構之中，老人的主觀經驗也受到社會所影響，被社會所定義，老人的安養機構中存在特別多社會建構的現象。

四、年齡階層化理論

年齡階層化（age stratification）理論探究不同年齡層的相同與差異，也注意到各年齡之間的變化；並分析不同時期出生的人口，在結構與個人

因素互動下的狀況，試圖為年齡層及社會結構的互動找出關鍵因素。

肆、女性主義的解釋

　　女性主義（feminist）強調以性別為基準的勞力分化是不公平的，並且爭論在社會定義、分布與回饋的重大改變是如何進行的。女性主義以鉅視層次的社會、經濟以及政治力觀點去解釋女性的老化經驗並非個人選擇的孤立結果。不公平的資源取得與分配，使得老年女性缺乏資源與社會支持辛苦地面對晚年的生活。

　　從女性主義的觀點探討「女性、老化與不平等」的議題，認為「老年女性」承擔著多重的歧視——身為女性所承受的不平等與身為老人所承受的不平等，尤其在父權的文化中，這樣的壓力更大。若進行世界性的比較，多數地區老太太的地位都不高。「老太太」在公眾政策中也常是被忽略的一群，鮮少有發聲的機會。在商業生產活動中，年紀大的女性難有表現的機會。「老太太」常被認為是屬於家庭的，應該照顧家人，尤其是「家中的老男人」。如果用亞當斯密知名的觀點「一隻看不見的手」，女性通常就是照顧體系裡那隻看不見的手。社會用愛、關懷、責任等道德帽子要求女性付出。女性總是在做「照顧者」，而不是經濟活動裡積極的參與者。

Part 2

身體與心智

Chapter 3

身體老化與保健

老，是從「身體」開始的。身體分為好多系統，當一個人慢慢老化的時候，身體各系統會出現各樣的變化。比較重要的老化狀況整理如下（張文華，2007；陳玟玲，2011；黃惠璣編，2011）：

1. 神經系統：
   (1) 傳導速度變慢。
   (2) 協調性變差。
   (3) 平衡感變差。
2. 循環系統：
   (1) 血壓容易升高。
   (2) 血管的彈性愈來愈差，周邊的血管逐步硬化。
   (3) 代謝功能變差，血液裡的血脂肪（膽固醇）會比較高。
3. 呼吸系統：
   (1) 肺部周邊的氣泡隨著時間慢慢纖維化。
   (2) 肺部可使用的空間變小。
   (3) 運動的耐力變差，容易喘。
4. 肌肉骨骼系統：
   (1) 骨質比較疏鬆。
   (2) 肌肉比較無力，耐力肌慢慢減少。
   (3) 肌肉的彈性及延展性變差，柔軟度變差。

個體的老化影響了生活功能，生活功能（function）是生命品質之基礎，而健康狀況反映個人或群體的生理功能，是追求幸福的基本條件，被視為生命品質的關鍵指標。

對老年健康狀況測量主要有三種方式：罹病情形、活動功能狀態及個人主觀自評健康狀況。疾病較為客觀，但不是評估老年健康及生活無礙的唯一標準。本書主要探討「老」，而不是「病」，老人固然罹患各種疾病的機會增加，但疾病不應該成為老人生活的重心，健康才是。

表 3-1 民國 98 年老人健康狀況調查 　　　　　　　　　　　　　　單位：%

項目別		總計	目前健康與身心功能狀況			
			良好	普通	不好	很難說或不知道／拒答
總數		100.00	52.21	19.02	27.15	1.62
性別	男	100.00	56.24	21.19	21.28	1.29
	女	100.00	48.45	16.99	32.64	1.92
年齡別	65~69 歲	100.00	59.44	18.87	20.53	1.16
	70~74 歲	100.00	50.08	19.70	27.84	2.38
	75~79 歲	100.00	48.11	20.13	30.28	1.47
	80 歲及以上	100.00	48.26	17.46	32.77	1.51

資料來源：內政部（2011B）。

　　根據內政部「98 年老人狀況調查結果」顯示，受訪老人覺得自己健康及身心功能狀況不好者，占 27.2%。雖然有 75.9% 的老人患有慢性或重大疾病，且以年紀愈大者患病比例愈高，但有 78.0% 的老人對目前整體生活表示滿意；其中，獨居老人覺得自己健康及身心功能狀況不好者，占 31.5% 較高。（見**表 3-1**）

　　由**表 3-1** 可以看出一些線索，例如「性別差異」，女性自覺健康不好的比例（32.64%）遠高於男性的 21.28%。一般來說，女性較男性長壽，但相較於男性，女性卻有較高的罹病率與較多的罹病種類。女性於老年人口群所占的人數比例亦因年齡增長而遞增，特別是年齡越高的老老人，「老年女性化」（feminization of later life）的現象更普遍。

第一節　外觀

　　老，從　個人軀體的變化開始。但個別差異明顯，就算是在老化的過程，也顯現相當大的不同。有的人，不過 40 或 50 多歲，卻已是白髮蒼蒼，兩眼花花，微現老態；有的人則年過 80，仍精神抖擻，不減當年。

因此，只憑一個人的外表與舉止，來推測一個人的年齡，往往不準確。以下分別說明「頭髮」、「皮膚」、「肌肉與體重」、「體格」等要項。

壹、頭髮

多少詩人雅士所常常感慨的是：華髮早生。頭髮所以由黑轉白，肇因於毛髮中色素開始減產。基因在白髮取代個體的本來髮色方面扮演重要的角色。多數人在 40 多歲時，頭髮會開始白了，可是也有不到 20 幾歲就出現白髮，或 60 多歲的人卻沒有一根白頭髮。

不同性別之間，頭髮之量與質是不同的。過了 30 歲的男人，本來很短的眉毛、鼻毛與耳毛，又細又沒有顏色，可能逐漸變長、變粗又變色。某些 50 或 60 多歲的女性，嘴唇上、雙頰中，慢慢出現了一些從來未有的毛髮。頭皮上頭髮的變化卻剛好相反的。隨著年齡不斷增長，而開始轉變，有的是鬢如霜，有的是髮漸禿。禿頭是一種隨著年齡增長而出現的遺傳現象，約有 40% 的男子會變禿。男性禿頭的比例是女性的 9 倍。婦女一般不會出現禿頭，但步入中年之後頭髮會變得較為稀薄。

青春期之後，所有男子的頭髮都會落掉一些。當雄激素增多時，會使得前額和額角的髮際略向後移，有禿頭遺傳的人，頭頂也開始掉髮，然後向四周脫落。為了避免禿頭，有些人選擇植髮。頭髮移植成功與否，取決於移植的毛囊能否繼續生長。移植的頭髮可能還是會脫落。

按照頭髮的素質做合適的護理是必要的。塗在頭髮上的物質，可能被皮膚吸收。有些人對染髮劑會有過敏反應。因此中年以上男女，如果因為覺得頭髮漸漸灰白而想染色，先仔細觀看藥品的說明，請藥劑師提供意見。儘量選用沒有刺激性的草本和植物性染料染髮，以免像化學染髮劑那樣刺激。染色固然是可行之道，讓自己覺得年輕一點，但更重要的是勤於梳洗，保持光鮮的面目，以免蓬頭垢面，給他人不好的印象。

貳、皮膚

　　皮膚是人體最大的器官。皮膚的神經有觸覺，能感受壓力和疼痛。陽光下，皮膚能夠製造身體中不可缺少的維他命 D，透過汗腺調節體溫及排出廢物。皮膚的顏色反映身體的健康狀況，也充分反映了人的情緒。例如恐懼時皮膚容易蒼白、興奮時臉色通紅、寒冷時臉色發青。

　　皮膚掩蓋並保護著人們所有內部的結構。它為多層的器官，由內向外生長，底部是厚薄不同的脂肪，脂肪上面是真皮層和表皮層。在真皮和表皮的接合處是基底細胞層，它分裂、生長、老化而逐漸死亡，不停地經表皮到達皮膚的表面，形成一層稱為角蛋白的物質，一方面防止身體內部水分的損失，另一方面防止有害物質和細菌的入侵。

　　年齡改變了身體的外表，尤其是臉部。對於年齡慢慢老大的人來說，皺紋、失去光滑的膚色與失去彈性的皮膚愈來愈明顯。慢慢的臉上出現了一些小黑斑，臉色也逐漸蒼白，曲張的靜脈血管也依稀可見。

　　比起頭髮的老化，皮膚的老化對一個人的自我形象產生更大的干擾，因為頭髮可以染色，皺紋卻很難用什麼藥物來有效地處理。更年期以後的婦女，由於皮膚油質腺體的萎縮，皺紋就愈來愈深，也愈來愈明顯。相反地，男性油質腺體卻一直在運作，皮膚也愈來愈厚、愈有油質，延緩了皺紋的出現。男性經常刮鬍鬚，也使得皮膚外層的老細胞脫落，加速皮膚內層細胞的成長。

　　陽光的照射對皮膚老化也是一個很重要的原因。陽光中的紫外線干擾皮膚蛋白質的組合，嚴重地影響著皮膚的新生，造成永久性的皺紋、乾燥與皮革性的表皮。過度照射陽光是導致皮膚癌的原因之一，陽光與風吹雨打則是造成皺紋的主要原因，那是皮膚在冷熱變化下伸縮的結果。隨著年齡增加與皮膚內層的變化，使得柔軟的纖維硬化，皮膚逐漸失去彈性。同時，由於皮膚內層脂肪的儲存明顯不足，使肌肉慢慢萎縮、變型，造成更多的皺紋。

不少年長的人們，埋怨皮膚常常發癢、龜裂，覺得非常乾燥，是維他命 A 不足的結果；也可能是因為擦些不良保養品的副作用。年長的人會覺得汗流得少了，原因是只有少數汗腺還在運作。汗少了，人體調節體溫的功能也就減弱，老年人因而對於冷熱特別敏感。

　　許多老人的皮膚顯得乾而薄，不具彈性，當被捏起的時候，可以被拉得很高，這是因為膠原及彈力纖維變質的結果。年齡漸長，皮膚上的小血管變得脆弱，以致皮膚上經常可見淤傷，輕輕撞擊，都可能造成一大片的紫斑。汗斑、痣以及各種斑點，也都出現在身上。

　　老年人的皮膚癌多歸因於皮膚功能的改變，主因是過於乾燥、長期的環境傷害或過度暴露於太陽及紫外線之下。「基底細胞癌瘤」是常見的一種皮膚癌。皮膚癌的出現是皮膚慢慢隆起，皮膚表面變得不平滑，且結構被破壞。若能早期發現治療，皮膚癌的治療率很高。

　　老年人臉上往往顯得蒼白，是因為隨著年齡的增加，皮膚之黑細胞減少的緣故。黑細胞負責皮膚色素的沉澱，所以老人的臉色常有貧血的現象。

　　老年人的皮膚狀況，反映了其全身血氧的狀態、衛生情形、營養狀況、心理社會壓力及所處的生活環境。老年人應對自己的皮膚善加照顧（林麗嬋等，2010）。

參、肌肉與體重

　　為什麼不少老年人的姿勢會變成彎腰駝背的樣子？為什麼兩腳分開的時候，需要有較大的底面來支持體重？為什麼步伐變得比較小，走路的時候，步態不穩，甚至拖著腳板走路？又為什麼人到老了，身長會變短？此時須先瞭解肌肉老化的問題。

　　肌肉不像皮膚的細胞會自然生生滅滅，肌肉的細胞一旦死亡或萎縮，就無法再生。個體肌肉的密度到 30 歲的時候，到達了最高峰，以後

就慢慢地走下坡，而且隨著肌肉纖維量的減少與長度的稀鬆，肌肉逐漸出現了收縮的現象。同時，累積的脂肪慢慢地取代肌肉的組織體素，使身體出現了贅肉。縱然一個男性到 60 歲時的體重還是跟他 25 歲時差不多，但是他的脂肪含量已遠超過肌肉的重量。

脂肪率（Body Fat Ratio, BFR）是脂肪占身體體重的百分比。例如體重為 70 公斤而且脂肪率 10%，表示身體有 7 公斤的脂肪和 63 公斤的非脂肪組成（骨頭、肌肉、器官組織、血液……）。測量的最佳時間是早晨，從充足的睡眠（7 至 8 個小時）醒來之後，此時體重和腰圍等的測量數據是最準確的。

量測女性的身體脂肪公式如下：

參數 a ＝腰圍（腰部的周長，公分）×0.74
參數 b ＝總體重（公斤）×0.082 ＋ 34.89
身體脂肪總重量（公斤）＝ a － b
身體脂肪百分比＝（身體脂肪總重量 ÷ 體重）×100%

量測男性的身體脂肪公式如下：

參數 a ＝腰圍（公分）×0.74
參數 b ＝體重（公斤）×0.082 ＋ 44.74
身體脂肪總重量（公斤）＝ a － b
體脂率（身體脂肪百分比）＝（身體脂肪總重量 ÷ 體重）×100%

【案例】一名男性體重 74 公斤，腰圍 94 公分，其身體脂肪總重量與體脂率計算如下：

$$a = 94 \times 0.74 = 69.56$$
$$b = （74 \times 0.082）+ 44.74 = 50.8$$
$$身體脂肪總重量 = a - b = 69.56 - 50.8 = 18.76$$
$$體脂率 = （18.76 \div 74）\times 100\% = 25\%$$

在十大死亡原因中，惡性腫瘤、心臟疾病、腦血管疾病、糖尿病、高血壓性疾病、腎病等都與肥胖有關，因此不宜過胖（衛生署，2011A）。以高血壓來說，每天的食鹽攝取若能控制在 6 公克以內，血壓可以下降 2 到 8 毫米汞柱；體重減低 10%，則可下降 6 毫米汞柱。多數的男性在 55 歲前後，還會繼續發胖，而女性甚至在 65 歲左右，體重還是在不斷增加。隨著身體的發胖，肌肉的力道、彈性、色調及運動時的速度，都逐漸地消退。肌肉的力道與彈性，在 30 歲以後就日漸走下坡，而運動員生涯往往在 20 幾歲達到高峰以後，就風光不再。不過，肌肉功能的衰退，在 30 幾歲以後至 65 歲以前並不一定明顯。到了 65 歲以後，它的功能可能只有年輕時的一半。也因為如此，有些老人才會顯得臃腫不堪，反應遲鈍，甚至上下樓梯都氣喘。

檢測肥胖最簡單的指標是體重，**標準體重**（standard weight）的衡量是：

$$男性 = 身高（公分）- 80 \times 70\% = 標準體重$$
$$女性 = 身高（公分）- 70 \times 60\% = 標準體重$$

另一種使用**身體質量指數**（Body Mass Index, BMI）計算標準體重：

$$BMI\ 標準體重（國際標準）= 身高（公尺）\times 身高（公尺）\times 22$$
$$BMI\ 標準體重（臺灣標準）= 身高（公尺）\times 身高（公尺）\times 24$$

BMI 大於 24（臺灣標準）或目前的實際體重大於 BMI 標準體重即為體重過重。

體重超重的計算公式如下：

超重（%）＝〔（實際體重－理想體重）÷ 理想體重〕×100%

超重（%）的值介於 ±10% 以內均屬於正常範圍（即所謂的理想體重），例如：

【案例】某男性身高 172 公分，體重 75 公斤。其標準體重與超重體重如下

標準體重＝（172 － 80）×0.7 ＝ 64.4 公斤
超重體重（%）＝（75 － 64.4）÷64.4×100% ＝ 16%

肆、體格

一個經常運動的人會比從來不運動的人有更好的體格。少吃肉類、不暴飲、不暴食，多吃一點菜蔬果類，都有助於保持適當的體重，維繫良好體格，對年長的人士來說尤其重要（林智生譯，2001）。

骨骼由骨、韌帶與軟骨所合成。每一個人身上都有兩百零六塊，每一塊骨頭都有其功能。骨骼是身體的架構（framework），它與肌肉和諧地一起工作，保護著身體各重要器官，如肋骨與胸骨保護著心與肺，頭骨則保護著腦。正因為肌肉與手上小骨頭的合作，一個人才能輕易地用手操控一些東西。在骨頭中空的部分，包含了無數的骨髓，紅血球就是從那裡製造出來的。

一個人出生時，骨骼並不像長成後這樣堅硬，它是由無數的軟骨所合成。軟骨在逐漸長大的過程中，被由礦物質與骨細胞組合的骨化作用所

產生的硬骨所取代，而鼻與耳朵的外圍一直保持著軟骨的狀態。骨骼需要吸收足夠的鈣與磷才能不斷地運作。中年以後，骨骼中的鈣質就開始以每年約 0.5% 的流失量開始流失，於是骨骼愈來愈細，裡面出現了海綿狀的空洞。為什麼有這樣的現象？是因為身體其他部分，吸收骨骼中的鈣質，又沒有給予再生的機會所致。

　　骨骼需要好好地保健，才能維持其活力。將老年人常見的骨骼系統問題分述如下：

1. 骨刺：年過 65 歲，80% 會長骨刺。理論上，人體每一個關節都有機會長骨刺，但脊椎的頸、腰關節是人體活動最頻繁的地方，也是最常見長骨刺的部位。當脊椎關節因退化或受傷，而慢慢在椎骨上下緣形成骨芽，就稱為骨刺。在 X 光片下，可以明顯地看到類似魚刺的東西，長在椎骨後面。假如壓到頸神經，會造成頸、肩、手的痠、麻、痛，上肢無力，手指酸麻；假如壓到腰神經，會造成坐骨神經痛，患者除感到腰部在長期站立及彎腰時疼痛之外，這些疼痛也會傳到小腿側邊或腳趾。經常使用頸、腰部工作的人，比較容易長骨刺，例如終日伏案的學者教授，睡覺習慣墊高枕頭的人，以及挑重物、彎腰耕作的工人與農人。長骨刺並不可怕，但是老人如果因為長了骨刺而感到劇烈且反覆的疼痛，症狀繼續惡化，日常生活顯然受到影響，甚至造成大小便失禁，雖經針灸、復健、吃藥多時仍未見效者，就要考慮手術治療了。

2. 骨折：老年人若跌倒，因下意識的反應，會以手掌撐地，所以手腕的橈骨最容易斷裂，老人因為反應不靈敏，跌倒時往往就地跌坐，結果脊椎及股骨頭跌斷機會也大。

3. 肌腱炎：肌腱炎也是常見的，原因是年齡一大，肌肉的柔軟度降低，關節的靈活性也不如年輕時，因此稍一運動，若沒有注意事先暖身，就容易發生肌腱的傷害。

總之，骨骼要好好地愛護，讓它支撐我們的身體，維護快樂的健康生活。

第二節　內臟與身體系統

　　人的身體為一充滿生命力的有機體，有機體內各器官組織不停地運作，使生命得以維持。心臟、肺臟、肝臟、腎臟等等，一方面各司其能，一方面又與其他器官組織連貫互動。本節依序說明「心臟」、「肝臟」、「神經系統」、「泌尿系統」、「呼吸系統」等的老化狀況。（張國燕譯，2003；張國燕譯，2004；周中興等譯，2006；林麗嬋等，2010）

壹、心臟

　　心臟與肺臟是人體內最重要的維生器官，心臟一旦停止跳動，肺臟一旦停止呼吸，生命也就告一段落。呼吸吐納、心臟搏動都不可片刻中斷。兩者之衰退老化，對健康保健是重點。

　　心臟的功能是衡量健康的首要指標。血液循環系統遍布全身各部位，無時無刻地透過心臟規律性的搏動，搭配自主神經及內分泌系統的調控與節制，供應全身維持生機之營養素與氣體，扮演生命力源頭的角色。心臟血管系統健康與否，攸關全身健康甚鉅。

　　隨著年齡的增長，心臟及關聯之血液循環系統逐漸地衰退。要想讓老化緩和下來，需設法改變促成老化之因子。如果生活充分有規律、飲食有節制、減少身心壓力、積極參與運動、避免通宵熬夜、戒除吸煙和飲酒等不良習性、遇有任何病況立即求醫診治，都有助於心臟血液循環系統的衰退趨緩，維繫較佳的生命機能。

貳、肝臟

　　肝臟位於人體的右上腹，醫學上習慣把它分成兩葉，連在一起，重約 1.5 公斤，是人體第二大器官（最大為皮膚），肋骨像籬笆似地保護著它。肝臟刻苦耐勞地工作，是可以再生的器官，就算切除 90%，還是可以發揮一定功能，再長回原來的形狀。

　　肝臟有如一個複雜的化學工廠，在人體營生系統中，扮演許多複雜的功能：分解食物，製造膽汁，把有利營生的吸收或儲存起來，把不利人體的排出體外。肝臟也是解毒中心，吃進來食物所產生的各種有毒物質，在肝臟中轉變成無毒物質後，再經由尿液或膽汁排出體外。也會把衰老的紅血球所釋放出來的血紅素，加工後變成膽紅素，排入膽汁後，再排出體外。

　　臺灣大約每 6 個人就有 1 人體內潛伏肝炎病毒，其中 300 多萬人是 B 型肝炎帶原者，30 多萬名是 C 型肝炎患者。這些人如果不追蹤治療，有不少人會在中老年以後變成肝硬化、肝癌。有些老人因為喜歡用補藥強身，反而可能造成肝臟無法承受的負擔而喪失功能，產生各種症狀。

參、神經系統

　　年齡愈大，腦細胞數目漸減，腦的重量愈輕，腦皮質組織的帶狀物愈來愈狹窄，而側腦髓腔就顯得比較大。腦組織隨著年齡增加，對於外在刺激的接受、傳達和反應能力，逐漸變差。老人對於體溫的調節和疼痛的感受因而比較遲鈍。老人普遍怕冷，即使在溫暖室內，還需要穿著厚的衣服。對於疼痛刺激的感受則會降低，即使被燙傷都不一定有感覺。同樣的，出現了凍傷時，有些老人往往感受不到。

　　老人中樞神經系統的變化與血液循環或細胞代謝沒有直接的關連，卻因為活動性的降低，使得老年人知覺感受能力變慢或改變，造成反應及

動作時間增長。譬如說，看到一個商品的單價，可能要花上一些時間，才能數出正確的錢數。

　　老人僅以觸覺來認出物件比較困難，因為知覺接受能力和敏覺度都減低。以老人的聽覺為例，因為聽神經纖維退化，耳膜變厚，聽力變差，以致造成對聲音的扭曲，常常發生誤會。隨著年老視力也會漸減，尤其是對黑暗的適應能力降低，瞳孔對光線的反應減慢，對光線變化的適應能力減弱，周邊的視力也有減弱的現象。平衡感和細微動作的操作能力，也受到影響。老人通常都扶著門口、椅子和欄杆移步走動，以維持其平衡。曾經能輕易製作精細、美麗手織品的熟手，上了年紀往往發現手指、眼睛都愈來愈不聽話了。

　　人類老化過程受中樞神經與心臟血管系統的控制。心臟供應了中樞神經所需要的氧氣，兩者的功能在老年期出現機能衰退的現象，年齡愈老，衰退愈快。

肆、泌尿系統

　　泌尿系統由腎臟、輸尿管、膀胱和尿道所組成，其中腎臟擔負著整個系統的大部分工作，其他器官則負擔起輸送和儲存尿液的作用。腎臟同時保持體液和化學物質的平衡，血液流過腎臟的血管網時，清除了廢物並透過調節，達到化學平衡。腎臟還分泌激素，協助保持血壓正常。

　　腎臟功能的衰退是老化很重要的症狀，其中最擾人的是「尿失禁」及男性攝護腺肥大的問題。尿失禁（即不能隨意控制排尿）是年長者普遍困擾問題之一，60 至 64 歲的年長者有 6% 自述有此問題，65 歲以上有此困擾的則有 11%。獨居與安老院中的老人尿失禁問題更為普遍，有的是暫時性，有的比較長期。老年女性因為支持膀胱和控制排尿的肌肉鬆弛，以及生育、肥胖或更年期激素變化，也影響控制排尿的肌肉功能，常常導致在咳嗽、大笑、打噴嚏、提起重物或其他增加腹壓活動時，流出少量尿

液。

其他有關泌尿系統的問題，如無尿或尿量很少，頻尿又口渴，解尿時疼痛或血尿，都是嚴重疾病的徵兆，如腎臟的疾病、糖尿病、膀胱或尿道感染、腎結石及其他腎臟疾病的警訊，都常見於老人身上。如果得到慢性腎炎，久而久之，腎功能便會衰退，一旦演變成尿毒症，難逃洗腎的命運，不可不防！腎病變更是我國十大死因之一，包括急性或慢性腎病變及腎盂炎，都是死亡率很高的原因，應特別注意。

腎臟的濾過率以及濃縮與稀釋的能力，到了老年都降低，還是能處置身體廢物，只是需要較多時間而已。老年人的腎臟仍有能力維持體液的酸鹼平衡，但是反應的時間比較長。老人的夜尿次數比較多，大約有50% 的男性和 70% 的女性，都有夜尿的現象，這是因為膀胱容積變小的緣故。

伍、呼吸系統

呼吸系統隨著老化，結構和功能有很多變化。最明顯的是：(1) 隨著年齡增加，肺活量降低；(2) 支氣管與肺的動作減小：因為纖維性結締組織及淋巴結構增加的結果；(3) 換氣功能變差：因為呼吸道阻塞及肺部收縮擴張能力變差；(4) 最大呼吸量，也就是進出肺部的最大氣體量，隨年齡而降低；(5) 呼吸性氣體交換能力受損：原因是肺泡換氣不足或血流較少之肺部過度換氣；(6) 肺組織的彈性受損，肋骨的移動性變差；(7) 呼吸速度減慢，呼氣時呼出的二氧化碳量減少；(8) 咳嗽的能力變差：因肌肉張力變差的緣故。

這些變化，在沒生病的時候，還不至於對老人的健康有太大影響，但可以解釋了老人呼吸時，需要額外用力呼吸獲得氧氣，以維持身體的恆定狀態；也說明為什麼老年人容易支氣管發炎及久咳，不易痊癒。

 第三節　感覺器官與性生活

　　人的感覺器官隨著老化而退化。感覺是視覺、聽覺、味覺、觸覺與嗅覺的總稱。人時時在覺察由不同感覺器官所接受的訊息，如眼睛之於顏色、耳朵之於聲音、鼻子之於氣味、舌頭之於美食等等均屬之。刺激所帶來的感覺器官的活動，引發個體的知覺。

　　感覺雖然是比較初級的活動，但卻是其他高級複雜活動的基礎。老年期各種活動的退化，都由於感覺器官的退化開始（國民健康局，2003；林麗嬋等，2010）。

壹、視覺

　　古人常以「耳聰目明」作為一個人生理健康、心智能力良好的寫照，而「視茫茫」則是老化過程中的一大警訊。視覺是人體複雜又神秘精妙的感覺，除了外傷之外，年齡是影響視力的最主要因素。視力毛病的主要原因起於折射不良。所謂**折射**，指眼球晶體把光線聚焦後，在眼球後部的視網膜上形成影像。最常見的折線不良有散光、遠視、近視與老花。

　　所有感覺器官都與中樞神經系統相連，與大腦之間有直接的通道，使訊息可立即處理。眼睛視網膜上的感覺細胞，將光轉成脈衝，視神經就將之輸入大腦，由大腦對圖像加以判讀。

　　由於人類的眼睛是由角膜、晶體、睫狀肌、玻璃體、視網膜所構成。視力減退出現「老花」現象，主要是年紀大了，眼晶體逐漸硬化失去彈性，睫狀肌慢慢萎縮，晶體和睫狀肌不能發揮其調節能力，看近物模糊不清，要放在較遠處才可以看清楚。

　　年齡愈老，瞳孔的直徑愈減少，就影響到進入眼睛的光亮。平均而言，一位 60 歲的老人，進入眼睛的光亮只有他 20 歲時的三分之一。同

時，人老了，眼睛就缺乏彈性，減退了有效調適的能力。過了65歲的人，有37%的人遇強光不會改變瞳孔的大小；有56%的人當水晶體改變了型態，瞳孔的大小也不會改變，因此需要適當的光源，才能看清事物。

視網膜感光細胞功能降低，使視力下降。許多未曾近視的人50歲以後視力會從年輕時的1.5降到1.0；到90歲的時候，可能只有0.35了。由於視網膜感光細胞功能降低，老人對弱光和強光的敏感性也明顯降低，從亮處到暗處的適應能力也就變弱。老年人從亮處到暗處需要一段時間適應，一進暗室就看不見東西，要經過一段時間才會慢慢恢復視力。老年人的高級視覺中樞發生退化，造成對物體大小、空間關係和運動速度產生不正確的判斷，譬如上下臺階容易踏空摔倒。

近年來老人視覺的議題受到重視，老人自述目前看東西看不清楚（包括使用輔具，如使用眼鏡後）的比例已有些減少，65歲以上的老人自述有此困擾的已由民國78年之24%降為88年時的20%，而60至64歲有此困擾的則由14%減為12%。

貳、聽覺

很多的訊息來自聽覺。音波透過空氣，促動了耳鼓（eardrum）進入了中耳、內耳，產生了信號，經由聽覺神經傳達至腦部。聲音的振幅決定它的強弱，而聲音的頻率決定了音調（pitch）。當愈來愈老時，接收與傳導的能力也就愈來愈弱。很多人從30歲開始，逐漸地損失聽力，但因為並不明顯，一時並不會對個體產生不便，但當人逐漸衰老，對於聲音的頻率及強度愈來愈不敏銳，年齡愈大，高音階的聲音愈來愈聽不見。65歲的老人，差不多有一半聽覺明顯減退，而男性老人聽力障礙較女性早，聽力損失情況也較嚴重。居住在鄉村的人民，比起城市內的居民，即使在晚年，聽力也較佳，這也顯示都市噪音污染問題十分嚴重。

國健局2003年TLSA調查結果顯示，老人自述目前聽不清楚聲音

（包括使用輔具，如使用助聽器後）的比例十年間大致不變：60 至 64 歲仍維持在 4 至 5%，而 65 歲以上的則維持在 13% 至 14%，可能是助聽器的使用率仍很低（僅 2% 至 3%）的緣故。男性有戴助聽器的比率高於女性；75 歲以上組約有四成；另外，即使戴了助聽器，仍有約五成的人聽聲音不清楚或很不清楚（衛生署，2004B）。

　　老年人聽覺系統退化，是發生重聽甚至耳聾的主要原因。由於老年人外耳道皮膚分泌功能較差，耳垢變硬，聲波的傳導就受了影響。同時，中耳聽骨硬化，聽力關節活動範圍變窄，聲波傳導效能降低，更因為內耳細胞慢慢退化，對高頻率聲音的聽覺不斷減弱。

　　聽覺問題在老年人之中的比例遠多過其他感官的衰退率，特別值得注意。例如有些老人會出現「失調現象」。**失調現象**（dissonance），係指同時出現兩種聲音所引起不悅耳的現象；在音樂上稱為不諧和音；又如**失音症**（amusia），指喪失辨別聲音能力的現象，或喪失發出音樂上各種聲音能力的現象。更嚴重的是聾，或稱**失聰**（deafness），指部分或全部聽覺功能喪失。導致耳聾的原因很多，有先天性的也有後天性的；有器官性的，也有功能性的。老年人失聰的情況普遍（張春興，1989）。

參、嗅覺、味覺與觸覺

　　人們對周圍環境的一切知覺，都來自五種基本感覺，視覺與聽覺固然重要，但要五種感覺協調，才能提供完整的形象。在嗅覺方面，老年人嗅上皮細胞數量減少，使得嗅覺靈敏度下降。從青年時代，平均每隔二十二年嗅覺靈敏度下降一半，到 70 至 80 歲時，嗅覺能力已經非常低。有些老人罹患**失味覺症**（ageusia），指患者喪失味覺受納器的敏感性，無法辨別食物中的酸、甜、苦、鹹。

　　有些老年人對燒焦的味道，乃至花香與樹木的芬芳，大部分已經沒有明顯的反應。更嚴重的是，某些老人不常洗濯，臭味沖天，自己反而沒

有一點感覺，這也正說明失去嗅覺惹人厭而不自知的窘境。

至於味覺，老年人對甜、酸、苦、鹹四種味覺都不太敏感。主要的原因是人老了，舌上的味蕾數目愈來愈少，舌前部三分之二的地方，幾乎已經沒有味蕾，漸漸食不知味。

老人年紀愈大，觸覺退化就愈明顯。最具體的表現是觸覺反應變差，痛覺趨於遲鈍，溫度感覺變差，對熱和冷的敏感性下降。由於對溫差感覺遲鈍，不能及時添減衣服，容易受涼感冒。家人應注意低溫對於老人的嚴重影響，儘量提醒老年人做好保溫措施。

老年人由於味覺及嗅覺較退化，常食慾不佳或喜好吃口味較重的食物。老年人的飲食重點在於少量多餐，多吃低油的肉類、奶類及全穀類（燕麥片、糙米）等，這些都是對老年人有益的健康食物，平時烹調時只要掌握少油、少鹽、少量、多餐等四大原則，就可以吃得十分健康。

老年人由於生理變化，身體基礎代謝率較差，對熱量的需求也較低，因此在食物攝取上更應多加注意，以免食入過多的脂肪及熱量，造成高血壓及心血管等慢性疾病。老年人由於牙齒機能不良，咀嚼力較差，蔬果普遍攝取不足。纖維質可促進腸管蠕動，防止便祕的發生和影響膽酸再吸收，因此也有降低血中膽固醇濃度的好處。水果含豐富的纖維質及維生素，可用果汁機攪碎，連同果菜渣一同吃下，可攝取完整的纖維質。

整體而言，老年人自述目前吃東西的能力（包括使用輔具，如裝置假牙後）有困擾的比例，60 至 64 歲人口群中，表示有問題的由民國 78 年的 26% 降為民國 88 年時的 16%，而 65 歲以上的老人，比例則由 40% 降為 29%，這與裝置假牙等輔具比例提高（由 68% 提高為 74%）有正相關（衛生署，2004B）。

肆、性生活

人過中年，發生性功能障礙的情況日益普遍。中年以後仍有性愛，

只是隨著年齡增長，其表達方式略有不同。兩性結合本來是人類繁殖的本能，也是基本的生理需要之一。人體就像一部機器，用久了難免會有老化與功能不良的情形。性器官是相當精密的「零件」，包括微細的動靜脈、神經系統以及荷爾蒙的作用，所以在中老年之後，性功能當然會出現一些變化。男人過了中年之後，會有明顯的性衰退，無論是生理上荷爾蒙分泌的減少，血管功能變弱，或長期婚姻引起的倦怠感、夫妻觀念的不能溝通等，都加速男人的老化，降低性生活的品質。

男性也有更年期，雖然不如女性更年期那麼明顯。50 歲後的男性因血中荷爾蒙濃度減低，身體因而發生倦怠、失眠、容易全身酸痛，發冷等類似女性更年期的症狀。性功能的退化易使男性焦慮，而焦慮又促使男性性功能更衰退。進入更年期的婦女則因為女性荷爾蒙分泌驟減，使得生殖道萎縮，而且分泌減少，缺乏潤滑感，在行房時常會因疼痛，而害怕與先生同床。

中老年人性功能障礙為下列幾點：(1) 男性方面：分為陽萎、早洩、射精不全、性交疼痛等四類；(2) 女性方面：分為性高潮障礙、陰道痙攣、性交疼痛等三類。這些生理變化在中年以後就可能出現，再隨著年齡而趨於更明顯，如**表** 3-2。

生理上雖然歲月不饒人，但是只要夫妻感情甚篤，對日常性生活不會有太大的影響。因為人類的性慾、性幻想可以帶動大部分的性功能血流，在中老年期仍舊能達成順利、圓滿的性行為。

男性性功能衰退，可能有以下幾個原因：

1. 性衰退，如同其他與腦有關的老化疾病、大腦單胺功能的衰減。
2. 對雄性荷爾蒙作用的目標細胞，敏感度隨年齡增加而減低，包括雄性荷爾蒙接受體的數目、親和度的減低等等。
3. 憂鬱、焦慮。
4. 一些降血壓與精神科使用的藥物也會造成性能力的減退。

表 3-2　中年以上性生理變化表（性學大師馬斯特和強生的統計資料）

性生理周期	年輕人（29 至 40 歲）	中年以上（50 至 70 歲）
興奮期	性刺激後，幾秒鐘可以完全勃起。	1. 需要幾秒鐘。 2. 勃起不完全。
持續期	伴隨反應：睪丸上縮、血管充血，Cowper's gland（即尿道球腺，又稱科伯氏腺）分泌射精前分泌物。	1. 持續時間延長。 2. 伴隨反應不明顯，無射精前分泌物。
高潮期（射精期）： 第一階段：射精的衝動 第二階段：精液射出	共 2 至 4 秒： 1. 攝護腺（或儲精囊）每 0.8 秒收縮 1 次。 2. 攝護腺收縮時間加長，射出 12 至 24 吋遠的精液，平均 3cc. 至 5cc.（約 24 至 36 小時的存量）。	無或 1 至 2 秒： 1. 攝護腺收縮只有 1、2 下。 2. 射出 3 至 12 吋遠的精液，平均 2cc. 至 3cc.。
恢復期	幾分鐘後又可接受性刺激而反應，能維持勃起幾分鐘至幾小時。	要幾小時之後才能再反應，射精後幾秒就不勃起了。

資料來源：江漢聲（1995）。

　　男性的陽萎，在心因性方面，大都源自於生活的壓力，伴侶間無法溝通，焦慮、緊張、抑鬱、罪惡感、沒有信心等，而大部分老人不會察覺到自己心理有問題。至於器官性陽萎則源自於血管問題，導致神經傳導障礙或荷爾蒙失調。

　　相對於男性，女性 50 多歲以後，在性慾與性能力方面都明顯減低，也就是說女性停經後，性活力明顯減低，不能確定到底是因為生理上的原因或社會文化束縛所造成的。50 至 69 歲的女性，常在她們先生失去性能力或失去性趣後，即終止性生活。仍有少數婦女在性活力與性滿意度持續增加。

　　廣義的來說，性活動包括凝視、欣賞對方的鶴髮或紅顏、撫摸、接吻、擁抱及緊握雙手等等。從這個角度，就不難瞭解老年人的性活動可延續很長的時間。老年夫妻性活動的習慣，是從年輕時延續下來的。如果他

們配合得很好，保持很好的性愛，性活動不會因歲月而停止，只不過減少次數而已。

性生活是健康生活重要的一環，也是正常的生理需要和心理需要。人到老年，性功能當然會發生變化，如果不瞭解正常的生理變化，對自己、對配偶產生疑懼、憂慮等消極情緒，不但影響性生活，而且還會造成夫妻感情不和，破壞家庭氣氛。

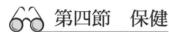 第四節　保健

壹、控制體重與飲食均衡

長生不老，是幾千年以來，上至帝王，下至市井居民所夢寐以求的心願。不老自不可得，但透過預防及保養保健，的確可以延緩老化的速度。預防本來就重於治療，不少令人聞而生畏的疾病乃至癌症，都可以在注意身體健康的維護，與疾病的預防下，減少其出現之可能性。

防癌應從減少脂肪攝取、控制體重開始。國人十大死因，有六項與肥胖有關。此外，脂肪肝、關節疼痛、高血脂等，也都和肥胖息息相關，顯然肥胖已成為全民之公敵。肥胖會帶來各式各樣併發症，和正常人比較起來，肥胖者罹患糖尿病的機率是正常人的 5 倍；患高血壓的機率為正常人的 3.5 倍，罹患心臟血管疾病的機會為常人的 2 倍。還有下列各種併發症：（吳東權，1998；吳麗芬等，2006；孫安迪，2006；李義川，2009）

1. 在循環系統方面：腦血管障礙、心臟肥大、心肌梗塞、狹心症、動脈硬化、高血壓等。
2. 內分泌代謝方面：包括非胰島素依賴型糖尿病、高尿酸血症、痛風等。
3. 呼吸器官：如睡眠呼吸中止症候群。

4. 消化器官：如脂肪肝、膽囊疾患、胰臟炎。

5. 婦產科疾病：包括不孕、月經不順、無月經、子宮癌、妊娠毒血症等。

6. 整型外科疾病：如變形性膝關節炎、腰痛。

體重是很好的健康指標，「少吃一口，多動一點」是保健主要秘訣之一，要想保持青春與健康，就要隨時量量體重，體重增加或減少 3 公斤，就是健康警訊。當體重不斷減少，要特別注意下列情況：

1. 如果胃口很好，食量也不減，體重卻下降，就要注意是否有某些特殊疾病；如果一直不好，更要追究原因。

2. 休息及睡眠是否足夠，過度工作，消耗能量太多，也是體重減輕的原因。

3. 是否因為食物內容改變，譬如說由高熱量之食物轉而攝取低熱量高纖之食物。

4. 是否因為精神狀態不佳，影響攝食功能。

當體重過度增加，也要考慮是否因為：(1) 胃口奇佳，食量大增，攝取了過多的熱量；(2) 運動或身體活動減少，熱量消耗少；(3) 攝取過多高熱量之脂肪及醣類食物；(4) 水腫或腹水使體重增加，可能患有風濕性心臟病、肝硬化等症狀。

隨著經濟的進步，臺灣地區多數老人，衣食無缺，生活輕鬆，在飲食方面，朝向以高油脂、高蛋白質之食物為主，而忽略了碳水化合物的攝取，因此體重超過一般標準者愈來愈多。由於全脂含量的食物及一些動物脂肪、膽固醇等食物的過度攝取，往往是患肺癌、大腸直腸癌、胰臟癌、膽囊癌、乳癌等癌症的主要原因，因此均衡碳水化合物、蛋白質與脂肪的飲食，應加以注意。

將三大營養素的機能及含此營養素主要之食物列舉如下：

1. 碳水化合物主要機能是轉化為具有時效性的能量。米飯或麵包等穀物含量相當豐富，水果中也相當多。

2. 蛋白質為人類所有組織、細胞組成的成分，也是組成身體的材料，更是遺傳因子、酵素、免疫體的基礎。在肉類、魚貝類、乳製品等食品中含量相當豐富。

3. 脂肪除了依據需要作為能量來源之外，也是形成細胞膜的主要成分。脂肪在肉類、動物性或植物性油、油炸的糕點等較油膩的食物中含量較多。

　　老人除了均衡的飲食之外，平日應多喝水，保持體內充足的含水量。水的機能是作為血液的溶劑之用，並將各種營養素輸送至身體各部位。此外水分的發汗作用，還可以調節體溫。水是維持生命僅次於氧氣的重要元素。一般人都是在口渴的時候才喝水，老年人卻因為口渴的敏感度較差，不容易感覺口渴，因而水的飲用量不足，造成體內的含水量較低，嚴重時，可能引發脫水現象。水分占有成人體重一半以上的重要成份，若其中的 20% 消耗掉，甚至會導致一個人的死亡。

　　如果老年人不喜歡喝開水，但喜歡喝茶，烏龍茶應該是優先可以考慮的，它對於預防腫瘤、預化老化很有功效。保護心臟的食物包括了含 Omega-3 脂肪酸很高的鮭魚、鮪魚、鯖魚等；因為 Omega-3 脂肪酸可以降低血壓，防止血塊凝結，幫助人體中的「好」膽固醇，清除血流中的壞膽固醇。此外，應多吃含大豆蛋白質與礦物質的食物，《康健雜誌》特別介紹十種保護心臟的食物，包括青花椰菜、大蒜、紅豆、芥花籽油、燕麥片、甘藍菜芽、蘋果、鮭魚、鯖魚及秋刀魚。

　　老化意味著身體各種功能之遲緩，而人體中步調最慢的莫過於腸道，因此老人家有便祕毛病的人特別多。想避免便祕的困擾，要多吃纖維質。纖維質就是植物類食物中無法消化的部分，因為它沒有辦法為人體所吸收，反而對便祕、大腸癌、高血脂症、血管硬化等文明病具有某些程度

的防治效果。水溶性纖維可延緩胃排空，使血糖上升較為緩慢，對糖尿病具有改善療效的作用。

纖維就是腸胃道的清道夫。要增加飲食中的纖維量，可選擇黃豆糙米飯或綠豆稀飯、全麥麵包或五穀雜糧麵包，多吃菜豆、扁豆、豌豆、四季豆等蔬菜類。老人應該多吃可以延緩老化的十種食物是：豆腐、桔子、香菇、木瓜、綠茶、番茄、葡萄、香蕉、牡蠣及洋蔥。

老人骨骼多多少少都有一些毛病，牛奶、乳酪或優格、豆漿、沙丁魚、小魚乾、莧菜、芭樂、草莓、芝麻與檸檬，都是對強健骨骼最有幫助的食物。能預防癌症的飲食種類，包括含 β 胡蘿蔔素的南瓜與番茄，含維他命 C 和維他命 E 的高麗菜、蕪菁（俗稱大頭菜、圓菜頭）、洋蔥、大蒜、花椰菜、青椒、菠菜等等，都有效果。但不能忽略蛋白質的攝取，以維持均衡的飲食。

貳、接受健康檢查

健康檢查的目的在藉由醫師的臨床經驗及靈敏的儀器，再加上血清生化等檢查，偵測出潛伏在個體中沒有臨床症狀的早期器官功能障礙、疾病及危害生命的新生物（如癌症）。如果只是進行身體某部分檢查而沒有其他輔助檢測，成效還是有限。譬如說，發現了某一位老人有內分泌疾病，而沒有立即轉介專科醫療，繼續進行治療，就失去了健康檢查的目的（譚健民，1998）。

一般健康檢查的項目只著重於生理功能的評估，而常常忽略潛伏性的心理層面危機，無法真正落實預防保健的目的。譬如說，有些人以為抽血檢查一切都很正常，就是整個身體健康都沒有問題，殊不知身體潛伏的病變，常存在於其他未能接受檢查的項目中。因此完整健康檢查結果的判讀，必須商請家醫科等專科醫師親自判斷或說明，提供一系列保養、保健及預防疾病規劃，並安排日後的追蹤複檢，才能達到預防保健的目的。

參、運動

　　一個 70 歲的老人如果經常運動，其大腿肌肉機能可以增進 10% 至 20%，有效地將因老化所導致的肌肉衰退減慢十至二十年。運動可以提高一個老年人的活動能力，提高心肺的功能，保持關節的活動力及減低骨質疏鬆的產生。運動更可以降低高血壓、糖尿病、冠心病及中風的發病機會。

　　適合中老年人常做的運動有：

1. 拉筋運動：主要是增加肌肉以及關節的柔軟度，常用來作暖身運動及緩和運動的部分，身體因為肌肉疲勞及肌肉緊張所引起的肌肉痠痛，也可以透過這類運動來治療。

2. 肌力訓練運動：對於中老年人來說，這個運動著重肌肉的耐力訓練，主要分為上肢、下肢及身體的肌肉。大多是協助一些有肌肉關節痠痛的病人，然後針對所需要來加以訓練。正常的中老年人，如果持續穩定運動，通常都不需要再做這類運動。

3. 心肺功能訓練的運動：也就是所謂的有氧運動。

4. 其他：散步、慢跑、打球、游泳、登山等都很好，但不是每一種運動都適合高齡者，譬如打網球，如果從年輕時就持續一直從事這項運動，隨著年齡的增加，視自己的體力與身體狀況仍可適時適量持續一段期間，但不適合進入高齡後才開始學習。另外如太極拳、外丹功、氣功等，在教練正確的教導下，也是高齡者很好的活動方式。

　　梅可望於其所著之《不老的秘訣》（1997）一書中，提出適當的運動是不老秘訣之最重要不二法門，他並建議：(1) 要經常做，天天做，最好能在一定的時間做，例如清晨或黃昏，其效果更佳；(2) 要與自己的身體狀況相配合，不要去做自己體力不能負擔的運動，也不要去做對健康沒有

益處的運動。

　　梅可望更以他個人六十年的經驗，推薦太極拳的益處：

1. 手足靈活，腰桿子柔軟，步履穩健，六十年如一日。
2. 消化良好，胃口常開，很少胃腸病。
3. 耳聰目明，牙齒健康，皮膚光滑，很少有老人斑。
4. 思路清晰，能講能動，沒有老年人呆滯現象。
5. 血壓正常，沒有糖尿病、心臟病之類的長期病痛。

　　老年人如果每週 3 天，每天以 20 分鐘為目標，並以較平常稍快的步伐走路，也可以消耗一些身體內多餘的脂肪，不妨試一試。有氧運動也很受許多人的歡迎，當然還有一些簡易的健身操也不妨考慮。運動不但可以強身，而且可以改善情緒，驅除憂鬱，增進心理健康。經常運動的人確實比較有活力，且知足、樂觀、合群、有自信。

肆、健康地老化

　　老人要維持健康，需培養良好習慣，並留意以下禁忌：

1. 忌過分仰脖：老人往往喜歡坐在沙發上看電視或與人交談，時間一長易壓迫頸部動脈使血流不暢，因此感到頭暈、惡心，甚至會半身不遂。
2. 忌猛然回頭：老人走在街上，遇熟人呼叫或聽到異常聲響時猛然回頭，但因老人頸部骨質增生，頸骨急扭可能壓迫血管，造成頭部供血不足，出現眼黑甚至摔倒。
3. 忌褲帶過緊：老人褲帶最好用鬆緊帶，不然褲帶太緊，易使下身血流不暢，尤其是肛門因毛細血管多，供血不好易得痔瘡。
4. 忌說話快速：老年人說話莫高聲大喊、頻率過快。應保持穩定的情緒，否則易使血壓升高，也使心臟負擔加重。

5. 忌吃飯過快：有些老年人仍保持狼吞虎嚥的進食習慣，飯吃得急容易噎著。食物需細嚼慢嚥，才有助消化。

6. 忌站著穿褲子：因老人骨質已疏鬆，老人站著穿褲時，一旦站不穩摔倒了，後果就很糟。

7. 忌用力排便：老人常有便祕。應按時排便，排便不順時，應借助藥物，不能硬排便。因人體在排便時血壓易升高，過分用力，會暈倒、休克以至腦溢血，甚至還有生命危險。

要有建設性地老化，想辦法壓縮疾病，維持生命力的高峰，大部分老人的疾病都可以預防。高血壓、糖尿病是很多慢性病的根源。保健的目的，不僅為了增加歲數，而應該是增加生命力。讓每個人都可以在生命的過程中，生得好、老得慢、病得輕、死得快。

改善對健康不好的習慣，可以改善老化的現象。國內 26.5% 以上的老人經常抽煙、15% 的老人酒喝得比較多、5% 的老人嚼檳榔、38.2% 的老人從不運動、5% 的老人營養不好，有的甚至連早餐都不吃，這些對健康多少都有不良影響，這些不良習慣都應該改進。

《中國時報》記者林照真報導了臺灣百歲人瑞十項維持健康的秘訣，分別是：(1) 經常運動；(2) 保持理想體重；(3) 減少肉類和動物性脂肪的食物；(4) 多吃魚、家禽肉及纖維食物；(5) 經常保持身心愉快；(6) 飲酒不過量；(7) 不抽煙；(8) 每天喝水 3 大杯以上；(9) 坐機車戴安全帽；(10) 多吃鈣和鉀的食物。

建設性老化，還要注意的是祛除進補的觀念。國人一向很重視進補，卻往往造成身體的不適。其實，平時注意飲食中食物營養的均衡，就可以供應體力所需。尤其是個人所需的新陳代謝熱量，隨年齡的增長而逐年減少。中國人所謂的「食八分，享長壽」，假如攝取過多熱量或營養，徒然增加疾病形成的機會。

伍、不要亂吃藥、看固定醫師

許多銀髮族除了喜歡吃補補身之外，還喜歡看醫生、吃藥。固然，有時服藥有它的重要性，可是俗語說：「藥能救人，也能害人」。正確的用藥，可以改善病情，吃多了對身體卻可能有不好的副作用。

很多專家特別強調看病要固定醫師，並持之以恆，因為：

1. 醫師可追蹤病情：任何疾病的發展，有其時間性。以咳嗽為例，由於氣管處於高敏感狀態，往往要拖幾個星期才能完全復原，因此只服用 1 至 2 次藥物，一定不能完全痊癒，需回去複診以預防中耳炎、鼻竇炎或肺炎等後遺症。所以有時感冒只看 1、2 次醫師不但沒有好，反而可能咳嗽得更厲害。此外，慢性病患更需要持之有恆地與醫師合作。舉高血壓為例，定期請醫師複檢，除了瞭解血壓控制情況，還可按時抽血追蹤血脂肪及肝、腎功能的指數，以預防腦中風、心肌梗塞，心臟衰竭等常見併發症。

2. 醫師可瞭解藥效：為了安全起見，謹慎的醫師都會從最低劑量開始處方，再依患者服用的狀況逐漸增減。複診的好處便是使醫師瞭解病人服藥的反應如何，是已經病情大好，只好了一點，還是沒進展，作為醫師處方的參考。對於需要長年服用藥物的病患，按時複診可使醫生逐步調整適合病人體質及劑量的藥物，而且還可以監控副作用的出現。

3. 預防藥物交互作用：以國人最愛到處就醫的感冒為例，到處拿藥，藥物混在一起，亂吃一通，產生致命的交叉作用。例如第二代抗組織胺和紅黴素合併服用會引起心律不整。

不要道聽途說，若聽說哪些醫師高明，就不斷轉診，既費時、費力又浪費健保資源。

Chapter

4

智力、情緒與人格

隨著歲月的流動，人年老以後，除了生理衰退之於外，心智隨著亦衰退於內嗎？會出現心智衰弱或心智衰退現象嗎？**心智衰弱**（mental asthenia）指個人對心智活動顯示減少又無力的疲憊狀態。**心智衰退**（mental deterioration）則指個體在智力、思考、判斷以致身心活動等功能上逐漸衰退的現象。智力、情緒與人格都屬於「心智」的範圍，本章依序討論老人在這三方面的老化狀況。

👓 第一節　智力

壹、智力的意義與內涵

「智力是學習的能力，也是適應環境的能力，同時也是抽象思考的能力。」**智力的定義**是：「個體在推論、想像、創悟、判斷以及生活適應等多方面的能力」，參照認知心理學的見解，可補充為「個體本身自身之遺傳條件，在生活環境中與人、事、物接觸而互動時，表現出善用以往經驗，隨時吸收新知，因時因地適應變局，發現困難之關鍵，並經思考、推理、判斷以解決問題的綜合能力。」智力也可界定為有目標的行動、合宜的思維及有效適應環境的綜合能力，包括抽象思考、適應環境、學習及綜合等能力。**智力的特質**包括：(1) 是個體在行為上的綜合表現；(2) 遺傳是個體智力發展重要的條件；(3) 由於每個人的先天稟賦各有不同，因此智力必然有別。不同老人的智力自然有所差別（張春興，1995）。

一個人與環境的互動愈多，智力之發展愈快也愈廣。這可解釋為何部分老年人智力在某一方面之所以退化，主要由於他們已經不再繼續與外在環境接觸。若智力要發展需隨時吸收新知，一個人縱使與生俱有的潛能得天獨厚，一旦停止學習，其智力之發展就不進反退。這也解釋了部分老人智力之所以退化，是因他們或墨守成規、或故步自封、或滿足於現在一

切，在「不進則退」的定律下日趨老化。智力要因時因地求變，有些老年人被譏為落伍、頑固，是因為以往的包袱桎梏了思想的發展機會。不求突破，以不變應萬變，智力難免退化。

智力展現在見到困難時瞭解關鍵並謀求問題解決的能力。若是稍遇困難就不戰而敗，或以鴕鳥心態，故意淡化困難之嚴重性，只會增添問題的複雜性。賢愚之不同，在於賢者勇於挑戰各種困難，劍及履及地採取各種有效途徑，力圖克服困難；而愚者卻以各種理由自我防衛，自尋下臺階，甚至推諉他人，反而延誤了解決問題的時機。

問題之解決有賴於綜合思考、推理、判斷的能力。不經思考，就貿然行事，不加推理，不詳研其因果與此中之錯綜複雜，判斷難免偏頗。有些老年人往往憑其主觀或所謂多年經驗，即奢求問題解決，或不加思慮即採取行動，自難免治絲而棼、徒勞無功。更可怕的是一經失敗，就頹然沮喪，放棄努力。老年人有時得過且過，原因可能是如此。

智力固然是許多能力的綜合，但能力不同各有其所表現的面向，如有的人長於語文，卻在數學方面稍差。智力也是一大群能力的結合，這些能力之間成正相關。因素分析的創始人史皮爾曼（Chilles Spearman）主張**智力雙因素說**（two-factor theory of intelligence），認為每個人都具有一般智力因素（稱為 g 因素），只是量的多寡不一而已。g 因素決定了個人在智力測驗上的表現；此外，每個人也有特殊因素（稱為 s 因素），主要是他的特殊能力。

薩爾斯通（Lewis Thurstone）認為智力建造在息息相關的七個因素之上。這七個因素及意義是：(1) 空間（spacial）：當同樣的圖形方向改變時，能夠仔細辨認空間關係的能力；(2) 知覺的（perceptual）：在視覺上能夠明察秋毫的能力，能夠很快看出兩圖形間的相似與相異；(3) 數字（number）：運用數字或計算的能力；(4) 語言（verbal）：解釋語詞意義的能力；(5) 字語流利的能力（word fluency）：快速思考文字的能力；(6) 記憶的能力（memory）：回憶所學習的能力，如文字的配對與歷史的因果

等；(7) 推理的能力（reasoning）：能夠根據有效的幾個狀況，找出一般原則的能力（張春興，1995）。

　　智力是某些一般能力再加上特殊能力。一位智商不高但具有一點特殊能力的人，可能在許多情境下表現得比智商高的人還要好。不過，智商非常高的人在各方面表現很好的機率，卻一定比只在某方面有特殊專長的人機率來得高。

　　Gardner（1983）所提出的多元智慧論，包括了下列七大類：

1. 語文：有效地運用口頭語言能力或書寫文字的能力。
2. 邏輯數學：有效地運用數字和推理的能力。
3. 空間：準確地感覺視覺空間，並將知覺表現。
4. 肢體－動覺：善於運用身體來表達想法和感覺，以及運用雙手靈巧地生產或改造事物。
5. 音樂：察覺、辨別、改變和表達音樂的能力。
6. 人際關係：察覺並區分他人的情緒、意見、動機及感覺的能力。
7. 內省：有自知之明，並據此做出適當行為的能力，包括了對自己的瞭解，以及自律、自知和自尊。

　　老年人在「人際」與「內省」方面的智力，是最重要的內涵。用終身學習的四個重點：去知道（to know）、去做（to do）、去與人相處（to live together）、去成為獨特的存在（to be）來看。人際智力有助於與人相處，內省智力有助於發展更棒的獨特存在。

貳、對老人智力的解釋

　　1970 年代，有所謂液體智力（fluid intelligence）與晶體智力（crystal-lized intelligence）之說。所謂**液體智力**（或稱流動智力），指個體對圖形、物體、空間關係的認知，主要是由人類的神經結構及心理架構所構

成，包括了記憶力、聯想力與推理能力。**晶體智力**（或稱固定智力）主要是透過正向的學習經驗而獲得，與教育文化環境的學習機會密切相關，包括個體對語言、文字、觀念、邏輯推理等抽象思維能力，同時也涵蓋行為的動機和調適的能力。液體智力與晶體智力這種說法，對於老年期智力的變化提出了重要的詮釋，那就是在個體老化過程中，某一方面能力遞減的時候，另一方面還可以發揮補充的作用。

老年人的智商（I.Q.）會不會變化？智力不可避免地隨年齡而遞減，但沒有完全衰退。由於智力是一綜合體，某一種能力的衰退，並不代表各種能力的完全退化。不同的個體，智力老化有極大的差異。

何以人老了，頭腦不像以前那樣靈光？應該看看腦細胞是怎樣運作。每個人的腦子裡都有幾十億個神經細胞，存在大約 1.4 公斤的腦之中。腦的最大部分是大腦，不僅是智慧和創造力的產生地，也是產生愛情、憎恨、憤怒、寬恕和其他情感的源泉。

有些神經細胞或神經元有 30 多公分長，神經脈衝以每小時 400 多公里的速度沿著神經元傳遞信息，直接達到軸索，由一種化學神經介質觸發下一個神經元的樹突，產生共同的脈衝，形成連鎖反應，直至信號到達目的地。腦神經細胞的軸索和樹突，分別負責釋出神經傳導物質與接收訊息，然後結構類似樹根，從細胞體伸展出來，與周圍的細胞聯繫。樹突愈多，表示腦力愈佳。老年人智力的減低，是因為樹突減少的緣故。

體表的感覺神經接受外部信息之後，立即將信息傳遞到大腦。大腦再將信息做出解釋，再將之透過神經或脊椎神經反饋到身體。這一切在幾分之一秒內完成，而且幾乎不必思考。如果腦或神經系統的某部分出了毛病，就可能引起運作障礙，重者癱瘓或變成痴呆。老人智力的退化，也可能是腦或神經系統的某部分發生什麼問題所致。

參、增進老人智力的方法

人腦本身預備一套機制，能夠在年老時活化腦細胞，新長出的神經樹突會愈來愈長，在 80 歲以後還會長出新的枝枒。可以藉由藥物，誘導腦細胞再度活動而恢復原有的功能。有關腦細胞活化的訊息，一方面提高了人們對年老時仍保有個人才能的信心；一方面也解釋了為什麼米開朗基羅、愛迪生、畢卡索等偉大人物到了 80 歲甚至 90 歲還是依然有新的創作。

晚年仍能維持其智力水準，甚至還有進步的人，似乎擁有下列一般智力成績減低的人所沒有的特質（Birren, 1991）：

1. 他（她）們早年所獲得的生活經驗，較一般人為豐富，充滿多采多姿的刺激。
2. 所生長的家庭，在身教與環境教育較為注意，提供了多方面的啟發與引導。
3. 他們所受的學校教育年限比較長，學習環境、師生互動都比較良好。
4. 他們所從事的工作，許多是專業化、學術化的事業。其中不乏是高級行政管理人員、資深的企業主管、教學多年的教授、一向勤於研究的專家，或是藝術家、音樂家或工程師。
5. 一般來說，他們的身體都很健康，家庭也大多數相當美滿。

Schaire（1985）則從另外一些觀點加以補充，其主要論調是那些晚年仍能在智力上保持相當水準的原因是：(1) 生活在多元文化衝擊的社會中，競爭激勵了他們要不斷運用智慧，不但力求適應環境，而且創造一個新的環境；(2) 他們本來就興趣廣泛，好奇心強烈，個性隨和，人際關係良好，因而在不同環境中都能有相當優秀的表現。具體來說，他們的生活中不斷地在「動腦筋」，不停地使用智力，因而維持、加強了智力的功能。

Jarvick（1987）發表了他自 1947 年開始以雙胞胎的智商變化為主題的研究，他追蹤了許多雙胞胎的男女四十年，發現他們的智商在 65 到 75 歲之間並沒有顯著的滑落。Duke 大學也有一個相關的長期研究，結果也發現老年人（65 到 75 歲）的智商，並不會普遍地退化。某些老人心智能力之所以退化，是由於某種疾病，如高血壓、糖尿病等等所造成，而不是老化的自然現象（Belsky, 1994）。

不能輕易地說年輕人較之年長人智力一定好，或是來得差，因為人類的心智是隨著經驗做多線發展，在心智擴展的過程中，伴隨著器官組織的改變。因此，是心智本身主導這個擴展的過程，而不是身體組織的改變。

人腦任何一部分組織的退化，都能用新的心智發展來彌補。譬如說，一個老人記憶力的消退，卻可以用過去類似的經驗予以類化，但需要以比較多的時間來完成。運用 Gardner 多元智慧理論，得到綜合的結論是「老人在智力方面的變化並不大」，進一步說明如下（李平譯，1999）：

1. 語文：直到老年仍然保持某種的水平，有時老人家口齒不清，非關智慧，而是神經系統出了問題。

2. 邏輯數學：在青少年及早期成年達到顛峰，老年期並沒有明顯退化。

3. 空間：在老人 70 歲、80 歲時仍然相當健全。

4. 肢體－動覺：老年期的確退化，但經常運動的人，還可以保持相當水準。

5. 音樂：音色、音感、演奏能力仍然相當良好，很多音樂家到了 70 歲或 80 歲高齡時，依然有很好表現。

6. 人際關係：隨老人人生閱歷而變化。

7. 內省：老人在這一方面變化不大，一向固執、自以為是的老人與一向謙虛、隨和的人也有所不同。

總而言之，老人的智力表現整體而言並不會有明顯的改變，除非是某種病症或傷害造成的後果。

第二節　情緒

壹、情緒的意義與內涵

　　情緒（emotion）包括生理及心理的反應，是由外在刺激或內在身體狀況所引起的心理變化狀態。心理變化主要包括喜、怒、哀、懼、愛、惡、慾等。由於身心是一體的，所以身體上跟著有所變化，引起自主神經交感作用。情緒以意識的狀態為主，隨各種客觀情境而表現出各種不同狀態。在日常生活中，情緒與感情常被混用，其實感情是指快樂或不快樂等比較平穩等感覺；而情緒則是憤怒、歡喜等比較強烈的感覺或較為具體的體驗。情緒由外在狀態與有機體的內在狀態之間的相互關係所決定，大部分是受到生活環境中的刺激而產生（張美惠譯，1996）。

　　與強烈情緒伴隨的身體內部變化，是由自主神經系統產生。自主神經系統由交感和副交感兩部組成，當交感神經活動時，出現了下列幾種活動：

1. 心跳加速。
2. 消化系統幾近停止，使血液轉向四肢肌肉，以備打鬥或逃跑。
3. 腎上腺素刺激肝臟，釋放血糖，以增進體力。
4. 呼吸加速加深，增加氧氣的供應，以便於四肢活動時燃燒血糖。
5. 瞳孔放大，增加視覺敏捷度。
6. 唾液腺停止，但汗腺活動增加。
7. 皮下肌肉收縮使汗毛豎立，而生雞皮疙瘩。

情緒平穩後，則改由副交感神經支配，使身體恢復了正常。情緒經常劇烈變化影響生理的邊烈變化，進而可能產生「心身症」；**心身症**又稱精神生理反應，是因不健康的心理反應所導致的身體疾病或肉體症狀。心身症的特徵是情緒或精神因素，對身體各種症狀的發生及消長產生直接或間接影響，如高血壓、氣喘、偏頭痛、胃潰瘍、十二指腸潰瘍、潰瘍性結腸炎、腰痠、關節痛、背痛、皮膚疾病等。通常症狀會因某些特定情緒狀態引起生理的改變，心身症患者的生理改變卻更強烈、更持久（張美惠譯，1996；張國燕譯，2003）。

　　心身症與轉化性歇斯底里症不同，前者為情緒障礙直接影響生理功能所導致的精神生理反應，通常發生在自律神經、內分泌系統支配下內臟或身體系統的功能障礙，嚴重時會引起組織的損害，導致生命的危險。歇斯底里症是焦慮轉化所引起的，屬象徵性而無生理根據的，通常發生於隨意感覺運動系統如痛覺、視覺、聽覺、四肢的運動等。轉化是個人為減輕焦慮而保持心理平衡的心理防衛作用之一，也是精神官能的症狀之一（曾文量、徐靜，1985）。

　　心身症的治療，套用一句俗語，「心病還要心醫」，心理的治療比身體症狀的處理來得更為重要。心身症患者通常有強烈的依賴心理需求，因此常出現在老人身上。尤其是老年的婦女，因為情緒不穩，經常焦慮不安，心身症的症狀也就更為明顯。如何減輕其不安情緒，使心情輕鬆，應為治療心身症之首要任務。

　　高情緒智商者不易罹患心身症，反而激勵自己愈挫愈勇、克制衝動、調適情緒，避免因過度沮喪影響思考能力；也知道設身處地，為人著想，以及對未來永遠懷抱希望（莊安祺譯，1999）。

　　Saloney（1995）為 E.Q. 下定義時，將之分為五個重點（張美惠譯，1996）：

　　1. 認識自身的情緒：認識情緒的本質是 E.Q. 的基石。掌握感覺才可

成為生活的主宰。

2. 妥善管理情緒：管理情緒必須建立在自我認知的基礎上，掌握自如的人容易走出生命的低潮。這方面能力較為匱乏的人，常常與低落的情緒交戰。

3. 自我激勵：成就任何事情，都要靠自制的能力，克制衝動與延遲滿足。保持高度熱忱是一切成就的動力。

4. 認知他人的情緒：人際基本技巧──同理心，也建立在自我認知的基礎之上。

5. 人際關係的管理：能充分掌握這項能力的人，常常是社會上的佼佼者。

理性與感性兩種不同的認知方式交互作用，構成心理功能。理性與感情通常能和諧運作，感情的感受是理性判斷的前提，理性判斷又左右了情感的作用。在思考與計劃、尋求問題的解答過程中，需要以理性來衡量全局、來分析細節、來審思可能的答案與結果，更需要以溫暖的心來激發腦力的充分發揮。激發一個人向前的力量主要源自於熱忱與樂趣，有時適度的焦慮也是一種驅力。

溫暖的心、熱忱與樂趣，乃至於憂慮，都是人們生而俱來的情緒反應。「七情六慾」也是不同的情緒表現，有時影響思想意念與言行舉止。

貳、老人的情緒

老人的情緒由於其成長歷程、文化背景、生活環境、個人人格之特質以及家人關係之不同，其情緒狀態自然也有所差別。但是人到老年身心之退化，有其相似之模式，包括：

1. 情緒反應常兩極化：人到了老年，情緒的自我約束力較差，遇到某種強烈的刺激，可能雀躍萬分，興奮莫名；也可能意興索然，

沮喪萬分。有時自命不凡，自覺尊貴；有時則自感人老珠黃，一無是處。對人態度一會兒熱情煥發，不多久又可能冷若冰霜，形同陌路。處事亦然，有時認真積極，爭先投入唯恐不及，旋即意興闌珊，反怪人家之多事。「喜怒無常」為一些老年人的寫照。

2. 情緒之空虛感與孤獨感：人到老年，對似水流年與歲序更換，特別敏感；而對他人之反應，尤其注意。連孔老夫子都感嘆：「逝者如斯，不捨晝夜。」一代霸主曹操也在垂暮之年感慨著：「對酒當歌，人生幾何！」唐代陳子昂有「前不見古人，後不見來者，念天地之悠悠，獨愴然而淚下」之名句流傳千古。

3. 情緒之反應明顯減低：老人在若干情緒反應上，出現了較往昔強度較低的狀況。以憤怒為例，老人較少有暴跳如雷、大聲怒吼的現象，即使有時很生氣，時間也短暫。再以愛來說，老人家迫切需要他人的愛，卻大都數羞於啟齒，也很少強烈地表示對他人的愛，但孤獨感與厭煩在升高之中。此外，由於驅力逐漸減緩，老人對聲色之娛與口腹之樂，都表現相當冷漠的情緒。年齡更大，由於行動不便，對外面活動，比較不感興趣。

4. 老人家的情緒反應，常依直覺而欠思考：有刺激，當然有反應。刺激與反應之間，經過思考會表現適當的態度與言行。聰明機警與木訥遲鈍的人，對於同一刺激的反應，有很大差別。有的人會察言觀色，善體人意，留給人家很好的印象；有的人會將尷尬的場面，三言兩語化解於無形；有的人則因為反應不當，將小事惹為大事。有些年長的人，口直心快，直來直往，少考慮他人的反應，甚至逞一時口舌之快，徒留無窮後患。還有不少長者，自恃清高，在各種場合中，或賣弄口才，或不假形色，更讓人家退避三舍，不敢領教。老人家有時會討人嫌，這也是原因之一。

5. 老人的情緒容易受環境或他人的影響：情緒所以會高高低低，喜怒無常，受主、客觀各種因素的影響。年齡愈大，這種情況愈為

明顯。身體有一點不舒服，天氣不好，就可能發脾氣，其他人無心表示些什麼意見，或禮貌不夠週到，都可能使得老人家難過好幾天。有時在一剎那之間，馬上變臉，使人不知如何是好。主要因為缺少了自我的約束力，又很少事後檢討，不知自我克制的後果。

參、情緒失調

老年人都可能在心田深處，或多或少地出現一些程度不等的心結，這些心結或多或少影響到自己的生活起居與人際關係，乃至健康狀態。心理與情緒失調最主要表現在疏離感與焦慮感二方面。

一、疏離感

疏離感（alienation）指因受社會變遷與都市化的影響，使人與其生活環境間失去了原有的和諧，形成現代人面對生活時的感受（周業謙、周光淦譯，1998）。老年人由於年齡的老化、環境的變異，或多或少地感覺到被社會孤立，對無常社會有一種無力感，因而對生命之意義有某種程度的疑惑。

老人家的疏離感，主要呈現在四個層面：

1. 無意義感：雖身處在一切都還算是熟悉的世界中，所眼見的依然是自己的子孫與故舊，卻似乎顯得愈來愈陌生，那種心連心的感覺，早已隨風飄逝。眼看子孫各奔前途，不禁覺得個人的生活失去了意義與價值。
2. 無能為力感：世事無常，價值觀念愈來愈混淆，個人對子孫的事無從插手，也無權過問，甚至只要表示意見都可能換來孩子一臉不耐煩的臉色；對自己的未來少了方向，對萬事也大多不能把握，難免感到空虛無力。

3. 社會孤立感：都市人口集中，生活節拍快速，閒來無事的年長一
   輩，對於人際之間的漠不關心，人情毫無溫暖，除了學習如何調
   適之外，只好孤獨地等待著子孫有時聊盡孝心。苦守家園的老
   人，子孫在外工作、求學；四周的老人也各自東西，那種岑寂的
   刺心之痛，讓他們覺得自己是被社會所遺棄的一群。

4. 自我分離感：老年人真正能夠視一切如過眼雲煙、渾然解脫的實
   在不多，尤其是對退休人士而言，不能不緬懷已往，甚至深覺壯
   志未伸，對今日的一切，誠心不甘，情不願。可是不甘於現實又
   能奈何？年老一輩，可能在激烈社會中，追逐生活之最低需求。
   如果還要仰望子媳、女婿的眼色，苟延殘喘，更難免覺得生活有
   何樂趣，昔日的尊嚴如今安在，有百般無奈與自我價值蕩然無存
   的痛苦。

以上種種的疏離感，慢慢形成了各種心理與人際的問題。

二、焦慮感

《張氏心理學辭典》（1989）將**焦慮**解釋為由緊張、不安、焦急、憂
慮、擔心、恐懼等感受交織而成的複雜狀態。焦慮有不同類型，可分為特
質性焦慮與情境性焦慮。前者為人格特質的一部分，具持久性；後者指焦
慮反應因情境而異，是暫時的。

焦慮的發生，通常沒有特別的原因。有時這種感覺是對某些即將發
生的事情（如健康檢查、參加喪禮等等）的擔心所引起，有時是對自己所
特別關心的人過分關心的結果。另外有些焦慮可能由所有的事情所引起，
甚至沒有明顯的任何原因，經常連自己也不知道究竟在焦慮些什麼。

至於老年人的焦慮，除了對自己的身體健康的擔心所引起之外，通
常都與失落感有關。最常見的焦慮包括下列二種：

1. 生命的失落感：擔心一旦失去配偶、兄弟姐妹、親朋好友、更年

邁的父母、年輕子孫及平時長相來往的昔日同窗、同事時,將如
何自處?尤其最焦慮不安的是如果有一天老伴比自己早逝,自己
的晚境將如何淒慘!

2. 角色的失落感:當自己角色轉換後,失去了以往的社會資源,人
們將視自己為「廢物」時,自己該如何自處?

3. 生活的失落感:包括其他晚年生活中各種情境的憂愁與擔心,包
括老病、收入減少、行動不便、人際關係、居所與身心之如何調
適等等。

焦慮可能有其正面效應,促使個體「慮而後能得」,對所擔心發生的
事情未雨綢繆,因此縱使所擔心的事情發生,也因為心理早已有若干準
備,可將傷害程度降到最低層次。

但是,經常被焦慮所苦的老年人,可能出現的症狀有:(1) 無法放鬆
自己,睡眠常常不好,注意力也較不集中;(2) 容易沒理由的疲倦,胃口
欠佳;(3) 時感頭痛,甚至會突然發生暈眩;(4) 流汗,燥熱,口乾;(5)
容易緊張、發抖、抽筋、背痛;(6) 常常沒理由地有驚慌的感覺,夜晚多
惡夢。更嚴重的是它會演變成一種慮病症(hypochondriasis)。

第三節　人格

壹、人格的意義與內涵

世界上絕不會有性格完全相同的人,每個人都是獨特的,即使是雙
胞胎也是不相同的(No twins are identical)。人與人之間,表現最不同的
地方,不在於其外表、容貌,而在於其思想、感覺及對外在環境的反應。
主宰這些思維、感覺與反應的,就是一個人的人格。

很多照顧老人的工作者指稱某些老人性格怪異，思想奇特、言行舉止不循常規，人格似乎異常，可是什麼叫做人格異常？它的起因又是什麼？相反地說，一個正常人格的個體又有怎樣的特徵？

人格（personality）是心理學上最複雜的主題之一，常與性格、品格通用。**人格**是個體與環境交互作用過程中所形成的獨特身心組織，而此一變動緩慢的組織使個體於適應環境時，在需要、動機、興趣、態度、價值觀念、氣質、性向、外形及生理等方面各有不同於其他個體之處。張春興（1989）指出：「人格為個體在其生活歷程中對人、對事、對己，以至對整體環境適應時，所顯示的獨特個性。此一獨特性由個體在其遺傳、環境、成熟、學習等因素交互作用下，表現於需求、動機、興趣、能力、性向、態度、氣質、價值觀念、生活習慣，以及行動等身心多方面的特質所組成。」

由此可以看出：(1) 人格由個體與環境交互作用所組成；(2) 人格的形成是獨特的，也是持久的；(3) 人格在適應環境的時候，決定了與眾不同的行為模式及身心各方面的特質。所謂**特質**（trait）指個人持久性的特徵，有異於他人，包括一個人外顯的行為特徵及由此推論的人格傾向（inferior personality disposition）。

格爾福（Guilforce）認為各種特質是一個人人格的不同方面（aspect or modality），他並將各種特質分為七組：需要（need）、興趣（interest）、態度（attitude）、氣質（temperament）、性向（aptitude）、外形（morphology）與生理（physiology）。個體之人格係由此七類特質結構而成，可由此七方面來觀察一個人的人格（黃堅厚，2002）。

個人的品格特徵，如忠誠、害羞、信實、進取，都是人格特質的一部分，而這些特質又決定了一個人的思想、感覺與行為。特質相當穩定，可以用之預測人的言行舉止。例如一個非常外向的人，不至於在人群中，環顧四周，不知所措。

每個人或多或少，都具備與眾不同的一些特質，有些人樂觀，有些

人悲觀；有些人積極，有些人消極；有些人進取，有些人頹喪等等。艾森克（Hans Eysenck）主張用幾個基本人格型態將人們加以區分。他並以兩個角度作為區分基準：內向－外向，以及穩定－不穩定，同時他相信每個人的人格都可以在這兩個角度之間加以定義。譬如一個穩定而內向的人，遇事可能沉著冷靜、心情平和；一個不穩定而內向的人，比較可能悶悶不樂、焦慮、僵直。

阿爾波特（Alpost）將特質區分為一般特質和個人特質兩種，前者可用來描述一群人的特性；後者則是個人獨特，而且經常無法滿足。

在所有研究人格結構的專家中，卡台爾（Cattele）的理論最為複雜而完整。他將特質分為外顯特質（surface trait）與潛源特質（source trait），前者是一組相互密切關聯，代表個體表現在外各種行為的功能，而後者則代表外顯行為屬性或功能的決定因素。換句話說，前者可視為後者的表現，而後者則可視為前者的潛在根源。

克里斯多（Christal）等則提出五大人格特質論，認為這五大相同的特質，足以描述他人和自己的人格，包括外向、開放、贊同、神經質與情緒穩定。這些特質可以描述個體間重要的差異，而且容易加以瞭解。

哈汗（Hann）則以為人格特質可分為：自信與自卑、果斷與謙遜、溫和與敵視、理性與感性、熱情與冷漠、自立與依賴等。高度自信的人，大都是冷靜、自得其樂，又能與別人分享；相反地，自卑的人可能自我否定、焦慮不安；果斷的人，傾向於進取，喜好挑戰新的事物；而謙遜的人習於讓步，不敢嘗試；熱情的人總是樂於助人，獨樂樂，更能眾樂樂；相反地，冷漠的人是自己不快樂，也造成人家的不快樂。

這些特質還是有可能在不同情境之下，表現出完全不同的行為模式。一個膽小如鼠的人，也可能在非常急難的情境中，變成另一個人。

在人格的特性方面，有幾個基本觀念（張隆順，1985；黃堅厚，2002）：

1. 人格有其持續性：一個人的自我觀、人生觀以及上述的特質，經過發展過程中各階段形成之後，很少改變，但並非完全不改變。中國俗諺所說：「江山易改、本性難移」、「由 3 歲看大人」，都說明此中的道理。一個溫柔可人的女孩，長大之後變成桀驁不馴的機會並不大。因此常用來形容老人的性格的負面說法，如頑固、執著、自私、倔強，實在不公平，因為這些特質可能早就形成於中、壯年期，只不過尚未如此明顯而已。不過，人格也不是一成不變的，隨著環境的改變，人生閱歷的開拓，乃至個體生理方面的特殊狀況，一個人的人格也會改變。從小就有點焦慮性格的人，如果覺得自己蠻受人喜歡，在各方面的表現也自己覺得不錯的話，會慢慢地對自己充滿信心。相反地，在成長的過程中，飽受挫折，又得不到他人對他的接納與尊重，人格就有可能充滿衝動、急躁、憤怒、憎恨。

2. 人格有其獨特性：人格既是個體遺傳與環境各種因素交互作用的結果，每個人各種成長與發展的條件都不相同，也就形成了獨特的人格。正面來說，就是因為每個人都是一個獨立的個體，思想、觀念乃至言語舉止，與別人迥然不同，這世界才顯得多采多姿。若每個人都是一樣的，與機械有何不同？人格既有其獨特性，每一個人都是不一樣的，因此談老人問題，不能以偏蓋全，只因為少數的個案思想頑固、行動遲緩、個性怪異或多感善愁，就認為所有或大多數的老人都是如此。

3. 人格有其多面性：人格既是個體於適應環境時所表現的特質，因此所呈現的興趣、行為必然是多面的。可能有不同的興趣，也可能有完全不同的需要，在多方面有不同的發展。從某一方來說，人格之多面性，是造成生活不斷充實的原因。相反地，那些對什麼都沒有興趣的個體，其內心世界必然寂寞空虛。一些年長老人的問題也可能基於人格之僵化，正因為人格有其多面性，一個在

辦公室中唯唯諾諾的上班族,卻可能是家庭中的暴君。觀人之
難,也就在於一個人往往在不同環境中表現差異很大。

4. 人格有其統合性:人雖然在不同情境下,有其多面的人格特性,
但是一個正常的人格,應該具有高度的統合性與組織性,呈現完
整的自我。所謂雙重人格或人格異常,也就是個體出現了完全不
同的行為與心理活動,造成了人際關係與工作環境中難以適應的
情況。如心理病態人格(psychopathic personality)的主要特徵是
只求滿足個人需求、不考慮別人的存在、缺乏責任感,有明顯的
反社會傾向等等。

貳、老人的人格與類型

在探討老人的人格問題之前,應有以下幾點的認識:

1. 人格之發展是持續的,許多老年人的人格問題事實上種因於中年
期前後,因此對於特殊個案應追溯其以往生命發展歷程。

2. 人格發展是遺傳與環境交互作用的結果,因此探討老人人格問
題,應特別注意環境因素。

3. 人格發展有其獨特性,探討老人人格問題時,除了注意此一階段
一般老人之特質以外,應留意不同老人間的差異。

4. 健全的人格是多面人格特質的高度統合,有失常軌的發展將導致
個體心理與人際關係之異常。研究老人人格問題時,應該針對其
不統合部分加以進一步探討。

人生是持續改變的歷程,從生命的開始到死亡的來臨,可以分為若
干階段,而每一個階段都有它的任務。進入老年期,其實是生命中一個新
階段的開始。因此,對 Erick Erickson 所提出的人生最後一階段是「自我
整合對絕望和無意義」的說法,很難充分認同。Erick Erickson 以為 65 歲

以上的人，只有過去有充實幸福的生活，對社會有過貢獻，才能坦然面對死亡，而絕大多數的老人都對餘生充滿絕望感，對死亡更是懼怕。

其實，人生的最後一個階段，還是大有可為。落日夕陽固然短暫，絢麗的暮色中，一分一秒都更加珍貴。老年的人格特質，正如其生理與心理特質一樣，是經過幾個階段，而不是一晝夜之間的突變。既然任何的發展都有一定的時間表，更需要有好的心理準備，包括：

1. 年長的人士必須面臨年老這一階段所帶來生理條件的變化。身體逐漸衰老是無可避免的事實，只不過每個人衰老速度有所不同而已。坦然接受人總會老，自己不再年輕的人，人格發展比較健全，至少不會在每天攬鏡面對白髮的時候，感嘆青春不再。

2. 必須調整步伐，配合著身心逐漸老化的旋律，忘記背後，努力地面對健康快樂又長壽的人生新標竿，勇敢向前邁進。

3. 一個已經接受現實又有方向的年長人士，須努力開拓新的人際關係，尋求新的社會資源，以充實生活的內涵，以滿足嶄新生活的新需求。尤其是昔日在社會上頗有地位的銀髮族，面對退休以後無所「正」事的日子，須好好心理調適。

4. 確實體認長江後浪推前浪的人生哲理，以提攜後進、回饋社會的胸襟，取代終日書空咄咄，只恨華髮早生之呻吟！

5. 勇敢地面對死亡，以一生無愧於天地、無愧於人、無愧於此心為傲。能清心自在，生死自豁達，又何懼死神之「恩召」？

老年期是人的一生之中，面臨各項變化快速的時期，而這些變化都一一地影響了老年人格。這些變化包括：(1) 生理上的變化與健康問題；(2) 經濟上的惡化：收入的減少，造成了老年人某種焦慮與不安；(3) 社會地位的喪失：退休後明顯改變了；(4) 空巢期的寂寞：子女遠離對心理上的衝擊；(5) 家人與社會關係的疏遠；(6) 親友的病痛與死亡所帶來無限的哀傷；(7) 最可怕的是伴侶的死亡。

以上各項對老年人格的衝擊程度，會因年齡、性別、教育水準、過去社會經濟地位而有所不同。最重要的是人生觀與人格特質造成的差異。一向達觀開放的年長人士在承受以上所說的刺激時，比較容易接納既成的事實，泰然處之，善於自我調適，因此傷害的陰影也可逐漸沖淡。相反地，個性比較悲觀的人，這些衝擊可能產生爆發性的嚴重後果，甚至將成為致命的一擊。在這樣的過程中，家人、朋友乃至昔日的同學、同事，如果能伸出撫慰的手，及時給予關懷，傷害會減輕至某一程度。宗教信仰在此時此刻，也可發生相當大的作用。

　　人格的變遷之幅度與深度因人而異。可將一般老人的人格類型，尤其是適應模式，區分為下列幾種類型：

1. 永不服老型：大都健康狀態尚好，人生旅途上平坦，因此對目前的生活充滿信心，對未來滿懷希望。他們心情愉快，個性開朗，積極地參與社會活動，以顯示精力之充沛。他們也不輕易談老說病，認為自己還健康一如往昔，甚至比以往更好，因而有可能忽略應有的調養與保健。同時，畢竟年紀已大，身與心的脈動有時未能充分吻合，難免會有力不從心的現象。對這一類型的長者，大家除了表示敬意之外，還期望他們善自珍攝，以保華年。

2. 怡然自得型：大都是事業有成、不虞匱乏、子孫又各有所成，而自己的健康狀況良好的老年人士。他們坦然接受晚年，順應年長之後的角色變換，並以多年所經營的社會關係，與許多有志一同的老友，共享日暮清福。他們參與文化及藝術活動，但不超越自己的體力。注意養生之道而身體力行，日子是寧泊致靜、清心寡慾，因此多為長壽之高雅人士。

3. 傲看江湖型：這些長春人士，過去也許活躍於各行各業之中，目前雖已老邁，卻雄心未已，更不甘寂寞。總認為年輕人不夠成熟，再看同輩，大都垂垂老矣，更覺得自己的不平凡，甚至夢想

東山再起。事與願違之餘,只憾壯志未酬,因此日子過得不怎麼快樂!

4. 隱退獨處型:大都性格比較內向,一生之中缺乏多采多姿的日子,談不上什麼豐功偉業,因此對年老體衰,坦然面對,甚至提前退休,自求多福。他們喜歡獨處,即使身在紅塵,卻心向田園,對生活之要求不高,容易心靜如水,以應付生活中各種問題。獨善其身的心態使自己的天地愈來愈狹窄,心門緊鎖之餘,寂寞與空虛自然接踵而來,心情之抑鬱也就在所難免。很多鰥夫寡婦都屬此一類型,晚年大都在愁悵中度過。

5. 健保常客型:對自身的生理健康非常關注,老覺得身體不舒服,甚至擔心醫生諱言病情。他們奔波於各醫院之中,日常最有興趣的是看醫藥廣告,尋求青春永駐之妙方,檢查身體,遍訪名醫,長年進補,打針補藥,熱衷於各種健身之術。遺憾的是在心理健康方面未能多下一點功夫,忘記修心養性才是最好保健之道,甚至因為藥吃多了,身體上的抗疫力反而可能減弱。他們的日子過得不很快樂。

6. 得過且過型:對他們來說,生活就是這麼一回事,日子總是要過的,有衣有食,就當知足,比上不足,比下還是有餘。奮鬥掙扎了一輩子,到如今名沒有,利也沒有,命就是如此,想得太多,還不是自找麻煩,對酒當歌,人生幾何,有什麼看不開的呢?凡事退一步,就海闊天空嗎?有熱鬧的地方去擠一擠,瞧一瞧,不是挺有趣?實在無聊,找幾個死黨,談天說地,日子還是很好過的。

7. 冷漠人生型:多數是年少時自命不凡,中年時或許曾意興飛揚,但事業並不順心,到如今一事無成,屢經滄桑之後,至此心已冷,往事只能回味。日子愈混愈不好,又怎能笑顏對人?和別人打交道,讓人家知道自己的寒酸,那又何苦?好在還有一些陳年

往事可以入夢。外表看來也許冷漠無情，內心世界卻是甜酸苦辣，百味俱陳。

8. 自怨自艾型：回顧一生，發現到如今一無是處。拼了這麼多年，還是什麼都沒贏。憑自己的才華，早就應該樣樣都有，可就是命蹇福薄，只好眼看人家起高樓。偏又是一身晦氣，連孩子也不爭氣，自己的身體又不好，家裡的那個他（她）也是愈看愈不順眼。大概是上輩子做了孽，報應在今世！說什麼命當如此，不信又奈何？長期處於沮喪與自責的日子中，難怪心灰意冷。

9. 恨天老翁型：恨自己生不逢時、恨人情如此冷酷、恨長官（長輩）之冷眼相待、恨事業之一無所成、更恨自己身體的百病交集。由於整日，乃至整年在恨意中生活，性情也就愈來愈暴躁，加上疑心重重，日子更難過，更恨這世界了。

當然，這些類型不足以涵蓋所有的年老人士，也可能同一個老人會有幾種這些類型的某些特徵，只希望在老人世界裡，多一些快樂、達觀的老人，少一些怨恨交加的年長者，讓家庭與社會更為美好！

參、老人的人格異常

大家都希望天下老人家都能歡顏地安享晚年，健康、快樂又長壽。可是銀髮族中，不健康又不快樂的實在不少。長壽有時反而成為無盡的煎熬！

快樂與幸福的標準，很難有一定的尺度。每一個人所認為的快樂與幸福，也難有一致的看法。小時候，覺得只要爸媽常帶自己去玩，就好快樂、幸福；長大了，教師對自己很欣賞，同學也喜歡跟自己一起玩，心中也很快樂；愛情路上，心心相許，更覺得自己是天下最快樂的人；以後事業蒸蒸日上，家庭美滿，子女乖巧，還有些什麼好怨尤？到了老年，又希望些什麼呢？

為什麼今天老年人身心的問題比較多？為什麼有許多老年人患了某程度的憂鬱症？為什麼老翁殺媳婦、榮民殺榮民、老人自殺等事件時有所聞？這說明了不少老年人的人格出現了某種程度的失常。

　　失常當然是相對正常而說。一個人格正常的人，要加以具體描繪不是容易的事。不過，一個人格正常的人至少應該是一個人格成熟的人。人格成熟的人應有下列各項標準（黃堅厚，2002）：

1. 將自我感（sense of my self）擴展到不同事物之上。所關心的對象不限於自身，而是擴及於眾多身外事物。
2. 能夠跟他人建立親切及溫暖的關係。
3. 在情緒上有安全感，能夠接受自己。
4. 在知覺、思想與行動上能夠配合外在的環境，不加歪曲。
5. 有自知之明，對自己的長處與短處有充分而客觀的瞭解。
6. 自己的生活能夠符合某種統整的人生哲學，生活符合某種人生哲學。

　　相對的，老人之人格異常是個體之發展，到了老年期出現了人格發展之異常情況，而這些情況不但影響老年人的自身生活，還同時嚴重影響人際關係。由於生理及心理上的變化與限制，老年人要重新調整其生活方式，接受這些變化與限制，繼續享受可以享受的事情，充實生活的內容，維持其舒適生活，安享晚年，並準備生命的終止。

　　上述是老年人在桑榆晚景中理想的思想與態度，反過來說，可能出現了某種程度的人格異常（personality disorder）。由精神疾患診斷與統計第四修訂版（DSM-IV）（孔繁鐘，1997）及根據《張氏心理學辭典》（張春興，1989）的解釋之資料，可以看出人格異常分為下列幾類：

1. 妄想型（paranoid）人格異常：男性比女性來得多，主要特點在於缺乏自信，也無法相信別人，常懷疑他人對自己別有用心，處處防禦，而且幻想有一天如何報復他人。對任何事情都非常敏感，

不反省自己，總覺得一切都是人家的錯，人際關係非常緊張。也許做事能力還不錯，可是對人的冷漠，防衛、缺少人情，成為人際關係的致命傷。

2. 孤獨型（audism）人格異常：男的比女的多，老年男性尤其多。生活在自我中心的世界裡，對別人毫不關心，不在乎他人對自己的感受，幾乎沒有朋友，也沒有什麼社交的生活，跟家人的關係也淡淡的；幾乎沒有什麼興趣，更怕與人家交往，更拒絕他人善意的寒喧與關懷。

3. 精神分裂型（schizoid-type）人格異常：所表現的是高度奇異的思想、知覺、言語與行為。思想非常複雜，言語相當奇異，經常前言不接後語，行為讓人莫測高深，喜怒哀樂的情緒變化快速，家屬之中可能有慢性精神分裂病者，自己也或多或少有初期精神分裂的症狀。

4. 戲劇型（histrionic）人格異常：女性比較多，情緒反應非常強烈。一點小事就可能使他們暴跳如雷，或是大發脾氣、或是莫名的狂喜；在別人看來，他們有點誇張，矯揉造作，主要是希望引起別人的注意。

5. 自是型（narcissi）人格異常：愛誇張，喜歡炫耀個人的才能、子女、財富以引人注意，常常期待人家的讚美，不能忍受他人異樣的眼光；自己不尊敬別人，自然得不到人家的尊敬，但欠缺自我反省，只是責備別人的驕傲，故意給人難堪，最大的問題就是不替他人著想，也不懂得體會別人的難處。

6. 反社會型（antisocial）人格異常：在行為上顯現極度自我中心，憑一己之衝動，求欲望之滿足，不考慮行為後果是否傷害別人；無羞恥心與罪疚感，遭遇挫折時總是歸咎別人或社會；缺少團體意識，不重視團體利益、不遵守社會規範、不認同傳統道德與價值標準。

7. 迴避型（avoidance）人格異常：有強烈的自卑傾向，過分敏感，刻意討好別人，擔心被人拒絕，害怕做錯事受到譴責與羞辱，因而凡事畏首畏尾，內心衝突不安，生活適應困難。

8. 邊際型（borderline）人格異常：情緒多不穩定，對生活細節動輒生氣，遇事常衝動，缺乏理性思考，常做出損人不害己的事。情緒上的問題比較嚴重，在病理分類上接近精神病的邊緣。

9. 依賴型（dependent）人格異常：在性格上缺乏獨立，遇事退縮依賴，有人格不成熟的表現，有些老人一離開親人或乏人照顧，即痛苦不堪，甚至無法獨立生活。

10. 強迫型（compulsive）人格異常：個人生活習慣、態度觀念及價值標準，表現相當僵化的傾向，在待人處事的作為上不能隨機應變，縱使自知不合情理，仍堅持不改變。

11. 消極攻擊型（passive-aggressive）人格異常：對別人常懷敵意，有攻擊傾向，但並不在行為上直接表現出來，而是以消極抵抗，以不合作主義、推拖敷衍的方式達到攻擊對方的目的；默默發牢騷，內心充滿了憤怒，不敢直接主動地把反感表現出來。

第四節　心理疾病

在各年齡階層中，老年人出現急性或慢性心理病徵的比例總是最高。在公私立精神醫療機構中，病患常以老年人居多。導致老年精神的失能，並不純然是年老生理的因素，對社會心理壓力以及當事人面對壓力的因應能力，都可能造成老年期的某種精神疾病症狀。老年精神疾病（senile psychosis）屬精神病症之一，其成因與老年的身心狀況有關，老年精神疾病的主要症狀包括認知與記憶減退、對環境冷漠、對生活缺乏興趣、退縮不與人交往、反應遲鈍、手腳不靈活、判斷力遽減、情緒不穩定、抑鬱

沮喪等。最常見的有憂鬱症（depression）、妄想症（delusion）、慮病症（hypochondriacs）、恐懼症（phobia）與精神分裂症（schizophrenia），以下分別闡述（曾文星、徐靜，1985；孔繁鐘，1997）。

壹、憂鬱症

臺灣老年人口中約有 15% 出現各種憂鬱症的症狀。雖然憂鬱症可能發生在任何年齡階層，但老人患憂鬱症的比例卻是年輕人的 3 倍。所謂**憂鬱症**，是憂愁、悲傷、頹喪、消沉等各種不愉快情緒綜合而成的心理狀態，有輕重之分。輕者多數人都有類似的經驗，如沉悶、悲觀、生活缺乏情趣、做事無精打采等情緒低潮，不算是病態，大都是短暫性的；但是嚴重的憂鬱症患者，行為大異於常人，不僅在心理上陷入悲傷、絕望、自責及思想錯亂，在生理上也有食慾不振、頭痛、心悸、兩眼無神、嘴角下垂等症狀。

憂鬱主要由悲傷情緒及各種內在障礙所致，目前所知的可能因素，包括腦部生化之變異、家族之遺傳、肝炎或其他病症後之生物化學後遺症、酒精中毒等等，都屬於內在者；外在者則包括親人之死亡、遺失所喜歡的東西、飽受別人之指責批評、不甘受辱卻又無力反抗等。

身體健康、個性開朗、社交生活頻繁、家庭美滿、一向生活很有規律，而自我約束比較強的銀髮族，很少出現憂鬱的症狀；相反地，則可能出現較多的憂鬱症狀。中年前後曾因某種挫折或打擊而產生憂鬱症的人，到了年老的時候，可能會變本加厲出現不同症狀；相反地，在人生路上一向走得很平坦的人，縱使在老年的時候，遭遇到一些非常不如意的事，也很少出現比較長時期的憂鬱症。

美國心理治療協會（American Psychiatric Association）提出了下列憂鬱症診斷的八種標準，並認為任何患者符合這些標準者，都顯示症狀相當嚴重：(1) 胃口／體重明顯的改變；(2) 睡眠之障礙；(3) 對大部分的活動

都沒有興趣或不喜歡參加；(4) 認知能力的消退；(5) 注意力不能集中；(6) 提不起精神做任何事；(7) 悲觀、失望，甚至時時有內疚的感覺；(8) 時時有自殺企圖或意念。

不論哪一個年齡層的憂鬱症，女性患者的人數都比男性來得多，45 歲以上的憂鬱症患者裡，女性約是男性的 3 倍。憂鬱症對女性帶來更多困擾，包括長期失眠、緊張，不知所措和吃不下東西，工作效率和人際關係也會衰退，久而久之，會對自己失去信心，對生活提不起勁。

60 至 70 歲的女性要特別小心老年期精神分裂症。老年期精神分裂症女性患者人數也是男性的 3 倍。病因可能來自腦部某一區域發生病變，但外顯症狀常被誤以為是憂鬱症和老年失智症。這些病人的人格並不會像癡呆病人那樣退化，他們生活的自理能力仍然很好，只是常常懷疑有人要對她不利，有幻聽和幻覺。及早診治，病情是會減輕的。

貳、躁鬱症

跟憂鬱症病情很相似的是躁鬱症。**躁鬱症**是患者會週期性地呈現躁期和鬱期，其情感會有兩個極端的變化。躁症經常先發生，其主要病徵包括精力旺盛、多話且滔滔不絕、亂花錢、自我膨脹、過分慷慨、虛妄而不實際等等。

鬱症卻是另一個極端的情緒，主要症狀和憂鬱症一般症狀大致相似，但其呈現較慢。在躁期和鬱期之間的病者，通常會短暫地恢復正常，與一般人並沒有什麼不同。患者病程相當良性，並可完全復原，且有方法預防復發，維持正常生活。

參、妄想症

妄想症係指個體經常持有的某些既無事實根據，又極不合理的症

狀，是精神分裂症的主要症狀之一。有時妄想也指對某些事物做錯誤的看法與不正確的解釋，卻深信不疑，將自己的想法，外射到他人的身上（如怕被別人看不起，也以為別人看不起他）。妄想可分為下列幾種：

1. 關聯妄想（delusion of reference）：患者將很多事情聯想成與自己有關聯的無中生有想像。對別人的一切行動都起疑心，甚至報紙的新聞、小說與電影人物的遭遇，也覺得是在影射自己。

2. 誇大妄想（delusion of grandeur）：患者妄自誇大個人的身分、才華、財富、地位以誇耀自己，藉以引人注意，從而獲得滿足。

3. 支配妄想（delusion of influence）：患者堅持不合理的觀念，相信別人總是以某種不可思議的力量在支配他的思想與言行。

4. 嫉妒妄想（delusion of jealously）：患者常嫉妒別人，經常想入非非，有的懷疑配偶對自己不忠，有的極端嫉妒別人的成就，有的妄想有一天自己可取而代之。

5. 否定幻想（delusion of negation）：患者堅持一種不合理的觀念，否定客觀事實的存在。

6. 迫害幻想（delusion of persecution）：患者總認為有人一直在有計劃地迫害自己，因而整日疑神疑鬼，惴惴不安。

7. 色情幻想（erotic delusion）：患者相信自己是俊男或美女，異性一定會為他（她）傾倒。

8. 犯罪幻想（delusion of guilt）：患者總以為自己犯了許多大罪，應該自首，接受審判。

9. 宗教幻想（delusion of religion）：患者幻想自己具有無邊法力，能與神明通靈，甚至以為自己就是神。

不少老人的妄想症是妄想自己回到青春年少，風度翩翩、儀容不凡；有時候還會妄想自己仍掌握名利權勢，可以叱吒風雲；有時候則妄想自己百病全消，健康如昔。

可以從老年人所表現的各種妄想，進一步瞭解其內心世界與隱藏多年的秘密。要澄清、矯正老年人的某種妄想並不容易，只要他們的妄想沒有嚴重影響生活與人際關係，也不一定要責備他們妄想的錯誤與荒謬。

肆、慮病症

慮病症的患者大都過分關心自己的身體狀況，稍有不適，就疑神疑鬼，懷疑自己患了重病，惶悚終日，庸人自擾，因而影響生活功能。慮病症是美國精神官能失常老年患者人數排行榜的第三位，僅次於焦慮症與妄想症，患者女性多過男性。

老年人之所以有慮病症之憂慮，大都起因於對自己病情的無知，對自己的健康狀況又過分關切。因此，這一週覺得某一器官不舒服，下一個禮拜又感到別的部分痠痛，每一次求診，都列舉一大堆病狀，甚至懷疑這個醫生隱瞞病情，那個醫生不肯告訴真相，如果子女有所質疑，就認為子女不孝不賢，鬧得全家不得安寧，醫院也對這樣的「嬌客」無可奈何。當然，慮病症也有它的功能，至少會提醒家人與醫生對可能的健康問題加以注意。

伍、恐懼症

恐懼症的特徵是，對某些事物或情境所表現的莫名的恐懼，縱使當事者明知不致受傷害，但還是無法自制其恐懼的情緒。是對某一刺激情境的過度反應，而此種反應又有極大的強迫性，因此乃屬心理變態現象。恐懼症種類極多，如懼高症、懼光症、聲音恐懼症，以及對人、對動物或對某一狀態的恐懼。

老人之中，尤其是女性頗多恐懼症患者，所恐懼之對象，更是五花八門，不一而足。最可怕的是一種稱之為懼恐懼症（phobophobia），是

恐懼中的一種特殊類型，患者所恐懼者非特定對象，而是對自己的恐懼的存在而恐懼，也因恐懼而生恐懼，結果是更加重了恐懼的程度，可說是杞人憂天，庸人自擾。

恐懼患者通常都有下列各種症狀：(1) 心跳加快，胸腔時有疼痛感；(2) 頭暈、虛弱、眼花、氣促；(3) 大量出汗，全身忽冷忽熱；(4) 強烈的窒息感；(5) 手腳麻木，不時顫抖；(6) 無比的焦慮，覺得所有的人都遠離他去；(7) 覺得自己就將死亡；(8) 更害怕來生比今生更痛苦。

陸、精神分裂症

精神分裂症是指患者表現情緒紊亂、知覺脫離現實、思想錯亂、動作怪異、自我感喪失等症狀。為一種脫離現實、無法區分現實和幻想的疾病。精神分裂症是相當常見的精神病。幻覺與妄想是精神分裂患者最常見之症狀，患者言行更是怪異。

精神分裂症可以分躁型與鬱型兩種，前者可能過分急躁、衝動，似乎有無限精力，而且經常出現重複的行為；後者則可能終日不語、不動。精神分裂症常出現在 25 歲前後，老年人口之中約有一成是此一病症之患者，得此一病症者，以未婚、獨居、人際關係欠佳、很少有至親好友，中下社會階層者較多。

精神分裂症之原因未明，但遺傳和環境都有關係，不過個體如何適應其環境，似乎更為重要。

更嚴重的，是出現 senile dementia（老年失智），這屬失智症之一。此種失智與年人身心機能衰退有關。老年失智之主要症狀為智能衰退、記憶力喪失、動作遲鈍等。

Part 3

生涯與居住

Chapter 5

生涯與理財規劃

莎士比亞曾經說過：「人生如戲，戲如人生。」在這個人生大舞臺，誰都在扮演著不同的角色，一直到曲終人散的落幕時候。對銀髮族的朋友們來說，進入老年期之後，曲雖未終，人卻多已變。社會地位的不再，故友們的零落與星散，子女之展翅高飛，家人關係之逐漸疏遠，都可能帶來無限的惆悵與感慨。

對曾經叱咤一時、風雲四起的能者而言，門前冷落車馬稀的滋味，很難沒有「何以解憂」之痛。雖然明知世事無常，但是又有多少長者能看破紅塵種種？其實，退一步想，人生有進必有退的時候，何不敞開心懷來迎接它！

第一節　持續轉換角色

壹、五個階段

人的一生就是順境、逆境、危機、轉機，不斷變遷、挑戰的過程。唯有那些以大智、大勇，永遠以極大的毅力與決心，向著生命標竿奮力奔跑的人，才能贏得最後勝利，戴上榮耀的冠冕，到達成功的終極。

老年時期仍可能是波濤洶湧、危機四伏的年代。個體生理的衰頹、病魔的綑綁、心智的遲鈍、精神的恍惚等現象，都隨著年華的老大而逐漸出現。更難的心理調適是角色之轉換。這些都是老人必然要面對的壓力與挑戰。還有不可避免的事故，可能發生在高齡至死亡的階段之中，諸如喪偶的悲痛與個人走向死亡等等。

退休了，不論是屆齡退休或是申請退休，反正現在不必趕著上班，也不必心煩永遠辦不完的公事，心中是否感到自在？真正說來，退休後才走入老年期，正式名登高齡化社會中最資淺之新客，前面的日子還很長。

一般人的平均生命在 76 歲以上（男）或 82 歲以上（女），而未來

幾年中，由於醫學更發達，生命科學的研究更成功，一般人的壽命達到90歲以上。既然還有這麼長的路要走，總希望日子過得健康又快樂，生活過得有意義。退休之前的一切期待，都能一如理想逐漸開花結果。今後的幸福，掌握在自己手中，未來的征途，就要看怎麼邁步向前了。

老年人從退休到生命終結，其心態與心理適應情形，大致可分為五個階段：

第一階段——退休蜜月期：感到無事一身輕，逍遙無羈。
第二階段——徬徨期：感到此生無從寄，四處茫茫。
第三階段——重組期：走過情緒幽谷，力圖重新安排步調。
第四階段——穩定期：走入可安歇水邊，享受餘暉。
第五階段——人生終極期：人生謝幕。

人都會老，老年是人生諸多階段中的一個階段，也是另一個生涯的開始，一方面應對過去的種種，做個全面檢討，面對未來，更要每隔二、三年就要考量短期計畫，才能順應社會變遷，適應自己的身心狀況，過個有意義的晚年。

千萬不要認為老年已朽，百無一用。事實上，老年只是從忙碌的全天工作或千頭萬緒的家務中退了下來，而不是從人生舞臺鞠躬下台。所以還是要隨著社會變遷的脈絡，堅強地成長，不斷學習、多方參與及積極接納人生，才能達到享受老年的目標。

心理健康應該重於一切。要感到喜樂，心情安定，淡泊名利，待人和藹。凡事往好處著想，不慍不怒，不忮不求，常常自得其樂，保持平和的情緒，覺得任何事物均富生趣等，都是長壽所必須的。更希望突破年齡的限制，以自我超越的心境去面臨各種考驗，不服老、不服輸地去面對老年生活，迎接未來的無數春天。

不少希望早日退休的人，最初以為從此可以安享休息的日子，過了一段時間之後，卻發現無所事事，感到無聊。因為一個退休的人，總不能整

天看電視，找朋友談天，或毫無目的逛街。至於那些不想退休，而只是因為年齡已到不得不退休的長者，雖然心理早已有某種程度的準備，可是真正退出辦公室、研究室、工作室、教室，退回到自己的斗室，也許最初的確感受到休息的樂趣，但日子久了，恐怕難免感到徬徨，而不知如何自處。

貳、主要考慮

有不少人在退休以後，日子還是過得非常好，其中最重要的理由是有很好的銀色生涯規劃。

首先，要從心理建設著手，最重要的是不要把退休當成一個渴望已久的休息，或是脫離工作勞苦的機會，要確定自己明白真正意義之所在。人生最偉大的演出是「美哉老年」！生命本來就是一齣戲，老年這角色也原該是高度的智慧、清心的平靜、無名的高貴與無比的自由！

其次，在進行老年生涯規劃，考慮未來所要走的路時，請注意（梅可望等，1999）：

1. 退休前後的生活不要變化太大。
2. 配合自己的體力、興趣與家庭各種條件，擬訂工作與作息時間，不要留給自己太多的閒散的時間。
3. 多參與合乎體力的各種休閒活動，以促進新陳代謝，促使成長永不停滯。銀髮族的青春源泉，就是多動、多看、多聽、多感覺！
4. 儘量走出蝸居的天地，多參與社交活動，擴大生活圈，保持以往老朋友的聯繫，並且多認識一些新朋友。
5. 多聽一些演講，參加長春學苑、樂齡中心或類似教育活動，以達成「活到老，學到老」的理想，充實自我，免得面目可憎，言語乏味！過去臺北的美國圖書館借書櫃檯上就有一個標語：「不希望自己老得快，就與書為伍吧！」
6. 試著從回饋社會中找出生命新意義。

「明天會更好」這首歌曾經轟動一時。誰不希望明天會更好？可是，明天不會只因為殷切期待，就自動變好！不流淚撒種，怎可能歡呼收割？不未雨綢繆，就可能臨渴掘井，亡羊補牢。只憑一時衝動而冒然行事的人，成功的機率怎可能很大？任由命運安排而隨波逐流的人，也必然眼睜睜看著其他人揚舟在成功的海洋上，向著勝利的彼岸邁進，而自己卻只好感嘆時日何其易逝，一事之無成。

　　別以為人老了就不需要生涯規劃，隨著平均壽命的不斷延長，對屆齡退休者而言，擺在前面的人生道路，可能還有十五年、二十五年、三十五年，甚至長過一個人從事業有成到退休的日子。又怎可不詳加規劃，一步步向著人生最好、最後的標竿邁進？

參、瞭解問題與期望

　　老人對老年生活的期望前三項皆依序為：「身體健康的生活」、「能與家人團圓和樂的生活」及「經濟來源無虞的生活」（見**表 5-1**）。由此看來，除了健康與照顧問題外，最關切的就是「經濟來源」，這些就是生涯規劃的重點。

表 5-1　老人對老年生活擔心的問題（98 年調查）　　　　　　　　單位：%

項目別		自己的健康問題	自己生病的照顧問題	配偶的健康問題	配偶生病的照顧問題	經濟來源問題	人身安全問題	人際關係問題	居住問題
總數		34.45	16.42	4.55	1.58	16.67	1.32	0.25	0.78
性別	男	30.65	14.44	5.52	2.14	16.06	1.62	0.16	0.71
	女	38.01	18.27	3.65	1.05	17.24	1.05	0.33	0.85
年齡別	65~69 歲	39.11	16.46	6.44	2.15	21.57	1.71	0.13	1.29
	70~74 歲	35.45	16.07	4.01	1.04	17.77	0.89	0.31	0.34
	75~79 歲	30.27	15.76	3.25	2.16	12.89	1.54	0.35	0.81
	80 歲及以上	30.61	17.37	3.73	0.86	12.03	1.09	0.26	0.55

資料來源：內政部（2011A）。

（續）表 5-1　老人對老年生活擔心的問題（98 年調查）　　　　單位：%

項目別		遺產處理問題	子女照顧問題	事業傳承問題	往生後事處理問題	子女奉養問題	其他	沒有擔心的問題	不知道
總數		0.23	6.39	0.08	1.38	2.22	7.54	32.93	4.47
性別	男	0.29	4.61	0.04	1.45	1.86	7.65	37.32	3.91
	女	0.17	8.07	0.12	1.32	2.55	7.43	28.82	5.00
年齡別	65~69 歲	0.13	7.30	--	0.73	1.72	7.36	28.64	4.02
	70~74 歲	0.45	7.63	0.14	1.02	2.32	8.55	30.98	3.98
	75~79 歲	--	4.80	--	1.54	2.59	7.60	37.18	4.38
	80 歲及以上	0.32	5.17	0.22	2.56	2.46	6.58	37.25	5.75

資料來源：內政部（2011A）。

第二節　老人生涯規劃

壹、生涯規劃

　　生涯規劃（career planning）固然是 20 世紀後半葉起廣受重視的新理念，可是「人無遠慮，必有近憂」的古老觀念，人們相當熟悉。對年長者而言，進入高齡期，生活起了很大變化，面對逐漸老化的未來，該如何早謀妥善之對策，不讓老年歲月只是一片空白，淪為「三等公民——等吃飯、等睡覺、等死」，坐待衰竭死亡，那就要妥善安排，讓自己、家人的生活更安定與美好！

　　一個人的生涯規劃，應該是多面的、連續的，立基於生命各階段身心發展的特質，著眼於個體的性向、智能、興趣、需求、價值體系等等的不同，並力求配合社會的變遷。

　　一個人的發展，包含了下列三個層面：(1) 時間層面：按個體的年齡

或生命週期分成成長、探索、建立、維持、衰退五階段；(2) 廣度層面：指個人終其一生所扮演的角色；(3) 深度層面：指在扮演其角色時所投入的程度（洪鳳儀，1996）。

大致而言，人從出生至 14 歲左右，是為生涯發展之成長期，15 到 24 歲是探索期，25 到 45 歲是建立期，45 歲以後至 64 歲是維持期，65 歲以後逐漸進入衰退期。生涯規劃應依據各階段之不同特質做進一步的設計。諸如，50 歲前後應就個體之生理衰退或疾病早謀因應之道；60 歲前後考慮如何安排退休後的生活；而 65 歲以後應就可能乏人照顧之困境做詳盡規劃。一個人之發展是延續的，這一階段之問題，可能是上一階段未做詳細考慮之結果；同時，如果此一階段預為下一階段可能面臨之問題未雨綢繆，詳加準備，就可以為未來留善果、種善因（劉玲惠等，1999）。

人一生的每一個階段，都有其發展任務與所面臨的考驗。此中真理，可參考孔子所說：「吾十有五而志於學，三十而立，四十而不惑，五十而知天命，六十而耳順，七十而隨心所欲不踰矩。」這句話一方面可以說是孔子成學成德的進程，一方面也說明他生涯規劃的階段性目標。

每個人一天只有 24 小時；把每天 24 小時，扣掉睡眠、吃飯等必要時間外，主要是工作。人生就業的時間如果是四十年，每天用 16 小時來計算，16 是 8 的倍數。進入就業市場：(1) 第一個十年有如春耕：八分之七，14 小時處理工作有關的事，包括交通時間，每天留 2 個小時去承受種種不愉快；(2) 第二個十年有如夏耘：八分之六，12 個小時工作，每天約有 1.5 小時承受不愉快；(3) 第三個十年已是秋收：八分之五，10 小時工作，每天只忍受 1 小時的不愉快；(4) 第四個十年須冬藏：八分之四，8 小時工作，忍受不快樂不能太多（彭懷真，2006B）。

用開與關的概念，工作是 ON（開），其他時間是 OFF（關），生涯需創造 ON 與 OFF 的平衡，就能讓自己每天都很愉快。這樣的平衡如果不小心被破壞，例如通勤時間因塞車增加，或臨時加班，ON 與 OFF 之間突然失去平衡，生活就會開始覺得辛苦。中老年以後，關的比例增加，

應保有更多屬於自己的時間。

眾所周知「龜兔賽跑」的比喻，對生涯規劃來說也很有意義。兔子之所以失敗，是因為一開始跑太快，和烏龜等距離拉遠了，有了「睡長覺」的怠慢行為。假設兔子稍為休息（運用 OFF）一下，元氣恢復之後，馬上再切換開關到 ON，又可以再度拉開距離，就可以輕鬆獲勝。換言之，「兔子失敗，主要是因為牠不懂得如何適度、適當地調節力量和速度。」

這個比喻有不同階段的延伸，在第二階段：兔子會檢討自己，少休息，可是不休息地打拼也不是好辦法。更何況，烏龜也會調整策略；第三階段：烏龜選擇到水邊競賽使自己輕易獲勝；第四階段：烏龜與兔子分工，建立策略聯盟，在地上兔子為主，在水中烏龜負責，烏龜兔子雙贏。

生涯規劃的高段策略就是：工作時像兔子，積極勤奮；生活中像烏龜，緩慢穩健。年長後，對「動與靜」的掌握更重要。一個人需趕上時代快速奔馳的列車，若躁進或因循苟且，憑恃目前之所有，必遭歲月淘汰。不確實掌握未來動向，不加快自己的腳步來因應社會變遷之節拍，絢麗的明天是相當遙遠的。

即使是同一階段、年齡相近之個體，還是存在某種程度之個別差異。即使是同窗好友，乃至兄弟姊妹，彼此之智能、性向、興趣、需求等，各有差異，不同的人當然會有不同的生涯規劃重點與方法。管理大師彼得·杜拉克（Peter Drucker）認為，一個人應該「知己所長，知所歸屬」，善於規劃，做好自我管理，使資質平庸的人也能有很好的人生（胡瑋珊等譯，2005）。

貳、老人生涯規劃

老，一定要跟「朽」字連在一起嗎？老，一定是百無一用，等著生命終結的日子嗎？不然！「老驥伏櫪，志在千里」，廉頗還能飯；馬援

（伏波）暮年猶自殺敵；愛迪生 80 餘高齡，猶自孜孜不倦埋首研究。一個人不論高壽如何，不宜自遁於「我已年邁」的盾牌下，躲避應該再求精進的期許。

國人健康日善、營養日佳，平均壽命都在不斷延長中。以往的「人生七十古來稀」，如今數以萬計的長者是「人生七十方開始」，即使年齡比較大了，仍應收拾無謂的呻吟，忘記背後，努力向前！過去忙著衣食，忙著兒女，忙著自己的事業，忙著社交應酬，多少想做的事沒有做，多少壓在內心深處的意願，沒有時間、精力去追求！現在可以完全投入，身體力行！

針對老人生涯規劃之本質及所應考慮的種種，提出下列一些建議：

1. 時日易逝，趁著今天還掌握一些資源（健康、學識、事業與人際關係）的時候，及早規劃明天及無數明天的明天。

2. 確實掌控身心發展的各種條件，根據生命週期的一定旋律，實際執行自己的生命藍圖。中年、老年各有其發展的任務，也各有其可能面臨的危機。如何順利完成天賦使命，將危機化成轉機，有待慎思篤行。

3. 要有自知之明，在人生諸多抉擇中，做最符合身心各項條件的明智取捨。不好高，不騖遠，不故作清高，也不隨波逐流。

4. 掌握自己，爭取社會脈動中的先機，才不會被劇烈變遷的時代三振出局。生涯規劃中重要的前提是對明天有更多的瞭解。

5. 肯定自我價值：別以為進入老年期，就沒有生命的意義與人生的價值，別妄自菲薄，感嘆流年不再。人活著一天就有一天的價值，天無妄生之材，又豈可自我否定。一個人的價值感，決定了他的思想意念、言語行為，與對己、待人、接物的態度。

一個老人的價值觀受許多主、客觀因素所決定；它慢慢形成之後，又決定了個體的一切。價值觀形成之後，決定了他的身心健康、家庭生

活、群己關係與社會互動。一個充滿自信、達觀的老人，在任何時候、任何環境，都有高度自信、自愛、自助，知道如何實踐在生活之中，更不斷努力在退休後提升自己的價值。

人世無常，宇宙卻是永恆。人不能常居高位，「大江東去，浪淘盡，千古風流人物」、「舞榭歌臺，風流總被雨打風吹去」。人亦不可能長生不老，「幾番風雨，又是春已歸去季節」，老是感嘆歲月之無情，反而增加老化之速度。因為「閒愁最苦」，人生苦短，何不更瀟灑地享受老年之樂？

老人可把「家」的觀念擴大，將對子女、妻小的愛，化為對社會的大愛；從坐以待老之心，投入社會服務，那才真是「老吾老，以及人之老」。

請問，您的專長充分發揮了嗎？您的潛力已經完全發展了嗎？還有一大片等待您去開拓的天空，而且時機是一瞬即逝！再不珍惜趕上，真的會日後徒留遺憾了！

也許有長者會說勞累大半輩子，庸庸碌碌，一事無成。本來就是下駟之才，又何德何能，再締生命佳績？年輕的時候不過如是，如今還妄想什麼事業進路，豈不癡人說夢？但千萬不要「妄自菲薄」，過去可能是太忙了，忙到甚至忘了自我，所做的一切多半為人作嫁，如今榮退了，不再「案牘勞形」，不再「汲汲功名」，面對還有很長的未來，難道不想「明天會更好」？

首先儘量做一些自己喜歡做的事，讓被埋沒的興趣專長復甦，讓這些昇華生活品質，滋潤久困於紅塵的心靈，至少可從點點滴滴的努力成果中，再度品嘗到成就感！

每個人都只有一生，每天也只有 24 小時，退休之後的老年歲月，不要讓它留白。更不要感嘆長日漫漫，還要想方法殺時間（kill the time）。不論究竟是人生如戲，還是戲如人生，既然已經置身在這大舞臺之上；也已經演了這麼長的戲，為什麼不在最後的幾個戲碼之中，依然盡力演出？

日子反正要過，老天爺讓我們能夠身心猶健地在這個世上多走一些路，一定有祂的美意。那我們就應當要樂唱生命之歌，為自己更長遠的未來，塑造一個更美好的形象！總而言之，老年人該做而且會做的事太多了，誰敢說人到老年就一無價值，只能等著生命落幕？

參、空巢期

空巢期是生命週期中悲喜交集、甜酸苦辣百味俱全的一段歲月，也是充滿矛盾與內心掙扎的旅程。人是矛盾的，孩子還沒有成熟之前，巴不得他們快點長大。可是一旦他們從依依膝下，到小鳥伊人，到展翅高飛各有前程，又不免埋怨昔日充滿歡笑與天倫樂趣的家，何其快速地成為空巢。

在多數父母與子女同居的小型家庭中，兩代之間的感情多數非常親密。眼看著子女先後離開而各自發展，空巢期的來臨對父母而言，很難調適，家庭生活究應如何重新安排是很大的考驗。空巢期的父母在某一方面，是充滿喜悅、歡欣的，目睹子女的成長與成就，學業完成了，事業有了基礎，婚姻路上又走得如此平坦，內心之驕傲與安慰，是理所當然的。可是眼看他們又為著事業、婚嫁或是學業之再上一層樓而先後走出成長的家，奔向另外一個他們自己所經營的家，心裡的失落感可想而知。

父母對空巢期的感受，視子女離開的原因、子女與父母感情濃度及子女之成就而有所不同。更要看父母的婚姻狀況、社經地位、教育水準、健康狀況如何而定。此外，子女之多寡也有極大關係。而對空巢期的心聲主要有（彭駕騂，1996）：

1. 子女不論因何離開，對父母而言總有一段不太適應的時間。
2. 在眾多原因之中，子女不幸死亡是父母永恆的椎心之痛。
3. 子女遠赴國外深造，家中只有兩老，空巢期之感受會隨日子愈久而愈深，尤其是如果子女疏於問候。反而是父母常主動寫信、傳

真、打電話、上 skype 問候孩子的話。

4. 子女因婚嫁而分開，父母是由喜悅而惆悵，尤其是完成了最小子女的終身大事之後。嫁女兒可能是喜悅多於空虛之感，兒子結了婚就馬上搬出去住，則一時難適應。不少父母多會保留兒子過去所住的房間，卻只有少數還保留女兒當初的閨房。

5. 空巢期的孤寂感會隨著子女有了子女，自己成為祖父母或外祖父母而大大沖淡。不論他們是在國外發展或是在遠方工作，空巢期除了更多思念之外還是思念。

6. 夫妻婚姻關係融洽，教育水準與社經地位較高，空巢期之挫折感覺較為短暫。

7. 空巢期對於母親的刺激，遠大於對父親的刺激。尤其是專職母親，多年來以子女為心靈上最大的喜樂，也是精神上主要寄託，噓寒問暖，多方愛護，是生活裡最重要的功課。如今子女長大，各自西東，家空了，一切都變了，此心能說了無牽掛？那份百般的無奈又怎能輕易排解？

8. 有一些父親因為夫妻感情並不和諧，自己事業也沒有太多成就，很容易將子女視為自己的生命，甚至超過自己的生命，同樣會很痛苦地感受到空巢期的岑寂與難耐。

9. 若為寡母，因多年母子相依為命，一旦子女一一離開，留下空房獨守，則情何以堪？同樣地，鰥父的心情也不會好過。這些族群多年來因深怕子女不滿或反對，往往不敢再婚，蹉跎至今，半百年華早逝，子女離開了，再想尋覓第二春，卻囿於自己的身心俱憊。

空巢期女性所以感到無比煩憂與孤寂，主要有以下幾種原因：

1. 空巢期可能出現在更年期之時，近年來逐漸延後，靠近老年階段。更年期對於女性的最大感受是「我老了，不再年輕！」事實

上，更年期以後病痛的確會比較多，一旦到了這個年齡，兒女雖未必個個婚嫁，但至少大都不再依賴父母，各有其獨立的生活空間與社交圈子，若再加上這些女性的丈夫若非忙於事業，就是賦閒在家，心情都不會太好。空巢期加上更年期，造成她們不可承受之「重」。

2. 女性生活圈因較為狹窄，往往將注意力放在丈夫與孩子身上，在婚姻中總是壓抑自我，希望自己在家人心目中是「好妻子、好媳婦、好媽媽」，在不斷委屈自我的生活中，一旦兒女離開，頓失生活重心，空巢期症候群也就特別明顯。

3. 缺乏情緒抒解的管道，或教育水準較低、極少參與社交生活的婦女，情緒經常低落。

4. 在親子關係方面，母親與子女之感情與子女對母親的情感，通常遠勝於父親與子女之間的關係。因此，總體而言空巢期對女性而言衝擊較大。

處於空巢期的父母，常見的症狀有：

1. 在生理方面，胃口奇差、食慾不振，沒理由的頭痛與腰痠、夜晚失眠等。

2. 在心理方面，焦慮、不安、沮喪、易怒、無助感與無用感。對電話鈴聲與門鈴，都特別敏感。一天最盼望的時間是郵差送信來的時候。一天裡最快樂的時間是讀著子女寄來的信，或是與老伴談子女小時候的往事。

3. 最懊惱的是乘興去看已經婚嫁子女，卻逢他們不在家或者是正忙得不可開交，找不出一點點時間陪伴，只好敗興而歸。

4. 最暗自難過的是遠在海外負笈或工作的子女，很久沒有來信，也不打電話問候或說明近況，甚至忘記兩老的生日、年節的替換；電話打不通，在答錄機裡留言又不回。老伴急了，生氣了，還要

含著眼淚，帶著微笑，找千百個理由替子女解釋。若真的平息了怒火，內心反而增添了更多憂愁！這種日子，久而久之，初期神經質的各種症狀可能會陸續出現，譬如抑鬱、敏感、疑心、憂愁、極端焦慮等。

其實，空巢期帶給父母的也不見得都是負面的、令人難以忍受的感受，有時反而可以有下列這些正面積極的轉變：

1. 釋放的感覺：多年來，母親忙著照料子女生活的一切，總忙到幾乎沒有一點點自己的時間，甚至因為想全心照顧子女，而放棄了自己的工作，如今子女出頭了，再也不需要提攜。做母親的雖然一時還可能有某種程度的失落感，可是日而久之，一種釋放、沒有羈絆的感覺，就可能油然而生；做父親的從此不要為子女的教育費與生活費用而到處張羅，也不必再為他們的學業或者所從事的工作而擔心。

2. 自由自在的感覺：過去做任何事，都想到子女會不會有什麼反應，譬如說要到遠方旅遊的念頭，因顧慮子女而屢次打消；要邀請親朋好友到家裡來玩，又怕影響孩子的學業而作罷；甚至老夫老妻要想多一分親熱，也會想到子女就在身邊而不好意思。如今，可真的是諸法皆空，清心自在！

3. 重拾以往生活模式的機會：不少母親進入空巢期，只不過 50 多歲，趁著再也不必一直扮演良母的角色，再投入與原來工作很接近的工作，有的參加社會大學、老人學苑，選擇興趣相關的科系，做有計劃的進修。那些還沒有退休的父親就更自由了，在公餘之暇，利用幾乎完全屬於自己的時間，享受很久以前被迫放棄的活動。至於已退休的父親，就更自在地重拾過去生活的樂趣了，至少多年以來想到各地觀光的夢，可以好好規劃成行了！

4. 重新擬定理財策略：不論子女的學費與生活費用占了父母收入的

多少比例，總是筆大數目，甚至是全家多年來省吃儉用所犧牲的代價。如今，再也不必為子女而煩惱。什麼時候要交學費、什麼時候要添置衣衫，都已成為過去！所有的收入，除了要支付兩老的生活與零用錢之外，都可以作為長期理財、儲蓄之用了。少了孩子的費用，多了一些未來的老本，一進一出之間，的確不是小數目！

另一個角度來看子女走出生活這麼多年的家，有一些共同的現象，值得為人父母特別注意的：

1. 通常女兒都比男孩飛得早、飛得遠。
2. 父母管教方式愈嚴，或是對子女態度比較冷漠，子女也飛得愈快、愈遠。
3. 家裡經濟生活比較清苦，家用一向拮据，女兒最先出去發展，兒子留在家裡一段很短的時間也會出走。
4. 單親家庭的子女，多半在 20 歲左右就會離家。
5. 父母感情愈融洽，家庭生活愈美滿，子女離家時間愈晚。
6. 母子（女）相依為命的子女，通常很晚離開自己的母親，甚至在結婚之後，還希望母親和其同住。

第三節　退休規劃

壹、退休規劃的意義

大自然有四季，人生也有。老年有如人生的冬天，需要在秋天就預備「過冬」，無論是老身、老本、老居、老友或老伴，都要提早規劃。老人生涯規劃的觀念需借用一般「生涯規劃」的理念，再依照中老人的年齡

特性加以強化。

在人生秋天（中壯年時）先規劃離開就業市場後的生活安排，透過計劃性退休的觀念，思考前瞻性、未來性的生活目標，在退休前做各種生活面向的準備，包括經濟生活無虞、醫療保健、心理和社會適應、再就業和社會性參與活動等的課題。「退休規劃」包括願意並預先思考退休後可能發生在經濟、家庭角色、日常活動及社會交往方面的變化，採取措施引導這些變化。老年期的生涯規劃最重要的是選擇一種適合自己的生活方式，安排自己滿意的生活型態，進而促進個人成長，使自己的生涯具有意義。

退休規劃的意義包括：

1. 對個人退休生涯所做的有目的、有計劃、有系統的規劃與安排；是一種設計、準備、期望和力行的過程；是一種生活方式的選擇和生活型態的規劃。
2. 先肯定個人是自主、自發的完整個體，選擇退休生涯發展的目標，決定個體適應環境的生存方式，並運用各種方法達成。
3. 是個人自我認知、自我探索、自我實踐，持續不斷在環境變遷中尋求平衡點的歷程。
4. 經由生涯規劃的過程，檢視興趣、性向、專長、人格特質等，並對外在環境、社會資源做評估，以增進個人潛能的發揮，達成自我實現的目標。

退休是人生歷程的一大轉變，這種轉變包括失去來自工作的經濟收入，也失去因工作而有秩序的生活方式，人際關係因而改變，休閒時間增長。由於喪失來自工作的身分及地位，如果沒有善加規劃或預做準備的話，會造成適應不良。建議這種準備應包括財務及社會參與上的另謀發展、心態上預備改變，擬定因應改變的計劃。

退休規劃可以避免「退休震盪」（retirement shock）的發生，退休者主要困難源自於經濟上的威脅感、同僚和朋友關係的不足感、工作喪失所

帶來的失落感與無用感、社會聯結減少，及無法獲得自尊的空虛感。未妥善準備退休的人，可能經歷退休的衝擊，甚至形成老年生活時的創傷。退休規劃是透過一種有意識、有系統的準備，使得人們在生涯的秋天時，就可以開始為自己打算，以避免「退休震盪」的發生，減輕退休對老年生活造成的負面衝擊。

退休規劃也是達成「成功老化」（successful aging）的手段。一個人對老化適應良好，生理保持良好狀態，進而享受老年的生活，稱為「順利的老化」。成功的老化不會自動到來，需要主動去追求。退休人員有無退休計劃，會影響其老化認知態度及生活適應，有計劃的退休人員，其老化認知態度較佳，同時生活適應較好。

行政院主計處為明瞭人口結構變遷衍生之就業、安養與經濟議題，針對 45 歲以上之中高齡及老人舉辦「中老年狀況調查」，發現在養老規劃方面，以想「調養身體」者占極高的比率，達 76.18%，「旅遊休閒」與「料理家務」亦分占 8.23% 與 8.19%；男性老人養老以想「調養身體」與「旅遊休閒」為前兩位，分占 75.96% 與 11.90%，女性以「調養身體」與「料理家務」居多，分占 76.40% 與 13.77%；按教育程度觀察，國中及以下程度者養老以想「調養身體」與「料理家務」所占比率較高，高中（職）與大專以及上程度者則以想「調養身體」與「旅遊休閒」居多，整理情況見次頁的**表** 5-2。

在**表** 5-2 中顯示老人對老年生活的期望，前三項皆依序為：「身體健康的生活」、「能與家人團圓和樂的生活」及「經濟來源無虞的生活」。

貳、各階段不同重點

第一階段

前老期大約在 55 至 64 歲左右，指人生之中年晚期，也就是「人生的秋天」時，身心健康尚可正常運作，準備退休。在前老期可能經過空巢

表 5-2　老人對老年生活的期望　　　　　　　　　　　　　　單位：%

項目別		身體健康的生活	治安良好安全的生活	經常外出旅遊的生活	能與家人團圓和樂的生活	有良好居住環境的生活	經濟來源無虞的生活	過與自己興趣相符的生活
94 年調查總數		36.33	1.82	3.86	30.98	5.68	17.03	11.28
98年調查	總數	50.80	3.00	8.20	39.54	4.95	18.36	10.59
	性別 男	49.59	3.72	8.31	34.02	5.58	18.87	12.67
	性別 女	51.93	2.32	8.10	44.70	4.36	17.89	8.65
	年齡別 65~69 歲	53.96	3.11	13.30	37.36	5.84	19.76	12.88
	年齡別 70~74 歲	52.11	3.67	6.84	39.24	3.45	22.69	10.79
	年齡別 75~79 歲	49.19	2.04	5.70	42.99	3.98	17.27	8.21
	年齡別 80 歲及以上	46.38	2.94	4.90	39.81	6.28	12.53	9.32

資料來源：內政部（2011A）。

（續）表 5-2　老人對老年生活的期望　　　　　　　　　　　單位：%

項目別		與老伴住到理想的安養院	有人細心照顧起居活動生活	繼續研究進修的生活	經常從事志願服務的生活	經常參加宗教修行活動的生活	其他	不知道
94 年調查總數		1.69	8.10	0.44	0.98	2.10	1.15	22.56
98年調查	總數	1.33	4.37	0.65	2.06	2.24	4.85	12.16
	性別 男	1.68	4.29	0.66	1.71	1.64	5.68	12.79
	性別 女	1.00	4.45	0.63	2.39	2.80	4.08	11.57
	年齡別 65~69 歲	2.37	2.42	0.97	3.96	2.66	4.56	9.66
	年齡別 70~74 歲	0.73	4.04	0.31	1.80	2.19	3.38	11.12
	年齡別 75~79 歲	0.80	4.45	0.90	1.53	2.00	6.03	12.92
	年齡別 80 歲及以上	1.02	7.39	0.37	0.20	1.92	5.86	16.12

資料來源：內政部（2011A）。

家庭，擔心兒女之發展與自身之健康。認真考慮由經濟生產線退出，訂立退休後之生涯目標，重點包括生活適應與老人保健、退休後之經濟規劃、家庭生活、人際關係、終身學習、休閒旅遊、社會參與以及靈性生活都要列入生涯規劃之項目，也就是本書所提到的各章主題。

第二階段

初老期在 65 至 74 歲左右，大多數之老人身心尚稱健康，除了要定期到醫院看病診治外，大部分老人可依靠自己的意志獨立活動，可規劃參與終身學習之課程或到老人大學上課，可選擇投入退休前無法參與之休閒旅遊活動，加入社會公益或志願服務，或從事自己有興趣之勞心、勞力之工作，以增加退休後之成就感。

第三階段

中老期在 75 至 84 歲左右，大約有半數之老人要經常前往診所或醫院就醫、或治療、或療養。在這一時期要配合老人福利與醫療保健之服務體系與設施，若安排休閒旅遊，以短期為宜。另外，應經常諮詢老人保健、醫護社工及老人生活服務有關之專業人員，瞭解長期照顧、養護設施、安養機構、文康中心、休閒園地以及其他服務情況，例如日間照顧、臨時照顧、老人就業、志願服務、居家服務、老人餐飲服務、短期之安置保護、老人虐待與棄養收容及法律諮詢等，把握社區服務資源之供應聯絡網及社會與衛生服務輸送系統。

第四階段

老老期在 85 至 94 歲左右，生涯目標應著重在追求心靈之平安，生命之欣賞，維護適當之體力，定期接受醫護保健專業工作人員的輔導及協助，接納宗教人士之訪問，參與「懷舊治療」、「音樂藝術治療」或「園藝治療」等活動，以放鬆心情。在這一階段應學習涵養內心，免於身心焦慮不安，進行永恆安息的規劃。

第五階段

太老期，指超過 95 歲之老者，也稱為「人瑞期」；這個時期之目標是規劃人生之慶典，對於老人的生日、結婚日、兒女的生日，以及其他人

生重大成就之慶祝與紀念，安排這些熱鬧慶典時應注意老人之身心健康狀態。如果身體健康、神志清醒，可規劃 3 個月至 6 個月之活動表；如子孫滿堂，可安排不同梯次前來請安問候，並接受祖父母之祝福與餽贈。

　　希望老人本身、家庭成員、社會大眾與政府有關單位都多關心銀髮族群的退休生活與生涯規劃，多多舉辦各種老年生涯規劃的研習，以減少老人的社會退縮與退休憂鬱症候群的產生，增進老人個人與家庭的幸福。

第四節　理財規劃

壹、經濟來源與生活費的使用

　　金錢的處理重點在於「開源」與「節流」，年輕人的理財核心是「開源」（增加收入），年長者的理財核心是「節流」（控制開支）。一般來說，中壯年是一生之中收入最好也最穩定的一個階段，中年以後，子女之教育費用漸少，甚至連子女的生活費用也漸漸不必父母煩惱，這階段正是為以後日子（尤其是為老年生活）規劃的時候。應該趁著中壯年時未雨綢繆，及早規劃，做好理財。一個人如果能夠及早多儲備一些老本，才不至於老來兩袖清風，窘迫度日。

　　老人經濟狀況若不佳，老人本身應負大部分的責任，因為如果從中壯年階段開始，在所得較多時若執行理財的計畫，老年時就不必老是為錢而煩惱。年長者的開源，應以「掌握老本」為主，避免危險的投資。如果能繼續工作，持續有收入最好。在開銷方面，居住部分是最關鍵的。

　　行政院主計處所舉辦的「中老年狀況調查」顯示（見**表** 5-3）：在收入方面，65 歲以上者由「家人支持」者居多，占 48.83%；「資遣費、退休金」，占 15.46%；「儲蓄（含利息所得）」，占 14.60%；「政府救助（津

表 5-3　老人的主要經濟來源　　　　　　　　　　　　　　　　　　　　單位：重要度（％）

項目別	自己工作或營業收入	配偶或同居人提供	自己儲蓄、利息、租金或投資所得	自己退休金、撫卹金或保險給付	子女奉養（含媳婦、女婿）	向他人借貸	政府救助或津貼	社會或親友救助	其他	不知道／拒答
94 年調查	11.78	4.40	10.78	14.15	53.37	0.10	33.34	0.56	0.38	--
98 年調查	7.91	5.23	14.93	17.37	48.29	0.06	29.66	0.40	0.05	0.28
性別 男	11.28	2.49	16.08	26.63	37.87	0.10	26.36	0.35	0.00	0.28
性別 女	4.75	7.80	13.86	8.70	58.04	0.02	32.75	0.45	0.10	0.28
年齡別 65~69 歲	12.95	8.78	15.89	20.17	42.01	0.18	20.76	0.39	0.00	0.13
年齡別 70~74 歲	9.01	6.22	16.31	11.61	47.13	0.00	34.54	0.39	0.19	0.15
年齡別 75~79 歲	5.96	3.61	13.56	16.70	52.70	0.00	32.75	0.60	0.00	0.55
年齡別 80 歲及以上	1.39	0.65	13.27	20.56	54.36	0.00	33.73	0.27	0.02	0.40

資料來源：內政部（2011A）。

貼所得）」，占 14.43%。女性主要靠子女奉養，占經濟來源的 58.04%，男性僅 37.87%；男性靠工作者有 11.28%，女性僅 4.75%；男性的退休金也占經濟來源 26.63%，女性僅占 8.7%。

　　教育程度對收入來源則有明顯的影響。國中及以下程度者之主要經濟來源為「家人支持」，占 46.03%；高中（職）與大專及以上程度者則以「工作收入」為主，分占 51.76% 與 56.45%。若按勞動力狀況觀察，就業者之主要經濟來源以「工作收入」最高，達 88.15%；不工作者則以「家人支持」與「儲蓄（含利息所得）」居多，分占 47.08% 與 43.67%；非勞動力由「家人支持」、「儲蓄（含利息所得）」與「資遣費、退休金」較多，分占 58.47%、16.24% 與 14.58%。

　　老人之經濟來源以「子女奉養（含媳婦、女婿）」重要度最高，「政府救助或津貼」重要度居次，平均每月可使用的生活費用約 14,000 元（民國 94 年時為 11,715 元，成長 11.81%），男性的花費較高，為 15,407 元，女性為 12,012 元，男性超過女性 3,095 元，多支出 25.77%。

以民國 98 年調查的結果來看，65 至 69 歲初老者的生活費用超過 15,000 元，70 歲以上各年齡組均在 13,000 至 13,600 元之間。多數（63.51%）覺得「大致夠用」、13.18% 自認很寬裕，另有 21.9% 認為生活費用不夠。（如**表** 5-4）

表 5-4　**老人日常生活費用使用情形**　　　　　　　　　　　單位：%；元

項目別			總計	日常生活費用使用情形					平均每月可使用的生活費用（元）
				相當充裕且有餘	大致夠用	有點不夠用	非常不夠用	不知道或拒答	
94 年調查總狀況			100.00	8.58	69.12	17.68	4.62	--	11,715
98年調查		總狀況	100.00	13.18	63.51	15.34	6.56	1.42	13,830
	性別	男	100.00	13.54	64.36	13.66	7.26	1.18	15,407
		女	100.00	12.84	62.71	16. 90	5.90	1.65	12,012
	年齡別	65~69 歲	100.00	11.67	63.15	16.15	8.22	0.81	15,198
		70~74 歲	100.00	13.20	61.77	17.69	6.39	0.94	13,113
		75~79 歲	100.00	11.06	65.76	17.08	4.23	1.87	13,077
		80 歲及以上	100.00	17.14	63.93	9.98	6.53	2.42	13,582

資料來源：內政部（2011A）。

　　由**表** 5-3 可知，女性在收入上較窘迫。如果你是一位家庭主婦，雖然沒有固定薪水，還是可以撙節一些家用，以聚沙成塔、集腋成裘的精神作理財規劃。以下有幾點具體的建議：

1. 和先生、子女討論有關老年規劃的生活細節。
2. 提早規劃，將家庭收入的總數，按比例安排，為老年做更好的準備。
3. 善加利用理財工具：家庭主婦可動用的資金不多，儲蓄方式可考慮零存整付的定存方式，以便積少成多，到期後可領回一筆大額整數。好處是安全性高、利息穩定、風險小，是保本求利的穩健做法，缺點是有時候趕不上通貨膨脹的速度。

4. 看緊荷包，減少支出：開源固然重要，節流卻是更為重要。購買任何東西，先考慮其必要性，盡量有所節制。能夠自己做的就自己動手做，例如減少外食、過年大掃除等。

5. 老人因為善良和獲取資訊的局限性，容易輕信別人，所以年老者在投資前應提高防範，以防上當受騙。

6. 注重理財，「你不理財，財不理你」。老人在進行投資前，需充實自己的投資技巧，提高分析和風險控制能力

貳、開源與固本

老人要有足夠的老本！人生向前看，也向錢看。要安居，要足衣足食，沒有金錢，一切免談。有錢的老人雖不能說一定幸福，但是沒錢的老人一定煩惱多多。依照主計處（2010）所做「97 年中老年狀況調查統計結果」，45 至 64 歲中高齡已規劃好未來養老之固定經濟來源者，占 67.10%，尚無規劃者占 32.90%。按教育程度別觀察，已規劃好未來養老經濟來源之比率，國中及以下程度者之 61.17% 最低，高中（職）與大專及以上程度者分別為 68.37% 與 79.02%。就婚姻狀況觀察，有配偶者已規劃好未來養老經濟來源者占 68.55% 較高，未婚者 56.81% 較低。由勞動力狀況觀察，就業者已規劃的比率為 68.51% 較高，失業者僅 37.89%。

45 至 64 歲中高齡已規劃好未來養老之最主要經濟來源為「本人及配偶退休金」，占 31.40%，其次為「儲蓄」之 20.31%，「子女奉養」與「勞保老年給付」亦分占 19.82% 與 19.65%。按性別觀察，男性未來養老之經濟來源以「本人及配偶退休金」與「勞保老年給付」為主，女性則以「本人及配偶退休金」與「子女奉養」居多，其中女性由「子女奉養」比率較男性高 9.15 個百分點。由教育程度別觀察，低教育程度者未來養老經濟來源以由「子女奉養」為主；高教育程度者則以「本人及配偶退休金」所占比率較高，其中大專及以上程度者未來養老最主要經濟來源為「本人及

配偶退休金」者，比率達 58.14%。

如果，再過幾年就要退休，在投資和花費上要趨於保守，「保本」比什麼都重要。退休前的一段期間內，就要先規劃好退休後的財務問題，對下列問題好好思考：

1. 目前每月節餘之中，可以用作儲蓄或投資的有多少？
2. 預估退休金可以領多少？
3. 服務機關在退休時，有什麼福利措施？
4. 各種人壽保單到期可領多少？
5. 退休後可從子女處得到奉養嗎？有的話大約有多少金額？

保本最重要，千萬不要人云亦云，盲目跟著別人投資，精打細算經營，退休後的生活將過得比較安全。

參、退休金或年金

年金是指定期性、持續性的給付，無論是按年、按季、按月或按週給付，都可稱為年金（陳琇惠，2007）。**國民年金**是我國於民國 97 年 10 月 1 日開辦的社會保險制度，主要納保對象是年滿 25 歲、未滿 65 歲，在國內設有戶籍，且沒有參加勞保、農保、公教保、軍保的國民。國民年金提供「老年年金」、「身心障礙年金」、「遺屬年金」三種年金式的給付保障及「生育給付」、「喪葬給付」兩種一次性的給付。被保險人只要按時繳納保險費，在生育、遭遇重度以上身心障礙或死亡事故或年滿 65 歲時，就可以依規定請領相關年金給付或一次性給付，以保障本人或其遺屬的基本經濟生活（陳琇惠、林奇璋，2010）。

我國有勞保、軍保、公教保及農保等以在職勞動者為納保對象的社會保險，但仍有約 300 多萬年滿 25 歲、未滿 65 歲的國民，無法參加任何社會保險，而這些人多數是經濟弱勢的家庭主婦或無工作者。國民年金即

是針對此部分的不足,設計一個以全民為保障的保險制度,提供以往未能被納入社會保險網絡的國民,也能享有社會保險的好處,並獲得老年經濟生活的基本保障。

國民年金的開辦使我國的社會安全網得以進一步建構,補足社會保險制度的缺口,讓臺灣邁入全民保險的時代,落實政府照顧全民的理念。採行「年金」方式辦理,不僅可以避免一次給付後,因資金運用不當所發生的損失,年金制度也配合物價指數調整投保金額(投保金額為計算年金給付的基礎),又有定期調整年金給付基本保障金額等設計,可以避免因通貨膨脹造成給付縮水,強化年金給付對象的生活保障。

為加強照顧弱勢民眾基本經濟生活,避免所領給付因通貨膨脹而縮水,並建立津貼調整之制度化機制,立法院於民國 100 年 12 月 2 日三讀通過增訂國民年金法第五十四條之一,明定自 101 年 1 月 1 日起,老年年金給付 A 式加計金額、遺屬年金給付基本保障、老年基本保證年金及原住民給付,由 3,000 元調增為 3,500 元;身心障礙年金給付基本保障及身心障礙基本保證年金,由 4,000 元調增為 4,700 元。未來則每四年參照消費者物價指數成長率,定期調增各項給付金額。

各項老年年金的請領年齡見**表** 5-5。若是要一次請領,公保規定男女均須年滿為 60 歲,勞保則是男性年滿 60 歲,女性年滿 55 歲。

退休之前,還要考慮的是「老本」的問題。如果是軍公教人員,究竟怎麼領老本較划算?乍看起來,好像是一次支領退休金,有一筆資金,可作第二事業發展之基金,有助於第二春之開拓。要不,將退休金以優惠存款儲存,也是蠻划算的。但是,它的缺點在於物價一上揚,本金部分就跟著貶值。長期來看,領取月退休,較不易受通貨膨脹的威脅。此外,領月退休金的人,還可在每年春節時領取年終獎金。

不過,年事已高或身體狀況不佳的退休軍公教人員,可考慮選擇領取一次退休金,並存入優惠存款,在有生之年,這筆退休金適用目前最高的存款利率,本息相加會比領月退休金划算。此外,計劃退休後即移民或

表 5-5　老年年金給付請領年齡一覽表

制度類型	性別／年齡／制度	男性	女性
職業相關給付制	公務人員退休制	50 歲	50 歲
職業相關給付制	勞工保險制	60 歲	60 歲
職業相關給付制	勞工退休金制	60 歲	60 歲
均等給付制	國民年金	65 歲	65 歲

註：依勞工保險條例第五十八條規定，請領老年年金之最低年齡自民國 98 年 1 月
　　1 日起，第十年增加 1 歲，其後每兩年增加 1 歲，至 65 歲止；換言之，108
　　年最低給付年齡為 61 歲、110 年為 62 歲、112 年為 63 歲、114 年為 64 歲、
　　116 年為 65 歲。

資源來源：陳琇惠、林奇璋（2010）。

是需要大筆現款，可能以領取一次退休金較為合適。

　　至於非軍公教的退休人員，就是有退休金，也沒有所謂的月退金可以選擇，都是一次領畢。如何有效運用這筆退休金，應以安全第一為優先考慮，基本原則是務求穩健，避免可能發生的風險。退休的人最好先算出自己生活所需的費用、用錢的時間，以買不同期的定存單、公債債票來運用其餘閒置不用的退休金為原則。如果存款利息超過 27 萬的儲蓄投資特別扣除額，購買無記名公債債票也是很好的投資工具。

　　至於退休後，收入少了，家用方面量入為出，該省就省，千萬不要寅吃卯糧，坐吃山空，以後還要看子女臉色，尋求接濟；更不要借貸度日。當然該用的還是要用，過分克制自己，省吃省用，弄得營養不良、衣服破舊更不好。

　　退休之後，生活圈子小了，應酬開支也一定少了，只要善自規劃，日子應該還是可以過。所怕的是身體不健康，一旦病倒，雖然有健保可幫助支付部分醫療費用，可是還是要自己負擔相當的支出，尤其是找人照顧的部分。因此，保本之外，保健也非常重要。

Chapter 6

居住

老人生涯規劃最重要的議題是「在哪裡住」與「資產規劃」。「老居」影響到工作、學習、休閒、開銷等，也影響到各種人際關係。政府、企業與非營利組織，也應重視老人居住的議題，加以妥善的規劃。老人住宅議題不能只討論住宅物體之適合性、舒適性，更重要的是住宅需將老人的社會性考量納入。

　　住宅對健康生活扮演了重要的角色。凡是提供給老人居住的住宅，都可以稱為「老人住宅」或「銀髮住宅」，包括一般住宅、服務住宅、照顧住宅等。老人的居住安排（living arrangement），應符合**安定、安心、安全**等三個原則。依據不同身心狀況需求，在社區化、去機構化、單元化與個室化等理念下，用整體規劃、衛星式照顧、群體生活照顧單元等方法，造就長輩尊嚴與自主的晚年（內政部，2003；莊朝榮，2005）。

　　資產規劃與居住息息相關，尤其是政府在民國 101 年 7 月的「以房養老」政策，本章最後一節說明各項資產規劃的考慮，包括遺產規劃。

👓 第一節　居住狀況

壹、整體狀況

一、居住方式

　　老人居住的狀況呈如**表** 6-1 所示，到 98 年 6 月底 65 歲以上老人有子女者占 97.1%。家庭型態主要為三代同堂的家庭占 37.9%，其次為二代同堂的家庭占 29.8%，而獨居老人占 9.2%，居住安養或養護機構占 2.8%。

　　由**表** 6-1 可知，整體而言以「與晚輩同住」者居多，占 56.94%，但中高齡「與晚輩同住」之比率逐年下降，「僅與配偶（同居人）同住」者及「獨居」者分別上升。

　　按教育程度別觀察，國中及以下與高中（職）程度者均以「與晚輩

表6-1 老人居住方式

民國 97 年 10 月　　　　　　　　　　　　　　單位：%

項目別		總計	僅與配偶（同居人）同住	與晚輩同住	獨居	住進老人公寓（安養機構）	與親朋好友同住	其他
總計		100.00	27.45	56.94	12.27	1.50	0.76	1.08
男		100.00	32.63	54.40	9.77	1.39	0.76	1.04
女		100.00	22.56	59.34	14.64	1.60	0.75	1.12
教育程度	國中及以下	100.00	24.98	58.58	13.01	1.66	0.76	1.00
	高中（職）	100.00	35.36	53.79	8.48	1.02	0.81	0.54
	大專及以上	100.00	40.67	45.97	9.77	0.58	0.64	2.38
婚姻狀況	未婚	100.00	--	0.49	68.43	7.76	18.20	5.12
	有配偶或同居	100.00	41.71	54.47	1.69	0.89	0.33	0.92
	離婚分居或喪偶	100.00	--	64.17	31.20	2.47	0.92	1.25
戶籍地	北部區域	100.00	24.95	60.77	11.06	1.37	0.68	1.17
	中部區域	100.00	29.96	54.77	12.02	1.16	0.58	1.52
	南部區域	100.00	28.51	54.46	13.45	1.97	1.03	0.59
	東部區域	100.00	28.80	48.99	19.02	1.53	0.64	1.01

資料來源：內政部（2011A）。

同住」分占 58.58% 與 53.79% 居多；大專及以上程度者，「與晚輩同住」及「僅與配偶（同居人）同住」相近，分占 45.97% 與 40.67%。

　　由婚姻狀況觀察，未婚者目前「獨居」之比率為 68.43%；有配偶者與離婚分居或喪偶者則均以「與晚輩同住」居多，分占 54.47% 與 64.17%。

　　以區域觀察，各區域均以「與晚輩同住」占大多數，「僅與配偶（同居人）同住」居次，惟東部區域之「獨居」比率較高，占 19.02%。

二、演變情形

綜合歷年來的資料,老人的居住演變情形可以在**表** 6-2 中得知:

表 6-2　**老人居住狀況的演變**　　　　　　　　　　　　　　　　單位:%

民國年別	與子女同住	僅與配偶同住	獨居	親朋同住	安療養機構	其他
75	70.24	14.01	11.58	3.03	0.78	0.36
80	62.93	18.7	14.52	2.42	1.19	0.24
85	64.30	20.63	12.29	1.41	0.90	0.49
89	67.79	15.11	9.19	1.28	5.59	1.00
94	57.28	22.20	13.66	0.76	2.26	3.84
99 *	52.18	19.56	14.33	0.76*	2.80	10.37
99 年較 75 年	下降 18.06	上升 5.55	上升 2.75	下降 8.25	上升 2.02	--

註:＊ 2010 年的統計分類方式與 2005 年不同,與子女同住、僅與配偶同住、獨
　　居、安養機構這四項為正確數據,與親朋同住為推估,無法歸到這五類者列
　　入其他。
資料來源:作者整理自張嘉玲(2005)、薛承泰(2008)、內政部(2011A)。

由**表** 6-2 可知,從 75 年到 99 年,「與子女同住」的比例大幅度下降,僅與配偶同住明顯上升、獨居也上升。「與親朋同住」呈現下滑趨勢,住進安養機構者增加。雖然在百分比的數值上變化不同,若以 75 年個別數據為基本時期來看各項百分比,99 年時與子女同住的比例下降 25.7%,與配偶同住上升 14.0%,獨居上升 12.4%,住安療養機構上升 359.0%,成長 3.5 倍。

另依據民國 78 年與民國 88 年衛生署國民健康局(前身機構是臺灣省家庭計畫研究所)舉辦之臺灣地區老年身心社會狀況長期追蹤調查資料做比較分析,以瞭解我國 60 歲以上高齡長者居住安排,78 年與 88 年受訪老人分別為 4,049 人與 3,185 人(國民健康局,2002)。在這十年間,獨居老人比例大致不變,但僅與配偶同住者明顯增加,與已婚子女同住者

大幅減少。78 至 88 年這十年間，獨居老人的比例不管是在老齡期間的任何年齡階段並沒有明顯變化，平均大約每 10 位 60 歲以上者就有 1 位獨居，但僅與配偶同住的老年人，不管是在哪個老齡階段在比例上均相當明顯的增加。以 80 歲以上的老年人而言，就由 6% 增加為 12%。就總體而言，則由 12% 增加為 19%，然而相反的，與已婚子女同住的卻大幅減少，若仍以 80 歲以上的老年人言，這個比例十年間由 78 年時之 77% 下降為 57%，而 65 歲以上的老年人，則由 71% 減少為 49%。上述這種趨勢，顯示僅與配偶同住的老年人持續增加，而與已婚子女同住的持續減少，仍會是今後的趨勢，「老伴」將會漸成為老年每日重要的同住者。

此外，常見的居住方式有：**輪伙頭**（meal rotation），意指老人家輪流到兒子家搭伙輪住，也稱為「吃伙頭」。近年來，也包括到女兒家。另一種相似的安排是老人家仍住在祖厝，與兒女間形成保持距離的「聯邦制大家庭」，由兒女輪流準備膳食。

三、老人期待的方式

老人理想的居住方式主要希望「與子女同住」占 68.5%，其次為「僅與配偶或同居人同住」占 15.6%。獨居老人理想的居住方式有 28.3% 希望「與子女同住」。請見次頁**表** 6-3。

貳、三代同堂一定好？

社會的趨勢朝向「人權」、「社會公正」、「家人間情感融洽」，因此對三代之間關係的基本看法與態度應該由「父系的」轉變為「男女平等的」；由「責任強制的」轉變為「情感出發的」；由「單方面決定」轉變為「共同商量」；由「少數人承擔」轉變為「資源擴大」；由「依賴、不平等與控制」轉變為「互助、尊重與溝通」，以下提出幾點建議。

表 6-3　老人認為理想的居住方式　　　　　　　　　　　　　　　　　　　單位：%

項目別			總計	與子女同住	僅與配偶或同居人同住	獨居	住在老人安養機構	住在老人長期照顧機構或護理之家	與親戚朋友同住	其他	不知道／拒答
94 年調查總數			100.00	59.95	20.01	11.32	1.03	0.96	0.42	0.39	5.91
98年調查	總數		100.00	68.49	15.57	6.85	1.68	0.87	1.32	0.18	5.06
	性別	男	100.00	62.46	22.10	6.09	2.03	1.12	1.09	0.27	4.85
		女	100.00	74.13	9.46	7.55	1.34	0.64	1.53	0.10	5.25
	年齡別	65~69 歲	100.00	65.04	18.61	5.77	1.90	0.24	2.07	0.13	6.25
		70~74 歲	100.00	68.94	16.70	7.86	0.43	0.60	0.96	0.17	4.35
		75~79 歲	100.00	69.35	15.15	8.22	0.90	0.59	1.02	0.19	4.58
		80 歲及以上	100.00	72.00	10.43	5.96	3.47	2.32	0.93	0.26	4.64

資料來源：內政部（2011A）。

1. 老人自主與家人關係的經營同樣重要。

2. 女兒的責任（responsibility）漸漸沉重，因為「女兒貼心、女兒孝順」是普遍的現象，但女兒也需要更多的「資源」（resource）以便承擔照顧長者的責任。

3. 「同鄰而不同住」是許多人喜歡的「新三代同堂」形式，政府的政策與建設公司應多考慮此趨勢，有所配合與支持。

4. 新「同堂」的形式，包括同樓、同社區、同鄰、同里等，一方面能減少相互的干擾、提高各自的自主與尊嚴，又能維持家人間的互動，彼此作伴。以「健康和適當的距離」取代「過於緊密的距離」，有助於關係的維持。

5. 「孝順」倫理的轉型，由單向的、一方權威而另一方服從、道德訴求與性別分歧的傳統，已轉變為雙向的感情交流、民主溝通的、利益考量、男女平權的。

諾貝爾經濟學獎得主貝克（Gary Becker, 1991）認為，「家庭經濟行為」與「一般市場經濟行為」都是經濟行為，都具有理性思考的特質。但

前者的投資與管理基本上是基於「利他原則」運作，而非市場中的「自利」。有資源的父母願意把資源給孩子，這是一種投資，希望日後家庭經濟效益極大化。在過去，父母通常對兒子的投資較多，既希望兒子能光宗耀祖，也期盼從兒子處獲得較多的回報，也就是「養兒防老」，但未必都能如願。

對於老人包括住宅在內各項需求的滿足，很多研究與論述偏重「政府如何直接提供福利服務給老人」，忽略了老人需求的複雜性與品質。政府的資源有限，通常只能做到「最低標準、平頭式的滿足」而不是「理想品質、差異化的服務」。以下六種力量對老人需求的滿足都扮演相當重要的角色（胡幼慧，1997；彭懷真，2009B）：

1. 家庭及聘用的照顧者。
2. 雇主：在工作時，雇主應依法提撥勞退金，並適度增加各項福利。
3. 市場：許多服務都可以在市場中購買到，提供者應適度考慮老人的需求，以合理的價格提供。
4. 社區與各非營利組織，如醫療院所、社會福利機構等的支持。各安養機構、養護機構等兼具服務與市場的性質。
5. 政府，從法令、政策到行政措施都很重要。
6. 老人自己。

對各項老人需求不宜只考慮政府與老人這兩端，政府通常重視民意代表、行政官僚與學者專家等的意見，這些往往是「規範性的需求」，不是所有需求都獲得的方式。另外只考慮老人「感覺的需求」也不夠，畢竟老人固然是主要的使用者，但也是社會的成員及市場裡的消費者。社會其他聲音及團體的看法也應考量。對於「三代同堂」、「長期照顧保險」等議題，都需進行多角度考慮。

例如長期照顧保險的美意甚佳，但投保人是哪些人口呢？如果只有老人保險，人數有限且效果不大；但是要社會大眾都保險，難度極高。民

眾繳交健保費的負擔已經不輕，健保是不同年齡層都可以享用的，長期照顧保險對中年乃至年輕人來說比較遙遠，年輕人未必願意繳交保費。

第二節　影響居住的因素

　　高齡者住宅可因身心狀況的不同，分為多種的居住類型。社會須提供多樣的高齡者住宅，以滿足高齡者的居住需求。影響老人居住的主要因素有（陳肇男，1999；莊朝榮，2005）：

壹、老年人口比率

　　綜合先進國家的經驗，當老年人口比率在總人口數的 10% 以下時，為了確保照護品質、節省社會成本，常見到將分布在各地需要照顧的老人集中到機構設施裡，由專業人員給予較好的服務。不過，在機構設施裡過的主要是團體的生活，較難確保高齡者的隱私與尊嚴。機構設施的系統封閉，使得高齡者與社會有相當程度的隔離，可能造成機構設施對社區的「孤島效應」。

　　當老年人口比率在 10% 至 15% 時，為了確保老人居住環境的安全、舒適，晚年的親情，機構設施需求必然擴大，須於社區開發中規劃「老人住宅」。當老年人口比率超過 15% 時，為了照顧多數老人的身心狀況與居住品質，須進一步實施居家服務、24 小時外展式照顧等措施，而由社會提供多樣化的支援。

　　依據日本的經驗，高齡化社會的老年人口比率與老人的居住服務有著密切的關係，呈現如**圖** 6-1。

　　2007 年的臺灣地區老年人口已超過 230 萬人，老年人口比率達 10%，正是臺灣地區發展老人住宅的時候（經建會，2008）。2021 年，臺

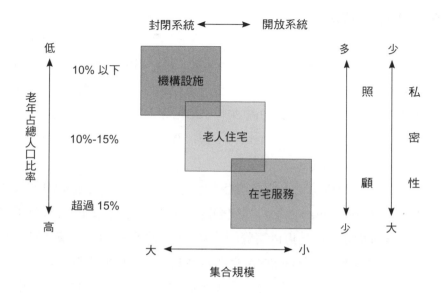

圖 6-1　高齡化與居住服務的三階段

資料來源：莊朝榮（2005）。

灣地區的老年人口將超過 391 萬人，老年人口比率將達 16.52%。屆時，
更需強調在宅服務；把服務送到老人的家裡，讓老人在家裡就可以獲得多
樣性的照顧服務。

貳、老人的階段

　　老人分為三個階段：(1) 以 65 歲以上、未滿 75 歲的老人稱為「初
老者」或「前期高齡者」；(2)75 歲以上未滿 85 歲的老人，稱為「中老
者」或「中期高齡者」；(3)85 歲以上則稱為「老老者」或稱為「後期
高齡者」。前期、中期與後期高齡者各有不同的「日常生活活動能力」
（Activities of Daily Living, ADLs），年齡愈大，能力愈低。因此，不同
年齡期各有不同的居住安排、障礙程度、照顧服務等需求。

參、老化的程度

依老化之好壞程度，大致分為三級：(1) 一級老化（primary aging）的老人約占 75%，這些老人身體健康，生活自在，是「健康老人」；(2) 二級老化（secondary aging）約占 20%，有點障礙，需要幫忙，是「障礙老人」；(3) 三級老化（tertiary aging）約占 5%，是不能自主自立的「臥床老人」（the bed-bound aged）。

一級老化是每個老人都會發生的現象，普遍而不可避免的，也稱為**常態老化**（normative aging）。隨著年齡的增加，個體因自然的老化或加上輕度病況而逐漸產生可以察覺的改變，例如頭髮變白、皮膚斑點、視力衰退、聽力減退、細胞內 DNA 修補能力減退、免疫力降低、對溫度反應較慢、身體適應力減低等。這些現象，從細胞、組織、器官，在每個人的身體逐漸出現，但出現的起點、速率與結果都不同，剛開始也不是很明顯。

二級老化是由於罹患疾病、不良習慣、不常活動等禍源，交互影響的結果，使健康、心智、社會功能逐漸衰退。這種現象並非每一個人都有，也不是完全不可以避免的。但是，與年齡密切相關；年紀愈大，累積愈多愈久的禍源，老化的現象也愈明顯；常是從一級老化的累增或延續。

三級老化是指生命最後階段的快速衰退現象，在健康、心智、社會功能各方面都會有顯著的變化。隨著歲月，每況愈下，無法挽回，直到生命終點。

每一個人的老化過程不一定一樣，也不一定要從一級到二級而三級；即使按順序來，也不一定時間相同。「成功老化」的人，也許經過數十年的一級老化之後，不必經過二級老化即達生命的終點；也有直接進入短暫的三級老化者，接著結束生命。

肆、老人的身心功能

進入三級老化之後，機構式的居住安排逐漸普遍，這是一種封閉式的系統，規模較大，介入照顧程度較為密集（見**表** 6-4）：

1. 健康期的老人：可以居住於「老人之家或安養機構」，由照護機構提供住宿、餐飲、個人服務及社會照顧（social care）等支持性與保護性服務，以社會模式（social model）為主、健康模式（health model）為輔。
2. 障礙期的老人：可以居住於「養護之家」，由養護機構提供個人照顧、社會服務、娛樂活動、日常生活動作協助，以健康模式為主、醫療模式為輔。
3. 臥病期的老人：可以居住於「護理之家」，由長期照護機構提供全天的護理照顧，以醫護醫療模式（medical model）為主、健康模式為輔。

隨著年齡增加、身心變化，老人愈來愈不能自立自主生活。須依據老人不同的身心條件，由不同的人力資源，在不同的居住型態裡，給予老

表 6-4　老人的身心功能狀況與居住型態

身心狀況		健康期	障礙期		臥病期
移動程度		可以跑、跳、走	需要柺杖、輪椅等輔具		幾乎臥床
分布比率（％）		75%	20%		5%
生活能力		可以自理		需要別人照顧	
居住安排與居住型態	居家	一般住宅	服務住宅	照顧住宅	轉介到機構
		老人住宅			
		終身住宅			
	機構	安養	養護	長期照護	醫院
		老人之家	養護之家	護理之家	安寧病房

資料來源：整理自陳世堅（2000）、莊朝榮（2005）。

人不同的照顧服務。社會需提供各種設施，以構成完整的居住環境（**表6-5**）：

1. 健康期的老人：由家族、照顧服務員、志工等，在個人住宅、老人公寓、老人住宅、退休社區等場所，給予老人自我照顧（self care）的保健、預防之照顧服務，老人就可以自立自主生活。也應提供文康中心、體育設施、老人福利中心、老人大學等社區性的中介設施，以充實老人的居家生活。

2. 障礙期的老人：由物理治療師、職能治療師、社工等，在團體家屋（group home）、老人之家、養護之家與護理之家等場所，給予老人居住援助（residential care）、個人照顧（personal care）與護理照顧（nursing care）等的健康、復健之照顧服務。提供保健設施、診療所、日間照護中心、短期照護中心等社區性的中間設施，以滿足老人的照顧服務。

3. 臥病期的老人：由保健人員、醫師、護士等，在老人醫院、安寧病房等場所，給予老人醫療照護（medical care）、終末照護（terminal care）等的治療與醫護之照顧服務。

表 6-5　老人居住環境的構成要素

身心條件	人力資源	照顧服務			居住型態	中介設施
健康期	家族照顧服務員志工	自立援助	一般事務服務	保健預防	個人住宅	文康中心體育設施老人福利中心老人大學
障礙期	物理治療師職能治療師社會工作員照顧服務員	家事援助 個人照顧 護理照顧	家事服務 餐飲服務 協助服務 護理服務	健診輕度復健	團體家屋 老人之家 養護之家 護理之家	保健設施診療所日間照護中心短期照護中心
臥病期	保健人員醫師、護士	醫療照護 終末照護	醫療服務	治療醫護	老人醫院安寧病房	醫院

資料來源：莊朝榮（2005）。

第三節　老人居住的議題

壹、理想的居住情況

一、連結家庭與服務的社區化

　　資訊時代的來臨，促使社區分散型的衛星式照顧（satellite care）得以實現。服務住宅及照顧住宅應分布於一般住宅之中，讓障礙期老人得到照顧；再以小規模的護理之家，讓日常生活行動能力較差的老人得到密集的照顧服務。設置日間照護中心以充實老人的日常生活活動。另應設置短期照護中心，讓照顧老人的家人有喘息的機會。同時，設置一處小規模多機能的「配送服務中心」（delivery service center），提供社區的在宅服務、居家護理、訪問護理等支援服務。如此可以讓老人長久居住在已經習慣的社區，又可以讓老人得到應有的照顧服務，以完成理想的老人居住體系，達到在地老化的目標。老人與家人同住一個社區內，形成「三代同鄰」的居住安排，可以增進世代之間的親情，亦有助於促成隨時、及時的照顧服務。

　　考慮老人的健康體能，步行 10 至 15 分鐘的生活圈，其半徑約為 500 公尺左右。以中密度的社區計算，其人口數約為 20,000 人，可以形成 1 個中學校區；將之分為 4 個小學校區，每個小學校區的人口數為 5,000 人。假設，老年人口比率為 10% 時，每個小學校區裡的老人約為 500 人，其中必須被照顧的障礙期老人約占 20%，約為 100 人，這些障礙期的老人可以分別居住於服務住宅或照顧住宅中，接受應有的服務。日常生活行動能力較差的臥床老人約占 5%，約為 25 人。這些必須全天照顧的老人，應居住於護理之家，接受密集的照顧服務。

二、去機構化

丹麥於 1987 年高齡化率約 15% 時，實施「老人住宅法」，取消新建機構，原有機構住宅化，力求提供老人安心生活的居住環境。瑞典於 1980 年代（高齡化率約 16%），否定機構設施為主的照護理念，協助老人在住慣的地方接受在宅服務。日本於 2000 年 4 月（高齡化率約 17%）開始實施長期照護保險（介護保險）制度，支援或照護個人自主自立生活，提升生活場所品質；取消集體照顧方式，尊重個人自主自立的照顧需求。

「去機構化」改善輸送帶方式的集體生活，轉變成以長輩為中心，提供生活服務。從前的集體生活是按照排定的時間表，大伙一起做活動，一起唱歌、一起吃飯、按時洗澡，老人沒有自己的選擇。現在，應該以長輩的生活需求為中心，依據長輩的需要提供生活服務。並且實施貼身的照顧，縮短老人與照顧服務員的距離。將空間範圍縮小，塑造像家的感覺；讓長輩在這裡享受衣食住行育樂的生活情趣，規劃成老人「生活」的場所，而不是一處「收容」的地方。

三、單元化

單元化的目的，在縮小照顧服務規模與距離，依據老人身心機能屬性分組，讓老人得到應有的照顧，滿足應有的需求。同時，照顧服務員也可以依據本身專長，分開到各組去照顧不同屬性的老人，讓「照顧單元」成為「生活單元」，讓照顧服務員與長輩一起生活，成為長輩的生活陪伴者。

四、個室化

瑞典於 1980 年提出「個室化」理念，將設施照顧居家化。日本實施長期照護保險制度後，規定所有老人之家個室化。提供個人臥室，可以帶進自己喜歡的東西，依自己喜歡的方式布置，並提供專用的衛浴設備及共

用的起居空間。

　　個室化的效益，可以確保個人私密性的生活據點。但儘量鼓勵老人使用公共空間，創造團體生活的動力，增進人際的交流機會。如此也可降低互相感染的機率，並改善老人的生活品質。

　　依據社區化、去機構化、單元化、個室化的規劃原則，構成居住環境的整體空間。以小規模的「群體生活照顧單元」（group living care unit），由 6 至 15 位老人組成一個「生活照顧單元」。除了每位老人有「私密空間」（private space）之外，還提供少數人使用的起居、用餐、衛浴之「半私密空間」（semi-private space）。集合 2 至 4 個生活照顧單元組成一組「生活群」（living group），同時，提供一個復健、大浴室、大餐廳、集會室的「半公共空間」（semi-public space）。再由這個準公共空間連接供給部門、管理部門，連接在宅服務、社區交流的「公共空間」（public space），提供老人與社區居民交流的場所。

五、開放性的空間感

　　最好的空間安排是：把室外的光線引進來，把室外的景觀帶進來；開放性的空間感，使老人的生活顯得有朝氣、有變化。把走廊放大，擺上幾把椅子，就可以聊天。不同的地方，設計異質的場景，讓老人有不同的感覺。

六、社區交流空間

　　在公共空間設置社區交流的場所，不但提供老人使用，也給社區居民使用，可以增進老人與社區居民的相互交流。老人住宅的出入口與社區街道之間須進行良好的設計，有緩衝的廣場，有停車的空間，更要有樹木、花草。老人住宅與附設的公共服務設施，可以共用部分空間，不但可以發揮空間的使用率，還可以增進交流的機會，避免老人住宅淪為「社區

孤島」。

　　目前我國實際進住老人住宅及銀髮住宅的人數及家數都不多,從老人住宅市場的發展潛力分析,以價格及經濟負擔能力來看,老人具有購買力者不在少數,但從進住意願的調查分析以及日本進住的情形加以觀察,願意進住老人住宅的比例卻相當低。

　　根據英國、美國及日本等國家發展情形來看,未來老人住宅的需求將與日俱增,成為高齡化社會中重要的產業之一。雖然住宅議題看似與社會服務無直接關係,老人所選擇居住的地方,不論是陋室或華屋,要能不改其樂都能展現歡顏,有必要加強和社會的接觸(網路與實質),消極上避免退化,積極上能繼續從事生產性或公益性活動,厚植社會資本,這才是老人住宅產業為顧客滿意所能創造的核心價值。整體而言,老人住宅的發展不僅需要倚賴硬體設施的規劃,更需要軟體服務之著力與配合。

貳、居住空間的規定

一、老人住宅規劃重點

　　老人住宅的需要與一般住宅不同,需特別重視「安全」,又因老人待在住宅的時間特別長,也應強調「舒適」。內政部 92.12.29 臺內營字第0920091112 號令訂定「老人住宅」,規定有生活自理能力無需他人協助之老人的居住空間。整理重點如下:

■戶外休憩空間

1. 除有緊鄰並可供使用之外部開放空間外,老人住宅應按居住人數每人 1 平方公尺設置戶外休憩空間,其最小規模不得小於 4 公尺×4 公尺。
2. 休憩空間應設置戶外桌椅等供休憩使用之設施。

3. 戶外步行空間之寬度應有 90 公分以上,有高低差時,儘可能設置為坡道。

4. 戶外空間包含陽臺、敞廊、平臺等,得考慮防風、避雨,以及留有足夠讓輪椅迴轉的空間,並達到通行的便利。

■人行道安全措施

1. 人行道之路緣高於車道不得超過 20 公分。

2. 人行道至車道之路緣開口斜坡坡度不得超過 1:12。

3. 戶外地面設置之排水溝格柵方向應和行進方向垂直,格柵淨孔距不得大於 1.3 公分。

■室外引導通路

1. 引導通路的淨寬度應在 1.2 公尺以上,坡度不得大於 1:12。

2. 坡道長度每 9 公尺或在轉折處應設置長度 1.5 公尺以上之平臺。

3. 坡度在 1:20 以下時,平臺間隔可放寬至 18 公尺。

4. 坡度大於 1:20 且高低差大於 60 公分者,應設置扶手。

5. 室外引導通路連接戶外出入口設置之門檻高度不得大於 2 公分,並應在室內及室外設置深度 1.5 公尺以上之輪椅等候空間。

■基本簇群規劃

1. 居住單元規劃應考量老人生活對安寧、舒適、私密性及日常活動交誼等需求,適當配置生活簇群,宜以 6 人至 10 人組成基本簇群。

2. 生活配置宜以三個以上基本簇群組成生活簇群,另應設置餐廳、公共廚房、公共洗衣間,並提供一處戶外共同活動空間。

■**臥室設置及規劃設計原則**

　　臥室擺設之床位應有二面以上可供上下床。臥室應考慮隔音、容易避難及準備輪椅使用空間。

■**浴室及廁所規劃設計原則**

1. 浴室及廁所以每一居住單元設置一處，其寬度及深度均不得小於1.8公尺，但廁所及洗手臺使用與沐浴使用之部分以固定隔間或防水拉門分隔，以確保廁所及洗手臺地坪維持乾燥。
2. 廁所及洗手臺使用部分之長度及寬度淨尺寸分別不得小於1.6公尺及1.5公尺，配置應使老人方便到達，考慮老人與輪椅使用者之容易使用。
3. 居住單元未設浴廁者，與其最近之浴廁距離不得大於10公尺。浴廁出入口高低差應為2公分以下，門扇應採外開式推門或橫拉門，並可由外面拆卸以利緊急救援。
4. 浴廁及臥室應設置呼救系統，考慮設計防震、防火構造，以作為就地避難場所。

■**廚房配置及廚具設計原則**

1. 廚房料理臺應有合理之配置，並考量身高之不同，物品陳列要能取用方便。必要時設可升降之料理臺。
2. 餐桌及餐具存放櫥之空間留設，應考量老人遲緩行動之便利及輪椅迴轉之空間，每一處面積不得小於4.5平方公尺。

■**陽臺及平臺規劃設計原則**

　　室內至陽臺、平臺等出入口之高低差應在16公分以下，並考慮輪椅出入，至少每二戶陽臺間應相連通，陽臺之間應為容易開關之推開門，以供緊急救援人員得從陽臺進入救援。

■樓梯及平臺寬度、梯級尺寸

1. 樓梯應有充足的採光及照明，並應設置緊急照明燈。
2. 樓梯淨寬度應大於 90 公分，樓梯兩側均應設置扶手且不得於平臺上設置梯階或使用旋轉梯。
3. 凡樓梯轉角平臺之向上梯級應退縮一階併入為平臺。但平臺寬度大於 1.4 公尺者免退縮。
4. 設計時，所有樓梯之級深、級高應統一，樓梯出口並應標示樓層號碼。

■室內走廊

室內走廊應平順，具自然通風採光，寬度為 1.4 公尺以上，兩側應設置扶手，轉彎之牆角應為順緩修邊或防撞處理。走廊高低處、轉角處均應設照明燈或踏步燈，地板並應使用防滑材料。

■走廊及樓梯之扶手

1. 扶手高度距地板完成面或梯級踏步鼻端起算 75 公分至 85 公分，扶手直徑應為 2.8 公分至 4 公分。
2. 採橢圓或扁平握把者，週長在 12 公分左右，並與牆面留設 3 公分至 5 公分之空隙。

二、設備及設施設置原則

老人住宅之設置應以能提供老人寧靜、安全、衛生、通風、採光良好之環境為原則。

■垂直上下之升降設備

1. 升降機：老人住宅若為兩層樓以上之建築物，應設有升降機，機廂深度應有足夠進出停放輪椅之空間，並加設扶手，設置後視鏡

面；電梯到達時應有鈴聲能表示上下之指示，開閉時間應比一般電梯長，電梯出口應標示樓層號碼。其他如語音播報系統、副操作盤等，得視實際需要留設。

2. 階梯升降機：老人住宅為獨戶雙層住宅時，其垂直移動設備可選用階梯升降機或個人用住宅升降機。

■全面無障礙樓地板

1. 老人住宅室內應為全面無障礙樓地板，建造地板時需考慮其溫度及溼度，同時考慮因有跌倒情形發生，鋪面材料應考慮彈性柔軟材質。

2. 若為石片、木板、塑膠等等之材質，應為防滑處理不可磨光，並避免使用滑石粉等保養，以免滑倒。

3. 浴室內地板採用塑膠材料時，要能防靜電發生，厚度至少要有 0.3公分，並可選擇液體注入一體成形式或熱焊併接法兩種鋪貼。

 ## 第四節　資產與遺產規劃

壹、整理資產與投資考慮

居住花費可觀，牽涉到「房地產」的處理，是老人理財時必須考慮的重點，而整個資產管理更是複雜而重要的議題。老人需檢視目前所有的資產，包括所有的動產與不動產，逐漸詳細列出；另一方面也將負債的資料一一列舉，並估量何時可以償還負債。此外，還要將每個月的收入與支出，列一明細表，以便隨時檢視（**表** 6-6 可供參考）。

詳細檢視目前之財務狀況，可以進一步估量理財的原則與方向：是保值重要？還是想要增值呢？其實兩者各有其優缺點，建議根據自身情況做評估（**表** 6-7 提供了比較）。

表 6-6 **資產負債表**

資產負債表	
	（　年　月製）
資產部分及金額	負債部分及金額
動產部分 　銀行定存 　銀行活存 　郵政儲存 　人壽及其他保險 　股票、證券、債券、期貨 　每月收支對除後節餘 　其他 不動產部分 　房地產 　貴重金屬 　其他	房地產貸款 房地產貸款以外其他貸款 其他應付之利息

資料來源：彭懷真（2012A）。

表 6-7 **理財之目標、工具之優點與限制**

主目標 次目標	保　值	增　值
具體工具	金融機構儲蓄、票券、債券、房地產、安養信託	股票、期貨、貴重金屬、小本創業
優　　點	1. 穩定 2. 安於現狀 3. 變現較快、流動較易	1. 積極 2. 資金累積快 3. 擴大人脈和機會
限　　制	1. 消極 2. 資金累積慢 3. 具通貨膨脹風險	1. 投資會有損失，嚴重者甚至泡湯 2. 利息負擔較重 3. 價格起伏較大

　　到了 50 歲以後，最好還是購買風險比較小的債券和共同基金，並增加現金、準現金的存量，比率至少應占現有資產的一半以上。隨著年齡愈大，現金控制的比率應調高，風險性投資逐漸減少。一方面保證安全又有效地累積個人資產，另一方面又能保證較長期的利益。

表 6-8　常見理財工具比較表

理財工具	安全性	獲利性	變現性	是否適合中年	是否適合老年
金融機構活期存款	○	×	○	＋	＋
金融機構定期存款	○	△	△	＋	＋
票券	○	△	○	＋	－
公債	○	△	×	＋	＋（※）
股票	×	○	○	＋	＋
外幣	△	△	×	－	－
期貨	×	○	○	－	－
黃金	○	△	○	＋	－
房地產	○	△	×	＋	＋
共同基金	△	△	○	＋	＋（※）
安養信託	○	△	△	－	＋
民間互助會	×	△	○	＋	－
國外證券	×	？	△	－	－
海外不動產	×	？	×	－	－

符號說明：○代表安全性高或獲利好；× 代表安全性低或獲利差；△代表安全性
　　　　　中等或獲利普通；？代表安全性或獲利不定；＋代表適合投資；－代
　　　　　表不適合投資；※ 代表適合老人保值長期持有。

資料來源：劉玲惠等（1999）。

　　表 6-8 中列出了一些常見的理財投資方法，其實投資的種類還有很
多，如郵票、古董、字畫、藝術品、紀念幣、高爾夫球會員證、鄉間俱樂
部會員證等五花八門，不一而足。

貳、以房養老

　　房地產是老人最在乎的資產，房地產的處理常與銀行有所互動，例
如貸款。一般房貸是民眾買房時用房屋做抵押，向銀行貸款，每月繳交房
貸利息，房貸本息繳清後，房屋所有權就完全歸屋主。但對銀髮族來說，
老年時欠缺的是作為生活費的現金，「以房養老」的做法就是把傳統房貸

反過來，房貸戶以房屋作為擔保，取得現金額度，銀行逐期給房貸戶現金，等房貸戶身故或房貸期滿，銀行再處理抵押不動產，取回放款資金。

這個創新做法是銀髮族資產管理的新選擇，也是政府新推動的政策。內政部已爭取到公益彩券盈餘將挹注「以房養老」業務3,300萬元經費，2012年開辦「以房養老」，由公股行庫的土地銀行代辦房貸業務。

「以房養老」逆向抵押貸款制度，美國、英國、澳洲、法國和加拿大等已開辦多年。根據內政部初步規劃，將由政府出資，土地銀行負責代辦手續。凡是年滿65歲以上、無繼承人（無子女），擁有房地產的老人可將房屋抵押給政府後，由政府依房屋貸款金額，折算成二十年或三十年年金，每月將年金提撥到老人帳戶，領取方式則是終身按月領取固定生活費，即「活多久、領多久」，不像一般民間抵押習慣，有領取年限。等房貸戶身故或房貸期滿，房屋再由政府收回處理。至於年金給付多少，則依老人餘命、房地產價值、貸款成數、利率等估算而有所不同。貸款成數、利率估算會根據房屋的價值、借款人的年齡等條件。以房養老的貸款成數，通常會比一般的房屋貸款成數低，利率則會比一般房貸高。

舉例來說，若房屋價值估計為600萬元，雙方約定每月固定給付25,000元的生活費，原本政府只需要透過銀行給付二十年，但如果申請人二十年後依然在世，政府會繼續負擔每個月生活費，超過二十年後的經費支出，即與代辦銀行無關。但如果申請人提早過世，例如申請後十年就過世，由於申請人沒有繼承問題，所以其所抵押不動產剩餘的三百萬價值，則由政府自動接收，該不動產也將收歸國有。

參、遺產規劃

有關老人的理財計畫，還要考慮的是做好「遺產」的規劃。許多人忌諱提到遺囑、遺產，其實活在這個時代之中，有什麼不可面對？生死豁然心自安，先有個遺產的規劃，以免日後配偶與子女的紛爭，應該仔細考

慮。

遺產規劃是運用種種方法，充分運用、保存及移轉一個人的財產。完善的遺產計畫不僅是寫一份遺囑，應能照顧到老人和家人的需求，並且避免龐大的稅金及費用。遺產規劃目的是在人活著的時候，充分表達自己的目的，譬如準備子女教育基金、儲蓄退休金、儲蓄殘障金及為喪失行為能力預作準備等。在當事人過世之後，遺產能以最大基數，依照主人的意願處分。

遺產規劃有以下幾種好處：

1. 捐贈者可根據自己的意願來分配遺產，而在他／她去世前可隨時修改遺產規劃的內容。

2. 在捐贈者去世後，其遺產擁有權可很快地轉移到受益人手中，而所需的費用較少；相反地，在沒有遺產規劃的情況下，遺產轉移需要經過複雜而冗長的法律認證程序（probate），所需的費用較高。

3. 遺產規劃可以把與遺產有關的稅款合法的減至最少。例如，如果捐贈者透過「生前贈與」這種方法來把遺產給予受益人，其轉贈的遺產在一個法定的價值下可得到遺產稅的豁免。

遺產規劃的方式一般有以下幾種：

1. 遺囑（wills）：捐贈者按自己的意願在遺囑上定明如何分配他／她的遺產，受益人等到遺囑認證後就可以正式繼承遺產。如果沒有遺囑及其他的遺產規劃，受益人就要經過複雜而冗長的法律認證程序才可正式繼承。

2. 生前信託（living trusts）：捐贈者按自己的意願在信託內定明如何分配他／她的遺產，捐贈者死後，受益人就可以立即根據信託的規定繼承遺產，而生前信託不需要經過法院認證。

3. 夫妻信託（bypass trusts）：一般情況下，當一對夫婦其中一方去

世，其遺產不需被徵收遺產稅而轉移到另一方；但是，當另一方也去世後，他們所有的遺產就需要被徵收遺產稅。如果兩夫婦定立夫妻信託的話，在以上的例子中，當第二方去世後，他／她之前繼承的就不需要被徵收遺產稅。

4. 人壽保險信託（life insurance trusts）：捐贈者可以把人壽保險列入一個信託，成為其中一項信託財產，在適當的安排下，當捐贈者去世後，保險的受益人可得到保險的金額而不需要被徵收遺產稅。

5. 生前贈與（lifetime gifts）：根據稅法，每人一年可以贈與一定的財產，而不需繳付贈與稅，這筆款項也可從遺產中扣除。因此，如果夫妻可以定立「生前贈與」的財務安排，他們每名子女每年可得到贈款，當這對夫婦去世後，所有贈給他們子女的款項不需要被徵收遺產稅。

6. 財產管理委託授權書（durable power of attorney for asset management）：委託人可以定立一份財產管理委託授權書，在委託人失去意識能力、失去判斷能力或無法溝通的情況下生效。當這種情況發生後，受委託人將替委託人處理財產。

7. 預備醫護選擇書（advance health care directive）：委託人可以定立一份預備醫護選擇書，在委託人失去意識能力、失去判斷能力或無法溝通的情況下生效。當這種情況發生後，診治醫師及醫療機構需遵守指示人之事前有關醫護決定的指示，或者如果沒有事前指示，受委託人將替委託人做出適當的醫護決定。

　　很多人都有一個誤解，就是只有很富裕的人才需要在生前規劃遺產，其實遺產規劃對每一個人都非常重要。何謂遺產規劃？一般來說，**遺產規劃**是指一個人在去世前，利用上述方法（工具），根據自己的意願進行計畫，並在最低耗損下分配他／她的遺產。但是，遺產規劃不只包括遺產的分配，例如有些人在遺產規劃的內容中特別定明當他／她失去能力處理自己的財產時，受委託的人如何協助處理他／她的財產。遺產規劃

最重要也最常被誤解的地方是一般人常認為：「不急，還早，到時候再說。」實際上遺產規劃愈早進行愈容易，相關費用也愈少，有了以上規劃，老人比較能安心渡過晚年！

Part 4

工作與學習

Chapter

7

工作與志工

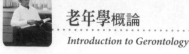
第一節　持續工作的價值

壹、維持創造力

人老，更要多動腦，固然青春還是不再，至少不會日趨癡呆。許多先聖先賢與歷史上的一些俊彥，都是在高齡之後，為自己、為社會譜下燦爛的黃昏之歌！

在政治上，以色列的梅爾夫人，於 1969 年 70 高齡的時候獲選以色列總理。邱吉爾在 77 歲再次出任英國首相。雷根於 70 歲的時候當選美國總統做到 78 歲。他們都開創了不朽的功業！舉世聞名的印度加爾各答修女院院長德蕾莎修女於 1979 年 69 歲時榮獲諾貝爾和平獎。美國婦女摩西於 1940 年舉辦她的首次畫展，時年 80 歲。

發明避雷針的富蘭克林又在 1787 年參與美國憲法草擬，當時他已 81 歲。1983 年榮獲諾貝爾醫學獎的巴貝拉 ‧ 麥克林托克，當時 81 歲。編纂舉世聞名的《韋氏大辭典》的諾亞 ‧ 韋伯斯特，發表該書的時候時年 69 歲。以《齊瓦哥醫生》榮獲 1958 年諾貝爾文學獎的前蘇聯作家鮑里斯 ‧ 帕斯捷爾納克，時年 68 歲。愛迪生在 80 多歲還埋首研究……。這些偉大人物的共同特點就是不斷地創造求新，充分發揮智慧的潛能。

所謂創造，一方面指新觀念形成的心理歷程，一方面指不受成規限制而靈活運用經驗，表現求新求變的能力，是比解決問題更高一層的心理活動。所有生命都具有三種力量：創造、維護和毀滅。這三種力量存在於每一個有生命的個體，小至細胞，大至樹木花草，任何生命形態裡，其中最可貴的是創造、發展。

沒有造物者的創造，就沒有這個宇宙！沒有先聖先賢的立德、立功、立言，這世界就沒有人類如此精彩的故事。沒有愛迪生、愛因斯坦，這世界又將如何落後？只要能讓創造的力量支配生命，便能不斷地成長與

進化。否則，就必然萎縮、退化而衰老。《四書》首篇〈大學〉之頭一章「大學之道」，開門見山地說：「大學之道，在明明德，在親民，在止於至善。」朱熹則以為親民就是新民，要做一個日日新的新民，而且要追求至善。〈大學〉第二章更具體地說：「苟日新，日日新，又日新。」這些都包含創造的意思。

創造力有賴於豐富的經驗，敏銳的觀察力，持之以恆的毅力與求知的態度，這些都是年長人士所具備的最好條件。老年人還有一個最大的優點，那就是擁有比其他人更多的時間與自由，可以讓他在感興趣國度裡不斷鑽研與貢獻。因此，愛迪生、邱吉爾之輩能夠那麼輝煌成功，應感謝他們的長壽！

年齡並不足以限制一個人智力的發展，只要一心努力，任何事情都有可能達成的。《康健雜誌》1999 年特刊以「青春不老」作為主題，其中一篇文章〈激進腦力有妙方〉中提出一些具體的建議。常常花幾分鐘做做輕輕鬆鬆的頭腦體操，以便增進思考能力，刺激記憶力和反應速度：

1. 首先是每週撥出一天晚上不看電視，縱使在其他時間也儘量少看電視。只要花 15 分鐘看電視，腦波的活動就會減少。一定要看電視，可考慮在看電視的時候，做做筆記，隨筆寫下螢光幕上發生的事。
2. 多練習心算，少依賴計算機，以免腦力無從發揮作用。隨時在腦中建立圖像的能力及所見趣聞，如此有助於記性，也增添了觀察力與思考力。
3. 每天至少要花 20 分鐘閱讀報紙雜誌，並有系統地精讀小說、散文、傳記、遊記，乃至武俠與偵探小說，都可加強語文能力。
4. 動動剪刀，花幾分鐘將報紙上或雜誌中的照片、故事、漫畫、趣聞加以剪貼。
5. 象棋、拼圖、打牌、魔術方塊或在電腦上玩接龍或各種需要動腦

的遊戲，都可以刺激腦力，讓大腦的活動充滿活力。

6. 多運動：定期運動不但對心肺有好處，還可以增進腦力，有助於反應與思考能力的提升。

7. 足夠的睡眠，讓腦部重新充電。

要增進腦力，須注重養生策略，注意多吃補腦的食物。大腦固然要多加運動以防老，但也該補給養分。維他命 B_1、維他命 B_{12}、菸鹼酸、膽鹼、葉酸等營養素，都有助於腦部功能的促進。腦還需要銅、鐵、鋅等礦物質，因為這些礦物質會影響神經末梢的活動。腦也利用鈉、鉀、鈣、鎂等電解質，在細胞間傳送電子訊號（孔令謙，2007；洪蘭，2008）。

血液中維他命 C、維他命 B、胡蘿蔔素含量豐富的人，心智功能和記憶力維護得比較好。這些抗氧化性營養素能夠保持血管暢通，因此腦細胞能夠在充足氧氣的供應下，發揮最佳功效，而且還能促使精神集中、思考敏捷。碳水化合物與蛋白質也是重要的食物來源，可以增強腦力，但應少吃油脂以保護腦細胞。要多喝水，以免體內水分不足，導致記憶喪失和思想混亂。

貳、持續付出的價值

最能夠持續刺激腦力的莫過於工作。大多數成年人工作，因為工作具有幾個無法取代的價值（彭懷真，2012B）：

1. 社會價值：穩定社會秩序。人人有工作，生活有目標，社會秩序就容易維持。工作組織的規範會自然而然地約束人民，一個人有工作，表示受到社會的接納，個人工作的穩定有助於社會的安定。

2. 經濟價值：為自己、為社會製造財富。經濟是生活的基本條件，最實際的獲得就是金錢，利用財富可以獲得個人所需要的許多東西。

3. 心理價值：藉著工作與人來往與溝通，發展人際關係。工作使人發揮潛能，增加自信，人們可藉由工作充實見識。

4. 家庭或信仰的價值：例如基督教認為工作是服事上帝的一種方式，能夠盡心盡力在職場打拼是彰顯上帝的榮耀，而且多賺錢之後更可以行善，幫助弱勢的人們。

認真工作的信念主導了近代資本主義的發展，奠定了現代文明，促成社會福利的發展。東亞各國則深受儒家文化的影響，看重「光宗耀祖」，而工作成就為家族成員所共同關切。工作對老人而言不僅是重要的經濟來源，也是個人建立社會網絡的基礎，引導人際互動；工作角色的喪失容易造成老人與社會的隔離。

參、老人的工作角色

工作基本上是一種交換的過程，付出時間、體力、智慧等去交換，需要「知己知彼」，知己是分析自己要付出多少及能付出多少，更知道自己想換到什麼。年輕時，缺錢是常態，應該拿大量時間去換金錢；在中年時怕缺地位與影響力，基本上是拿體力換職位；生涯的秋天，時間更可貴，比頭銜更重要；年紀再大一些，健康居首位。在健康許可的情況下適度地工作，可以豐富社會支持網，對延長壽命及生活品質有所助益，工作不僅提供情感上的支持，更可鼓舞老年人的自信心與價值感，讓心靈保持活躍狀態，在社會上扮演更積極又有意義的角色。老年人仍可對社會有所貢獻，並從中獲得成就感，因而家人與社會應多鼓勵長者參與及學習新的工作角色。老年人主要有四種工作角色（教育部，2006；中正大學，2011）：

1. 重新投入工作：老年人重新加入勞動市場，應持續充實再工作或再就業所需要的新知能，以便在職場上再發揮所長。

2. 擔任良師益友：老年人擔任新進者的良師益友，將經驗傳遞給年輕人。透過世代之間的經驗交流與傳承，可促進相互瞭解。

3. 擔任志工：投入志工的行列可以為社會善盡個人的力量，發揮光與熱。

4. 作為研究者：有些老年人各有專長，是各行各業的專家，於退休後繼續深入研究本學科和學習本科以外的知識技能，做一個真正的終身學習者，對於學習社會的發展必有所助益。

肆、工作狀況

表 7-1 整理了自 1989 年起臺灣老人工作的情形，包括調查時有支薪的工作、幫助家人的工作、家庭管理等。

表 7-1　老人的工作狀況

單位：%

調查項目 年	目前有可 支薪工作	幫助家人 的工作	家庭管理（如煮飯、洗衣、買菜、照顧小孩）	沒有從事 任何工作
1989	20.44	4.15	21.23	54.18
1993	19.98	4.03	16.04	59.96
1996	13.70	5.11	19.93	61.27
1999	10.42	5.87	26.29	57.42
2003	8.71	5.77	25.91	59.62

資料來源：1989、1993、1996、1999「臺灣地區老人保健與生活問題長期追蹤調查系列研究調查資料」，國民健康局。

由表 7-1 可知，在 1989 年老人有工作的比例為 20.44%（即每 5 位老人中有 1 位仍在工作），至 2003 年降為 8.71%，下降趨勢明顯。此種改變趨勢正反映出臺灣產業結構的改變，1989 年時全臺灣從事農、林、漁、牧等第一類產業之就業人口占總就業人口的 12.91%，而後逐漸下降，至 2003 年僅有 7.27%，第一類產業較可能提供老人就業的機會，隨著第一類產業的萎縮，老人就業的機會隨之降低。另一方面，老人仍在

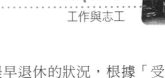

工作比例下降的情形也反映強迫退休制度或提早退休的狀況，根據「受雇員工動向調查統計結果分析」，在 1991 年 60 歲以上才退休者，占了 74.1%，到了 2004 年降低為 32.1%，相對在 50 至 59 歲退休者，則已超過半數（51.7%），可見我國提早退休的情形十分普遍。

如果將工作的範圍擴大為從事生產力的工作，包括幫忙家人的工作（如農事、生意或加工）和家庭管理（如煮飯、洗衣、買菜、照顧小孩等）兩者合計，1989 年為 25.38%，到了 2003 年上升為 31.68%。由此可知，老人雖然從支薪有給職的工作崗位上退休，但在退休後所從事的活動仍對家庭大有幫助，對社會也有間接的貢獻。

行政院主計處辦理「中老年狀況調查」，發現 65 歲以上仍在就業人數計 196,000 人，平均工作年資為 44.73 年。這些長輩中從事部分時間、臨時性或人力派遣工作約 13,000 人（占 6.5%），其他為 183,000 人（占 93.5%）。離開上一份工作之平均年齡為 58.50 歲。如果失去工作，65 歲以上者因年紀較長，未來會找工作之比率僅 0.48%。

第二節　工作與退休年齡

壹、退休制度終結？

2009 年 7 月 5 日出版的 *Economics* 雜誌的封面專題是 "The end of retirement"（「退休制度的終結」），重點是許多人嚮往舒適又有保障的退休生活，但卻有更多的老人反而重返工作崗位。

「金融危機」讓歐美眾多養老金計畫資產大幅縮水，而此時二戰後「嬰兒潮」期出生的人口，已開始步入退休年齡。這些因素讓本已十分嚴峻的已開發國家老齡化和養老金缺口問題顯得更加嚴重。目前有許多國家都已經或計畫將退休年齡延後。

已開發國家的老年人口占總人口數的比例不斷上升，為各國政府帶來更形巨大的養老壓力，預計大部分已開發國家的相關支出屆時將占GDP 的 10% 甚至更多。

　　有很長一段時間，人們活不到領養老金的年齡，但現代社會已經不是如此。「延長退休年齡」在西方已成為大勢所趨。隨著老齡化社會的到來，法定退休年齡將被「模糊化」，所有人都要被迫工作更長時間。但是，這不一定是壞事。

　　在過去的每 10 年中，人類壽命平均增加 2 至 3 年。百歲老人曾經是那樣罕見，而如今單單美國就已超過 10 萬人。預計到 21 世紀末，百歲老人相當於 21 世紀初的 70 歲。只要不發生意外，幾乎人人都可以活到領取退休金的年齡。在美國，領取養老金的正式年齡是 66 歲，平均退休年齡是 64 歲，並預期還可再活 16 年。20 世紀時沒考慮到這將給政府和企業帶來多大的財務負擔。美國在公共養老金方面的支出目前已經超過了GDP 的 7%，而在 1935 年，這一費用卻僅占 GDP 的 0.2%。

　　老化的加速還伴隨著兩個人口學意義上的變化。首先，在大部分已開發國家，女性不再生育足夠多的孩子以維持人口總量，這一趨勢是許多年輕人樂意看到，但大部分國家的政府並不希望如此。二戰後出生的嬰兒潮一代正步入退休年齡。1950 年，在已開發國中，對應每一個 65 歲的人，有七個 20 至 64 歲的人，即在職人員與退休人員的供養比是 7：1；在 2010 年時，此一比例已升為 4：1；預計到達 2050 年，這一比例將升至 2：1，在日本和義大利，甚至將達到 1.5：1。屆時，多數發達國家將無力負擔養老金計畫。

　　也許有人認為，已開發國家人口老化及勞動力市場的缺口可以由發展中國家的移民填補，這一想法聽上去不錯，但這些移民早已占據了已開發國家緩慢的人口增長中的一部分。如果人口老齡化按照預期發展下去的話，勞動力市場的缺口會急劇增大，移民數量必須達到目前的許多倍才能填補。

許多企業開始重新雇用老年人。長久以來，許多年輕的工作者會對年老的雇員持有偏見。他們的理由是：需要消耗體力的工作不適合年紀大的人，而年紀大的人可能無法學會新技術。但過了退休年齡的人不一定要從事和以前同樣的工作。事實上，一些國家已經在調整。例如在日本，養老金並不像西方其他國家那樣容易得到。因此，許多 60 或 70 多歲以上的老人仍在勤奮工作。許多大公司有一整套方法重新雇用超過退休年齡的職員，不過工作量有所不同，薪水也會較低。

　　美國的沃爾瑪、英國的百安居甚至麥當勞等大公司也都已經開始雇用退休人員，因為顧客們往往認為年長的員工更友好，也更能幫助人。同時，技術人員的缺乏也開始創造出新的就業機會，如工程師的短缺迫使企業主紛紛召回年老的工人。

　　許多老人事實上也願意繼續工作而非退休。許多人願意延遲退休以獲得更多的養老金。只要工作並不是太繁重，很多人樂於在家以外的地方得到身心上的滿足和收穫。尤其是大量嬰兒潮時期出生的人都認為自己，他們並不想就此引退，但希望工作時間能更短一點。

貳、各國退休年齡

　　在全球 228 個國家和地區中，有 167 個國家和地區規定了法定退休年齡，占總數的 73.25%。規定男性的法定退休年齡在 60 歲以下的有 102 個國家和地區（61.08%）；60 歲以上的有 65 個（38.92%）。其中，規定男性的法定退休年齡為 60 歲的國家和地區最多，有 64 個（38.32%）；其次是 65 歲，有 44 個（26.35%）；再次是 55 歲，有 33 個（19.76%），規定這三個年齡為男性法定退休年齡的國家一共有 141 個，占 84.43%。此外，還有少數的國家規定男性的法定退休年齡為 40 歲、50 歲、60.5 歲、60 至 65 歲、61 歲、62 歲、63 歲、64 歲、66 歲、67 歲等。

　　有 129 個國家和地區規定女性的退休年齡為 60 歲及以下，占

77.25%，60 歲以上的占 22.75%。規定女性的法定退休年齡為 55 歲的國家和地區最多，有 59 個（35.33%）；其次是 60 歲的國家和地區 52 個（31.14%）；再次是 65 歲的 26 個（15.57%），規定這三個年齡為女性的法定退休年齡的 137 個，占 82.04%。此外，還有一些國家和地區規定女性的法定退休年齡為 40、50、53 至 57、55 至 59，或 55.5、56、57、58、59、61、62、63、64、66、67 歲等。

各主要國家的規定情況各自是〔經濟合作發展組織（OECD）資料〕：

1. 中國：依照 1951 年頒佈的「中華人民共和國勞動保險條例」規定，退休年齡男性為 60 歲，女幹部 55 歲，女工人 50 歲。1992 年修正規定：黨政機關、群眾團體的縣處級女幹部或高級知識分子，凡能堅持正常工作，本人自願，其退休年齡可到 60 歲。另外，女性的法定退休年齡分三種情況：女性專業技術人員 60 歲；非專業技術人員 55 歲；其他人員 50 歲。

2. 日本：65 歲的退休年齡僅指可領取國民年金，另外可以領取養老保險金的年齡是 60 歲。男性將從 2013 到 2025 年，女性將從 2018 到 2030 年間，退休年齡逐步從 60 歲延長到 65 歲

3. 韓國：法定退休年齡到 2033 年將提高到 65 歲

4. 科威特：退休年齡原為 50 歲，到 2020 年將逐步延長到 55 歲

5. 捷克：男性退休年齡延長到 62 歲，女性逐步延長到 57 至 61 歲；對於女性，退休年齡取決於撫養孩子的數量。

6. 匈牙利：到 2009 年男女退休年齡都延長到 62 歲。

7. 斯洛伐克：女性的退休年齡取決於撫養孩子的人數。

8. 愛沙尼亞：逐年將退休年齡延長 6 個月，直到男女都達到 63 歲。

9. 拉托維亞：女性分階段逐步實行退休制度。

10. 英國：計畫在 2020 年時，女性退休年齡將與男性保持一致，即由 60 歲延長到 65 歲；2024 年把所有公民退休年齡提高到 66 歲；2044 年逐步提高至男女均 68 歲退休。

11. 克羅地亞：女性的退休年齡到 2007 年為 60 歲。

12. 義大利：1996 年起新加入的勞動力退休年齡為 57 歲。

13. 比利時：女性退休年齡到 2009 年逐步延長到 65 歲。

14. 法國：原本規定參加保險年限達到 38.5 年者可以拿到全額養老金，到 2003 年逐步要延長為 40 年。

15. 列支敦士登：逐步變為男女都是 64 歲。

16. 瑞士：女性的退休年齡到 2005 年延長為 64 歲。

17. 波多黎各、美屬維爾京群島、美國、美屬薩摩亞、北馬利安納群島：退休年齡至 2027 年期間逐步延長到 67 歲。

18. 巴西：城市就業者退休年齡為男 65 歲、女 60 歲退休；農村就業者男 60 歲、女 55 歲退休。

19. 哥倫比亞：到 2014 年延長到男性 62 歲、女性 57 歲退休。

20. 烏拉圭：女性自 2003 年延長為 60 歲退休。

21. 澳大利亞：女性到 2013 年逐步延長為 65 歲退休。

22. 美國：2000 年由 65 歲延長至 67 歲；2003 年滿 65 歲的職工延長工作 2 個月；2004 年滿 65 歲延長工作 4 個月，以此類推，到 2015 年延長至 2 年。

23. 德國：2011 年把退休年齡從現在的 65 歲提高到 67 歲。

24. 加拿大：從 2023 年起，分 6 年逐步將高齡安全福利金的發放年齡由 65 歲延後到 67 歲。

參、我國情況

我國政府目前也在延長退休年齡，無論是公務員或勞工，都在制度上鼓勵延後退休。民國 99 年 7 月立法院通過公務員退休制度修正，重點包括：

1. 公務員退休從「七五制」改為「八五制」，由服務滿 25 年、年滿

50 歲可退休，改為滿 60 歲始得退休，約有 20 萬公務員受影響。原本「七五制」，公務人只要任滿 25 年、年滿 50 歲，就可退休領月退休金。但提早退休的公務員逐年增加，平均退休年齡下降至 54 歲，造成公務員人力浪費與國庫負擔。八五制則限定「一次全額領退休金」必須符合任職 25 年以上且年齡滿 60 歲，或年資滿 30 年以上且年齡滿 55 歲。

2. 如果決定領「月退休金」，同樣必須符合年滿 60 歲（年資 25 年以上），或年滿 55 歲（年資 30 年以上）的條件。提撥退休金的年齡往後延，如果自願退休的公務員想提早領月退休金仍可提出申請，銓敘部設計了「減額年金」配套措施，比規定提早 1 年申領，則必須減少 4% 的退休金，最多可提前 5 年提出申請，但必須減扣退休金達 20%。

3. 為鼓勵延退，銓敘部設計退休金年資採計上限延長的規定，99 年以前年資計算僅到 35 年，未來將以提高至 60 個基數（一次領退休金）或 75%（領月退休金）上限來計算。以 99 年以前的制度，公務員一次領退休金最高可領到 53 個基數，未來每多延退 1 年，就加 1 個基數，最多可領到 60 個基數，至於領月退的人則 99 年以前最多每月退休金為本俸 2 倍的 70%，未來每加 1 年就可以多 1%，上限為 75%。

4. 過去鼓勵早退實施的「五五加發退休金制」取消，取消 55 歲自願退休加發一次退休金的規定。

5. 針對退休公務人員死亡後提供給家屬的月撫慰金制，條件變嚴格，配偶必須在退休人員申請退休當時，與退休人員已存在兩年以上的婚姻關係，且退休公務員死亡時，配偶必須年滿 55 歲，或未滿 55 歲但無法自謀生活者，才可以終身支領月撫慰金（大約為退休金的一半額度）。

在勞工方面，也鼓勵延後退休。97 年 4 月通過「勞動基準法第

五十四條強制退休年齡修正案」，有經驗及健康情形良好的勞工可繼續工作至 65 歲。我國勞工退休金制度，包括勞動基準法之舊制、勞工退休金條例之新制。依勞動基準法規定，退休依其發動權的差異，可分成第五十三條「自請退休」與第五十四條「強制退休」兩類；前者由勞工主動提出，後者則是專屬雇主的發動權。勞動基準法第五十四條強制退休年齡制定，是為了兼顧事業單位人員新陳代謝及勞工工作權而設置。修正前之規定，勞工於年滿 60 歲後，如雇主未發動「強制退休」，本即可繼續工作，修法後可以確保工作權到 65 歲。

　　將僱主可強制勞工退休的年齡由 60 歲延長到 65 歲，不想太早退休的勞工，將可增加 5 年工作權。這項修正案是《勞基法》自民國 73 年實施來首次變革，適用《勞基法》的 560 多萬名勞工受惠，55 到 59 歲的 637,000 多名勞工將是首波直接受惠對象。如以勞工退休金平均提繳薪資 31,000 元估算，勞工增加 5 年工作權可多累積十幾萬元的退休金。

　　在民國 100 年底時，公務員的平均是在 55 歲左右退休，中小學老師在 50 歲左右退休，勞工在 56 歲退休，各職業別總和的退休年齡是 56.6 歲（聯合報 101/03/31.A2 版），未來都將延後。根據行政院主計處（2010）針對 45 歲以上之中高齡及老人所做「中老年狀況調查」，45 歲以上年齡者準備不再工作平均年齡為 62.25 歲。97 年 45 歲以上年齡者中，有工作未來想停止工作者計 2,669,000 人，準備不再工作之平均年齡為 62.25 歲，想持續工作不想停止者計 1,501,000 人。按性別觀察，男性準備不再工作平均年齡為 62.99 歲，高於女性之 61.23 歲。就勞動力狀況觀察，就業者準備不再工作之平均年齡為 62.20 歲；失業者若找到工作後，準備不再工作平均年齡 63.12 歲；未來可能會找工作之非勞動力若找到工作後，準備不再工作之平均年齡是 62.43 歲。（詳細情況見**表** 7-2）

表 7-2　45 歲以上準備不再工作之年齡

項目別		總計		未來想停止工作者總計			不想停止工作者總計	
		千人	%	千人	%	不再工作平均年齡（歲）	千人	%
總計		4,170	100.00	2,669	64.00	62.25	1,501	36.00
男		2,505	100.00	1,552	61.95	62.99	935	38.05
女		1,665	100.00	1,117	67.08	61.23	548	32.92
勞動力狀況	就業者	3,621	100.00	2,277	62.88	62.20	1,344	37.12
	失業者	98	100.00	60	60.63	63.12	39	39.37
	非勞動力	451	100.00	333	73.77	62.43	118	26.23

註：1. 失業者未來想停止工作者，係指失業者若找到工作後，未來會停止工作者。

　　2. 非勞動力未來想停止工作者，係指（可能）會找工作之非勞動力若找到工作後，未來會停止工作者。

資料來源：主計處（2010）。

🔍 第三節　擔任志工

壹、銀髮志工的意義

　　許多銀髮族們退休後，常會感到生活頓時失去重心，屆退或退休的長者若能參與志工服務，除了可以為社會貢獻一己之力、實現自我價值之外，更能在服務過程中獲得自我成長學習的機會，為老年生活加添色彩。政府推動「銀髮公教人力銀行資訊系統推動計畫」，鼓勵退休民眾一起加入快樂志工的行列。

　　依據「志願服務法」第三條，志願服務是民眾出於自由意志，非基於個人義務或法律責任，秉誠心以知識、體能、勞力、經驗、技術、時間等貢獻社會，不以獲取報酬為目的，以提高公共事務效能及增進社會公益

所為之各項輔助性服務。志願服務工作者，簡稱為志工，即對社會提出志願服務者，而志願服務運用單位是運用志工之機關、機構、學校、法人或經政府立案團體。另依據「老人福利法」表示，**高齡志工係指年滿 65 歲以上並對社會提出志願服務者**。

志工服務由來已久，政府制度化地推動則是從民國 70 年開始。政府正式規劃推展社會福利志願服務，透過宣導，逐步樹立服務意念，也設計象徵榮譽之服務標誌、規劃終生榮譽的服務證照，進而建立有形的服務法規及服務守則，也有了保障權益的服務保險及獎勵措施。75 年起相繼訂有獎勵志願服務相關法規多種，藉以鼓勵號召結合民間資源共同有計畫、有組織地闡揚志願服務。到了民國 90 年，立法院通過「志願服務法」，使志願服務法制化的各項工作有了依據。

國內最早設立志願服務團體的醫院為長庚及馬偕醫院，於民國 70 年成立志工隊推行志工服務。聯合國大會於 1985 年宣佈每年的 12 月 5 日為國際志願服務日，並呼籲各國政府、民間，重視志願服務工作的成效，目前全世界已有半數以上的國家都已將這天訂為志願服務日。2001 年則為國際志工年。

根據內政部在民國 100 年 9 月初的統計，各地的社會福利志工隊人數達 153,819 人，其中男性 48,018 人、女性 105,801 人。另外依照「祥和計畫──廣結志工拓展社會福利工作計畫」，由各級社會單位負責輔導辦理各項社會福利業務志工有 124,801 人，其中男性 39,561 人，女性 85,240 人。

上述是針對社會福利業務的，如果把政府教育、交通、衛生、環保、文化、法務、國防、農業、體育、新聞等單位所成立的志工隊加在一起，人數多達 723,414 人，男性 266,443 人、女性 456,971 人。最常見的有導覽志工、關懷志工、照護志工、義勇交通指揮等。近年來我國主辦的大型活動如世運、聽奧、花博，都有大批志工，在災害急難救助和重建也有眾多志工投入，志工都是可貴的人力資源。

志工組織（Voluntary Organization，簡稱 VO）主要有 4 類（林勝

義，2006）：

1. 由政府機關支援成立的志工團隊：地位上附屬於政府機關，是政府機關的內部組織之一環，並非獨立的團隊。

2. 由非營利組織支援成立的志工團隊：地位上是附屬的團隊，為非營利組織的內部組織之一，不是獨立的團隊。

3. 由熱心公益人士組成的志工團隊：具有獨立的地位，任務依團隊的成立宗旨而定，由團隊會議決議而辦理，享有充分的自主性。

4. 由志工團隊聯合組成的組織：由各相關的志工團隊所組成，是志工隊的志工隊，除了從事本身既有的服務之外，並為組織內部的各個志工團隊提供服務，包括辦理志工訓練、聯誼、獎勵、出版等。

在各項志工參與的研究顯示，參與志願服務的人口特質大致是（林勝義，2006）：

1. 以性別來看：女性較男性有較高參與率，且參與時間較長，但參與頻率較不固定。

2. 以年齡來看：40 至 64 歲此族群參與率最高，但老年人參與的情況正在增加中。

3. 以教育程度來看：教育程度高者參與率較高，且能投入較多時間。

4. 退休或高齡等之無工作者比有支薪工作者有較高的參與率，每週能投入較多時間。

5. 以收入來看：高收入者的參與時間較不固定。

6. 有宗教信仰者有較高參與率。

貳、政府推動銀髮志工

行政院人事行政局為有效運用優質且豐沛之退休人力協助公共事務

推動，以豐富退休後之生活，規劃建置「銀髮公教志工人力銀行」，提供各機關（構）、學校、民間非營利組織與退休公教人員媒合之作業平臺。凡是退休公務人員、教職員、軍職、駐衛警、技工、工友、聘用、約僱人員都可以報名。志工招募方式是由各機關（構）、學校將人力需求訊息登載於該網站，或由各機關（構）、學校請即將離退人員填寫參與志願服務意願調查表，並於發放三節慰問金時併同瞭解已退休公教人員參與志願服務意願，再由各機關（構）、學校彙整登錄於該網站。至於個人部分則由有意願從事志願服務之退休公教人員直接於該網站登錄資料。

教育部依據友善關懷老人服務方案，為了達到「鼓勵老人社會參與，維護老年生活安適」的目標，每兩年舉辦一次「銀髮教育志工獎」，主要為鼓勵高齡者參與社會公益，並推動銀髮志工人力服務體制，使長者以豐富經驗及人生智慧，對社會有所傳承與貢獻。

政府積極推動銀髮志工，在「我們的 E 政府網站」中有專門的「銀髮站」（http://elders.www.gov.tw/focus.php?efm_id=30&efd_id=65），內容主要有「高齡志工」與「銀髮志工人力銀行」等。在**表** 7-3 中整理了政府所推動銀髮志工的一些計畫。例如為落實「全民外交、志工臺灣」理念，外交部於民國 91 年 5 月起招募第一期外交志工積極參與多項活動，並協助辦理外交行政事務；另於 92 年起推動志工協助接待國賓及外賓。外交志工主要的服務項目，包括蒐集分析政情資料、外語翻譯、訪賓接待、櫃檯諮詢引導、協辦活動、部長民意信箱管理、網站諮詢維修、資料編纂登錄、檔卷整理等。

參、擔任志工的角色義務

要擔任志工需瞭解志工，以便參與。有各種背景的志工，例如依照服務時間有長期或短期之別、某些人只參加單一沽動而另一些人持續參與。有些特殊功能，如顧問委員會志工或特派志工，領取部分專業津貼的

表 7-3　政府推動的銀髮志工計畫

計畫／相關資源	內容簡介
外交志工服務計畫	國民年齡在 18 歲以上，具有服務熱誠，不以獲取報酬為目的，志願協助外交部辦理指定工作者，即有機會參與此計畫。
臺北市社會局義工志願服務	為民眾量身訂做志願服務活動，只要輸入理想的條件，馬上替民眾與適合的志願服務做速配。
內政部志願服務資訊網／教育訓練課程	提供各種志願服務教育訓練課程資訊，包括基礎訓練、特殊訓練、成長訓練、領導訓練、在職訓練等，幫助志工朋友充實自我、學習成長。
內政部北區老人之家志工園地	志工隊堅守「助人最樂、服務最榮」之服務誓詞，並重視服務關係之個別化與倫理，提升服務品質。歡迎加入志願服務隊，成為內政部北區人之家的一分子。
內政部南區老人之家志願服務	此志願服務隊為南區老人之家提供宗教服務、文康服務、生活服務、功能服務等項目。
祥和計畫	為激勵社會大眾秉持發揮助人最樂，服務最榮的理念；鼓勵民眾踴躍投入志願服務行列。凡願運用餘暇參與志願服務之社會大眾，確具服務熱忱與興趣者，即可參加志願服務隊。志願服務運用單位召募志工之方式及志工資格依志願服務法及各單位規定。

專業人才等。志願服務參與方式可以分為「正式的」與「非正式的」，後者不一定要加入組織，個人有愛心地對他人從事沒有報酬的服務也可以。但正式志願服務比較有持續性，對所幫助對象的助益較大。通常談到志願服務主要指正式的。

在心態上，志工持續服務的激勵因素有主管的重視支持、團隊和諧。重視屬於心靈層次的滿足，如被重視的感覺、開發潛能、學習職場以外的專長、視野更開闊、助人的快樂與滿足、擴展社會人際關係等。這些對老人家而言，都非常重要。

志工參與組織並提供服務，也是組織的一員，就加入「組織社會化」的歷程，管理者有責任使這個歷程更順利。組織社會化有助於提高志工的貢獻度與承諾感，傳遞與維繫組織價值與信念。在志願工作者之組織社會化歷程方面，可區分為志願服務工作的接觸、志願服務角色的取得、

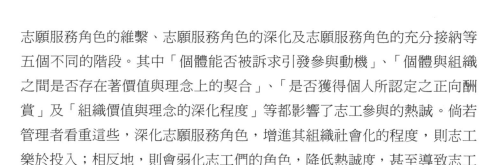

志願服務角色的維繫、志願服務角色的深化及志願服務角色的充分接納等五個不同的階段。其中「個體能否被訴求引發參與動機」、「個體與組織之間是否存在著價值與理念上的契合」、「是否獲得個人所認定之正向酬賞」及「組織價值與理念的深化程度」等都影響了志工參與的熱誠。倘若管理者看重這些，深化志願服務角色，增進其組織社會化的程度，則志工樂於投入；相反地，則會弱化志工們的角色，降低熱誠度，甚至導致志工離開組織的後果。

志工參加訓練是必要的，為了確保志工可以順利地進入工作情境，機構都提供所需的知識、技能與態度。志工訓練的基本方式分為引導、服務前訓練、服務中訓練等，在志願服務法中則分為基礎訓練及特殊訓練，目的為提升志願服務工作品質，保障受服務者之權益。

內政部 90 年 4 月 24 日台（九○）內中社字第九○七四七五○號函頒佈「志工基礎教育訓練課程」之課程內容為志願服務的內涵、志願服務發展趨勢、志願服務法規之認識、自我瞭解及自我肯定、志願服務經驗分享、志願服務倫理等等。訓練的主題依照志工服務內容有所不同，以內政部社會司近期規劃對社會福利志工的訓練課程，有 12 個小時，主題包括：

1. 社會福利概述 2 小時
2. 社會資源與志願服務 2 小時
3. 人際關係／說話藝術／團康活動（課程 3 選 1）2 小時。
4. 志願服務運用單位業務簡介 2 小時。
5. 志願服務工作內容說明及實習 2 小時。
6. 綜合討論：集思廣益 2 小時。

以某醫院志工的訓練來看，該院隨時接受新進志工，為讓新進志工熟悉服務環境及服務技能，新進志工的一個月試用期間，亦為職前訓練。剛開始會安排服務績優之資深志工帶領，跟著資深志工一起執勤，由資深志工介紹服務環境及服務知能。社工人員要提供新進志工的基本資料讓

帶領的志工有所認識，並提供帶領時所需的書面資料供查詢，隨時提供協助。職前訓練通常是新進志工繼續留下來的關鍵，帶領的資深志工負起建立新進志工與醫院志工服務的關係，熱心服務的資深志工會將服務熱誠感染給新進志工，新進志工通常會跟著資深志工做。

新進志工第一次服勤時，社工人員需要做引介，介紹雙方，若是雙方已熟悉，仍要做引介的工作，讓雙方瞭解在志工隊服務的關係。資深志工需要學習如何做帶領新進志工，協助志工職前訓練，做有系統的職前訓練，提升職前訓練的品質，建議規劃志願服務隊督導訓練要點，教導志工做職前訓練的工作、帶領知能、服務知能等等，通過考試的志工，帶領新進志工做職前訓練，並依督導訓練要點進行職前訓練。

督導訓練的目的為培訓新進志工、強化現職志工服務知能、提升志願服務品質，督導訓練的對象不限新進志工，包括職務調整、服務中斷及其他需訓練的現職志工。督導由接受過領導訓練的社工及績優志工擔任，負責指導志工的服務知能、服務態度及倫理，督導訓練時間大約一個月，由社工去關懷、輔導及協助受督導志工的服勤狀況。經過一個月後，由志工督導及社服室考核受督導志工，若無重大過失或不適任狀況，受督導的志工通常會成為正式志工。

新進志工職前訓練的關鍵是服務單位主管及員工對志工的態度，會影響到志工是否願意在該單位服務。服務單位的主管若多給志工關懷，尤其是高齡志工需多加支持鼓勵，如此可讓志工願意持續在該單位服務，提供良好的服務。

維繫志工的關鍵就是要確保志工透過工作經驗，瞭解其擔任志工的動機，給予適當的激勵，通常可以達到事半功倍的效果。為讓志工互相認識、維繫志工間的感情、鼓勵志工熱心投入服務，可以考慮資訊流通、成果分享、教育訓練、服務擴展方面，由社工員、志工幹部共同討論，歡迎志工提供建議。在形式上可辦理志工聯誼、自強活動、志工大會，以增加志工知能、改善服務態度等，例如玩遊戲，將志工服務知能加入比賽的遊戲題目中，寓教於樂。

Chapter 8

學習與教育

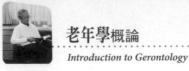
第一節　學習與記憶力

壹、學習力

　　「活動老，學到老」，這句中國俗語充分反映了學習以及記憶在人類生活中的重要性。尤其是在今天這樣一個資訊流程（information processing）的社會中，每個人，不論年齡多少，都需要透過有效的學習，獲得更多知能，增進見聞，開拓視野。古人說過「三日不讀書，面目可憎，言語乏味」，可見學習的重要性。「不學即無術」也是古之名訓。有人藉口說：「年紀一大把，還能學些什麼？還要學些什麼？」別忘了孔老夫子在70幾歲的時候，還是孜孜矻矻，勤於讀書，甚至廢寢忘餐，不知老之將至！還有人託辭記憶力不好，剛剛看過的書刊報紙，一下子就都忘了，甚至很多朋友的名字通通都不記得了，還能學些什麼嗎？

　　由於時間的消逝，神經系統的改變會造成遺忘，但不能歸因為一個人記憶力有問題。老人往往很生動地與人家談年輕時得意的事，又常常在夢寐中見到一別多年家園的景色與兒時的青梅竹馬，可見不論一個人年齡多大，他的記憶力仍然存在，只是因為沒有常常去用，就慢慢地衰退。

　　學習靠記憶而充實、擴大其內涵，記憶也靠學習而活用在生活領域之中。不學習、不溫故知新，記憶力怎能發揮其功用？進一步而言，學習與記憶是在認知系統中，將資料加以轉換、吸收，透過記憶，儲存、恢復所學習的內涵，而記憶卻需要先有所學習的內容，才有儲存與整理的資料。兩者之中的關係密不可分。

　　在整個學習的過程，個體並不是完全被動地去接觸資料，而要主動地參與，甚至集中投入所有的注意力。參與的程度決定了他學了多少，又記得多少。個人的預期目標、動機與態度，也都有很大的影響。年老的人所以學習慢而記憶較差的主要原因，不在於記憶力本身，而是注意力不容

易集中，也不容易在整個學習的過程中一直積極參與。

　　學習的動機決定了學習者是否會全心全意地進行學習。一個自動自發、對學習充滿興趣的人，當然比一個心不甘、情不願，不得不學習的人，更積極集中於所學的材料，仔細地評價所學。關鍵的是要在整個學習過程，保持最好的學習態度。所學的一切將印象深刻，事後的回憶與辨認，就非常容易。

　　保持（retention）是經驗的持續，回憶（recall）則是經驗的重生，它是聯想和意象的活動，而辨認（recognition）則為知覺活動，對所學內涵的一個新評價。辨認可幫助回憶之進行，而回憶亦可彌補辨認之不足（王克先，1996）。

貳、記憶力

　　就學習而言，一個人的記憶力如何不是最重要，從印象的獲得到辨認的心路歷程才重要。記憶始於印象之獲得，始於學習。學些什麼、在怎樣的情境下進行學習、學習之後有沒有給予複習等等，都將決定學習的結果。

　　記憶通常包括印象的獲得、印象的保持、印象的回憶及印象的辨認。若最初所獲得的印象非常深刻，可以延續以後的記憶歷程。例如一見鍾情，說明了第一個印象是如何烙痕在心上，甚至一生難忘。相反地，當初印象就很模糊，霧裡看花，又怎能記得花是什麼顏色，有多麼芳香？要使印象長留，取決於一個人是否以強烈情緒、敏銳的感覺去獲得印象。一見鍾情的先決條件是那個你所邂逅的人，震撼了你的情緒，哪怕當時也許只不過是驚鴻一瞥，卻已經將他（她）的倩影長記心頭！同樣地，初戀情人之所以難忘，正因為那是第一次接觸，第一個心靈的震撼者，才會讓自己才下眉頭，卻上心頭！

　　以此類推，在學習路上，那些感興趣的學科，學習時因為津津有

味，甚至幾乎完全投入，自然對這一學科的學習很有心得，事隔多年還印象深刻。再以他鄉遇故知來看，因為是「故知」，就算闊別多年，還是常常會回到當初的情景之中，時縈心田，如今意外地相逢異鄉，心情特別快慰。

在整個學習過程中，印象之獲得固然重要，可是如果過目即忘，聽是聽了卻沒有聽進去，徒然浪費時間與精力。事實上，印象的保持才是最重要的，它是學習與記憶的基礎。保持的成果視學習方法是否適當而定，更取決於學習者的年齡、智慧水準、態度和興趣等因素。

有一項測驗專門用來評估年輕人與年長者對於語言學習的成果，研究者事先將一些配對的詞彙顯現在螢幕上，要求被測驗者注視，並試著記憶；然後要求他們加以配對，如「成功」與「失敗」是相反的，「花好」與「月圓」是相似的等等。因為常模是一樣的，不論年輕人或年長人士都一樣。結果證明年齡愈大的老人，在記憶方面表現得愈不理想。一群65歲的老人，平均只記得年輕人所記得的一半。75歲的老人，平均只記得年輕人所記得的四分之一。可是，如果給予這些年長的受測者以年輕人加倍的時間，效果即有相當幅度的增加，雖然還是不及年輕人的表現。如果受測者經過反覆多次的學習，老人在記憶方面表現得並不較年輕人為差。這項研究實驗證明了在語文學習方面，老人的確有瓶頸，不過，這並不意味著已經沒有學習的能力。

事實上，學習是一輩子的事，它是一種「為」與「不為」的事，而不是「能」與「不能」的事。我國各大學都有不少銀髮族朋友，以其恆心與毅力，獲得極佳的成績，取得了榮耀的學位。銀髮族朋友不要妄自菲薄，不該在知能的追求上自我否定，反應該運用心智，再創學習大道。在學習的行為上，老人雖然速度較慢，但也可以在許多方面表現其可塑性。問題之癥結不在於「不能」，而在於「不為」。

參、老人學習遇到的困難

深入探究老人學習常見的問題,分析整理如下:

1. 缺乏強烈的動機:老人的學習往往缺乏強烈動機,因此很難全心全力於所學的內涵。為老人所辦的智力測驗,往往發現他們成績偏低,原因之一是他們並不見得全心作答。

2. 生理退化的影響:老人受生理之影響,視覺與聽覺退化,因此需要比較多時間來接受刺激,這也說明了在各種心理測驗中,他們表現不佳的原因。這些測驗並沒有專門按照老人的年齡,設定符合他們心智條件的常模。

3. 學習中容易分心:學習的過程中,年長人士往往受情緒等的干擾,正如怯場的人每每忘記台詞,老年人常因為自己本身情緒,影響了學習的投入與效果。在沒有競爭的學習情況中,他們往往表現不錯。在一個同儕的團體中,他們表現的比處於異質性很強的團體時更好,因為此時他們不受到太大的壓力。長輩容易在學習中分心,也常常受外在的各種干擾,會特別對某一種刺激產生強烈的反應,阻塞了另一種刺激與反應的通路。

4. 邏輯推理能力逐漸退化:年長人士的思維往往集中於某一「點」、某一「面」,很難到達全面的、統整的「體」。所謂「見樹不見林」或者「以偏概全」就是這個道理。這並不僅是他們所見的不周,也是邏輯推理能力逐漸退化的緣故。

5. 囿於固有經驗:年長人士往往受過去經驗的影響,執著於某種學習的方法,因而不易觸類旁通,旁徵博引。很多觀念往往囿於既有的傳統,對於新的事物,總要花一段時間才肯接受。例如任教多年的老師,不喜歡運用新的教學方法而墨守成規。

曾志朗、洪蘭(1993)研究發現,在工作記憶的廣度上,60 歲左右

的確開始退化，但教育的影響遠比年齡來得大。唸到大學的受試者，他們的記憶廣度是未入學者的 2 倍。早在 1940 年代美國名心理學家桑載克就根據實驗結果指出，人類的學習能力，隨身體的成熟程度而增高，45 歲到 70 歲學習能力雖然略為減低，但每年減低的比率不超過 1%。所以一個 65 歲的人，至少可以學習 25 歲時所能學習的一半。

在記憶方面，有些老人有失憶症（amnesia，或稱健忘症），喪失記憶力，會發生過去的經驗不復記憶的現象。按病因來分，失憶症可分兩大類：(1) 心因性失憶症（psychogenic amnesia）：指記憶力的喪失是心理的原因，是個人將過去痛苦的經驗予以壓抑，排除於意識之外，因而不復記憶；(2) 老人學習的重點是指大腦受傷或病變所引起的記憶喪失。更進一步會出現失憶徵候群（amnestic syndrome），包括多種症狀的失憶症；此時既不能學習新事物（無法形成短期記憶），也不能回憶以往的經驗（無法喚起長期記憶）（張春興，1996）。

👓 第二節　老人學習的重點

壹、願意廣泛學習

生之有涯，學之無涯，身處今日這樣知識爆炸、科技一日萬里的時代之中，應該透過各種型態的教育管道，不斷鑽研浩瀚的知識，自我成長，自我學習。至少不要攬鏡自照，自己都覺得面目可憎，馬齒徒長！

有多少比你還年長的人，還在生命的餘輝中，孜孜不倦地學習，雖然白髮蒼蒼，一身仍可散發無比智慧的光芒！就在此時此刻，普天之下，正有成千成萬，甚至數以十萬計的長者，忘卻自己的年齡與過去的身分，正在接受不同方式的教育。樂活老化的不二法門，是努力、持續地成長，而成長的關鍵就是學習。有許多老年人，尤其是身心健康的老年人，還是

對學習表示相當濃厚的興趣。

　　老人應充分體認學習及終身學習的重要性。要想做一個成功的現代銀髮族，就得活到老，學到老。銀髮生涯究竟是美景在望或一片沉寂，就看老年人怎麼生活。聰明的智者會隨時從生命中的知識寶藏，吸取新知，擴大見聞，日積月累地增加自己的見識才能，一身書香，不感覺老之已至。相反地，自認頭腦已生鏽，眼睛早花，生命過一天算一天的人，就算長命百歲，也只不過是一身臭皮囊而已。

　　第二，確定自己的學習計畫，不好高騖遠、循序前進。盤算自己有多少時間可以投入與接受學習，再看看體力如何、興趣如何、經濟狀況如何、學習的對象為何、方式又如何，然後一一列出，詳加規劃。操之過急反使身心疲累，不能長久。然後選擇合乎自己情況與需要的學習範圍，與老人最相關的領域如：

1. 保健：包括身心健康的常識與知識。
2. 人生哲學：探討生命的意義、宗教的信仰等。
3. 人際關係：溝通技巧、人際相處之道等等。
4. 休閒生活：使生活獲得較佳的調劑與美化人生。
5. 科學新知：新的科技知能。
6. 培養興趣：以豐富生命，增進活力。

貳、學習的重點

　　邱天助（2011）認為，要使老年期的生活更美好幸福，須具備下列各項知能：(1) 健康維護的知識：包括營養、醫藥、運動等知識，以克服生理病痛；(2) 心理調適的技巧：處理身心變化所帶來的壓力，以克服心理危機、紓解心理壓力；(3) 經濟管理的知能：包括收支管理、資金運用，有效的理財技術，以克服經濟危機；(4) 社會關係的調整與發展：包括對子女、朋友、親屬及配偶等關係的調整；(5) 休閒生活的知識與技能：包

括安排休閒生活，具備休閒活動的知能，以調適生活型態；(6) 第二生涯工作的發展：學習如何從正式的、固定的、長時間的工作場合撤退後，發展更自由、更有意義的貢獻領域；(7) 生命意義的發現與重建：尋求生命的永恆意義。

因此，老人學習的重點依階段可以包括以下重點（教育部，2006），而各機構可針對這些重點加以規劃：

1. **學習退休**：退休後充滿了自由，退休初期個體將因充分的自由而高興不已，但隨著時間拉長，老人可能因失去生活重心而困擾不已。因此退休前學習的目的是要預先規劃退休生活的架構。

2. **退休後的學習**：老年期發展的重點包括：(1) 適應退休與收入的減少；(2) 適應健康和體力的衰退；(3) 與自己同年齡群建立親近的關係；(4) 適應配偶的死亡；(5) 建立滿意的生活安排，考慮自己的經濟和家庭狀況，重新安排居住環境。

3. **學習心理方面的健康**：如何做好身心的保健是老年生涯中最重要也最根本的一項。對於老年人的照顧，不能僅思考身體的層面，更應該兼顧心理層面。鼓勵老年人更多的社會參與，促進老年人的心理健康。

4. **學習意義與智慧**：老年人有許多經歷，能夠累積智慧。因此教育工作者應該設計良好的方案以便讓老年人充分發展其智慧。靈性的追求是最高的層次，當個體漸老而喪失身體某些功能或失去所愛的人時，更需要內在心理的昇華，思考生命的意義，超越身體的有限性，使心靈充實。

為適應高齡化社會，老人所需學習的內涵如下（教育部，2006）：

1. **知性、休閒、養生並重的學習活動**：著重提升老年人的精神生活層面，充實知能，可藉由政府與民間團體規劃的學習活動或資訊科技的研習，鼓勵老人接觸社區與社會，拓展人際關係，減少與

社會的隔閡。為讓老年人有再貢獻社會的機會，提供志願服務及再就業的知識與技能，使健康老人有能力再服務社會，拓展人生價值。

2. **完備的退休前準備教育**：鼓勵各機關、團體與公司行號提供退休前準備教育，課程內容可包括理財、退休生涯規劃、身心保健及家庭生活適應等內容。

3. **家人及代間相處學習活動**：於學校、社區中推動，以認識老化教育、祖孫活動、家人關係及經驗傳承或實際體驗教學等為重點，有助於年輕世代對老化有所認識並培養正確之態度，同時也提供高齡者貢獻智慧與傳承文化的機會，促進代間的交流。

學習應配合生涯發展與生涯規劃，老人生涯發展任務包括適應退休生活的改變、社會經濟地位的喪失、學習接受身體衰退、配偶死亡，以及面對死亡等課題。安排課程活動讓年長者在適當的時期學習解決其發展任務的問題，包括提供有關老化的知能；財務管理訓練；健康照顧課程；宗教的探索；處理孤獨與寂寞；死亡教育與臨終關懷；解決問題的能力；壓力處理、心智控制腦波技術、鬆弛技巧等。

針對身體不便的老年人而言，可透過到府學習、遠距學習、生活史與回憶的方式來學習。對失智的老年人，則須有系統教育的介入，以減緩老年人認知衰退的速度，維持老年人的人際互動是十分重要。最後即是臨終的關懷，讓老年人有尊嚴地度過人生的最後一個階段，因而要推行生死教育。

參、生死教育

老人教育活動應注重老人「全人」的發展與完成，含括身、心、靈三種層面，面對老化，從應付、表現、貢獻到超越，使老人能夠適應社會經濟生活情況的變遷，自理日常生活，維持康泰的身心狀況，獲得安寧

的精神修養與靈性，能走出生活的固定範疇，投入各項社會、宗教、義務服務的活動，為社會提供進步的動力。其中「靈魂」的昇華尤其重要，相關的課程，包括臨終關懷、生命歷程的認知與調適、促進自我實現的知能等，使老人經由課程中獲得發展所需的知能，協助老人完成其人生目標。綜合心理分析觀、人文觀、社會文化觀三種生死教育課程的觀點。規劃老人生死教育內涵主要有三：

1. 協助老人自我超越，化解自我偏見：生死教育應提供各宗教、哲學對於死亡的意義、歷程、價值的觀點，幫助老人發展出對生命與死亡的正向看法，將死亡視為生命正常的終點，對自己的死亡有所準備。也應注重對老人階段的探討、臨終關懷、醫學上的觀點、哀傷輔導、死亡的本質、死亡等議題的探討。可結合宗教教育來實施死亡教育，使老人瞭解「來生」、「死後世界」等課題；也可透過養生保健教育來實施，經由老人較感興趣的保健養護課程談論。

2. 促發老人內省思考，瞭解生命意義：要滿足老人超越的需求應規劃的課程包括：提供有智慧者對於人生意義的看法；詮釋不同年齡、文化之間生命意義的異同；提供溫暖、支持性的回顧環境；促進精神的活動。提供從文學、宗教、哲學、戲劇、音樂、醫學、社會學、心理學、倫理學、經濟學等學科探討死亡的相關課程，使老人透過文化與人文精神的探討，獲得有關生命的啟示，協助老人瞭解其生命意義，建立老人對生命歷程的正向價值觀。

3. 提供溫馨的靈性教育：包括群己臨終關懷的知能、超越親人死別的智慧、參與宗教的活動、生死價值觀念的澄清、生命歷程圓融回顧的知能等內容。

生死教育的內涵包括提升生存的尊嚴與死亡的尊嚴，涉及生理、心理、靈性三個層面，囊括快樂生活與面對死亡兩個向度，生死教育內容規

劃重點應從瞭解宇宙生命真相、接納生命歷程記憶、規劃未來理想型態、圓滿如意結束一生等方面著手。

第三節　終身教育與老人教育

壹、終身教育

楊國賜（1999）將終身教育一詞界定為：「終身教育乃一種綜合統一的理念，包括在人生不同階段與生活領域中，以正式與非正式的學習，從而獲得或提高知識，謀求人生最充實的發展。」黃富順（2008）認為：「終身教育係以整體的觀點來看教育。它包括正規的、非正規和非正式的教育型態。終身教育從時間和空間的領域來統整貫穿所有的教育階段，在學習的時間、空間內容和技巧上皆具彈性。因此，需要自我導向的學習，並採取各種方式和策略。」終身教育是指個人從出生到臨終均需接受教育的一個歷程。在人生的任何階段中，有需要時，均可接受教育。歸納地說，**終身教育**是個人一生，終其一生、持續不斷地以不同型態，統整了正規教育、非正規教育與非正式教育的系統，達成了永恆學習的目的。因此終身教育的特性有：

1. 教育是一種終生的歷程，涵蓋了一個人的整個生命週期。不限於成人教育，而是包含所有的教育階段，因此終身教育是整體性的教育，而且包括各種型態。
2. 家庭在終身教育的過程中扮演了主要角色，經由家庭的學習可延續個人各生命時期。
3. 社區在終身教育體系中扮演了重要角色，從兒童時期就在社區學習，一直到老年。
4. 終身教育是一種普及性、民主化的教育。終身教育之內容、學習

工具與技術,學習的時間具有高度的彈性與差別性。

5. 終身教育以動態的方式,運用各種教材和學習的媒介,探究教學內容,不受傳統教育的限制。

6. 透過終身教育,個人可以達到最佳適應能力及個人之成長。

7. 終身教育不受現有教育制度的限制,隨時可檢討改進,不斷修正其功能。

8. 終身教育的終極目的在於不斷改善生活素質。

9. 學習動機、學習機會和人人所具備的可塑性是終身教育的要件。

10. 終身教育是所有教育的一種組合。在運作層次上,終身教育提供了所有教育的一種整體制度。

楊國賜(1996)提出終身教育的八大原則:(1) 整體性:終身教育具有整體的特質;(2) 統整性:指個人一生可在任何時間內學習;(3) 高度彈性:指教育內容、學習時間、方法隨時可視需要做必要的調整;(4) 民主化:任何人都有普遍接受教育的機會;(5) 機會與動機:包括社會與個人發展終身教育的必備條件;(6) 任何人都具有可教性:重點是學習如何學習,包括學習能力、分享、自我評鑑與合作評價;(7) 操作型態多元化:可經由正式、非正式與不拘任何形式之途徑來進行,學習的品質是依本身條件所獲得的工具;(8) 生活素質與學習:教育的主要功能在於提供個人及所有社會成員的經驗。

終身教育最主要的特點是:(1) 它是連續的,是一種持續不斷的學習過程;(2) 是一種綜合了各種正規、非正規的學習型態;(3) 是包含個人及民間組織的學習活動。老人教育應該是終身教育中最重要的一環,由於平均壽命不斷延長之後,老年人口快速增加。隨著時代的進步,國人對於老人的觀念,已不再限於安老、養老,應該鼓勵老人透過終身教育的流程,充實知識及精神生活。

李鍾元(1998)歸納終身教育興起的主要原因:(1) 科技急速發展,生產技術不斷更新,工作者早期所獲得的知能與經驗已無法適用於當前的

需要，必須透過再教育的管道，獲得新知識與新科技，以適應快速變遷的社會。同時，專業水準愈高，或具備第二專長，升遷或轉業的機會也就愈大，終身教育可因應此需求。(2) 由於工作時間縮短，許多就業人員都儘量利用週末或週日夜晚參加終身教育的課程；而許多家庭主婦也因為家電用品普及，家庭工作負擔減輕，再加上子女人數都比較少，促使她們有了再就業的意願，於是投入職業訓練。終身教育在此一方面，提供了新的進修管道。

老年人的終身教育，具有下列三方面的特殊意義：

1. 協助老年人透過教育學習，瞭解社會變遷的脈絡，應付社會變遷。協助老年人進一步瞭解身心變化過程，學習扮演新的角色。
2. 協助老年人透過教育學習，強化處理問題的能力，以便運用智慧與經驗，繼續服務人群，造福社會並充分發揮愛心回饋社會。
3. 終身教育之重點在於延續、補足老年人適應社會所需的知能，提昇生活品質。

杜娟娟（1998）以近年來我國老年人口品質的提昇來看終身教育，認為老年人口的教育水準與健康狀況是影響老人教育發展的關鍵因素。由於我國國民教育與中等以上教育的普及，教育程度愈高，人們參加教育活動之意願也必然愈高，對終身教育之興趣也比不識字或僅有小學程度者為高。另一方面，由於醫療水準的提升與平均壽命的延長，健康的老年人士可以成為教育的最佳學習者。

在**表** 8-1 中呈現我國 15 歲以上人口教育程度，65 歲以上人口中，女性文盲率高達 22.2% 較男性高出 19.1 個百分點。65 歲以上者男性識字率 96.86% 高於女性之 77.77%，差距達 19.09 個百分點。由**表** 8-1 可知，有超過七成的老人教育程度在小學以下，這些早年沒有機會接受正式教育之一群，成年以後通常還是被學校教育拒於門外。教育上的不利地位，使得某些老人基本知識不足，面臨高度競爭和資訊化的社會，難以跟上時代的

表 8-1　65 歲以上人口的教育程度　　　　　　　　　　　　　　　　單位：%

年度	95 年底			86 年底		
項目	總計	男	女	總計	男	女
識字率	83.5	95.5	71.8	70.5	88.9	48.6
研究所	0.4	0.8	0.1	0.1	0.2	0.0
大學	4.6	7.9	1.4	3.7	6.1	1.0
專科	3.1	4.8	1.5	1.8	2.8	0.7
高中、高職	9.9	14.4	5.5	9.4	13.9	4.1
國中、初職	9.7	12.3	7.3	9.3	13.1	4.9
國小	52.7	52.9	52.4	41.7	47.7	34.6
自修	3.0	2.5	3.6	4.3	5.2	3.4
不識字	16.5	4.5	28.2	29.5	11.1	51.4

資料來源：內政部（2011H）。

潮流，而成為落伍的一代。因而，各種教育活動（如縮短「數位落差」的電腦課程）為這些當年失學的老人，開闢了一條大道。

　　過去農業社會無所謂的退休，而且社會變動不大，所以老年人的生活經驗仍然可適用。但在社會快速變動之下，老年人的經驗未必能因應社會的變遷，因而老年人退休後，仍然要再學習。人口的老化帶來社會的衝擊，其影響是整體的，身為老年人本身如何因應高齡社會的改變，就必須透過教育與學習的管道。

貳、老人教育

　　各先進國家都非常重視老人教育，認為老人接受老人教育，既可以獲得新知，開擴視野，充實精神生活，更可以促進身心的健康。楊國賜（1999）即提出老人教育的理想在於促進老人的活動，自我體驗與鼓勵，使老人能體會到人生的樂趣，尤其在老年期能有幸福的生活。

　　1978 年美國白宮老年會議曾指出，教育是所有年齡層的基本權利，它能使老年人得享完美和有意義的生活，也是促進老人發揮潛能而貢獻社

會的途徑。1981 年，美國白宮老年會議更進一步指出，老人生活的主要問題——經濟安全、生理和心理健康、老人資源等等，大部分皆可經由學習來處理。

由於老年期為人生的最後階段，面臨生活上改變之後的許多適應問題，也需要透過各種型態的教育以謀求最好的適應策略，充實生活內涵，並提高生活品質。白秀雄（1996）認為，推展老人教育具有下列多元化功能：

1. 對老年人本身而言：(1) 學習新知識，接受新事物，強化個人適應力；(2) 啟發潛能，追求自我，享受休閒，獲得精神慰藉；(3) 建立退而不休、老而有為的表率。
2. 對家庭、社區而言：(1) 加強與家庭成員接觸，增強與家人溝通；(2) 老年人的學習能力提高，對社會參與將更為熱衷。
3. 對社會發展而言：(1) 老人教育可培訓高齡人力資源，參與社會服務，達到人盡其才之目標；(2) 老人教育有助增進世代間的溝通及人際關係的改善，有助化解歧見，促進社會和諧。

參、政府政策

政府任何政策之擬定，必然有其社會背景，也必力求因應一般人之需要，我國老人教育政策自不例外。影響當前我國老人教育政策的因素有下列四方面（教育部，2006）：

1. 終身教育的挑戰：終身教育已成為近年來世界之潮流，老人教育更成為終身教育中最重要的一個環節，如何提供全國總人口 10% 以上的老年人持續性的教育課程，一方面幫助老人對社會有更好的適應，一方面也可提昇全民之生活品質。
2. 平均壽命的延長：人民營養及醫藥衛生發展水準提升，使許多國

家的平均壽命延長，老年人口也就在全國人口總比例中不斷攀高；如美國已由過去所謂 Green America 變成為 Grey America（灰色美國）。預計我國 65 歲剛退休人士，在人生的未來道路，至少還有十幾年。許多人健康大體良好，經濟生活還算小康，家務事也不必太操心，又有空閒的時間，政府如果能夠妥為規劃而擬定具體的老人教育政策，引導、鼓勵他們多方參與，可收到豐碩的成果。

3. 參與意願頗高：許多年長的人士，對於參與社會活動、學習活動的意願，都表示了高度興趣。每天清晨，公園裡有許多做強身運動的銀髮人士，以及全心閱讀報紙的老年人。每次選舉會場的演講，人數最多、來得最早的也是他們。各種文康活動、專題講演，最熱心捧場的還是他們。就算在鄉下，廟會的慶典、宗教的活動，也常靠他們出錢出力。急難相助，一呼百諾的精神，鄉村是比城市好得太多。既然年長人士這麼熱心參加社會各種型態的活動，政府的老人教育政策，也就容易在銀髮世界中，順水推舟，開花結果。

4. 老年人還是有很好的學習能力：所受教育愈多，動腦機會愈多，相對性的衰退也愈慢。

　　我國老人教育政策的訂定，是依據國家教育宗旨，合乎本國傳統文化、配合社會發展、順應世界教育思潮、體察當前國家需要所研議可行的措施。2011 年召開的「第八屆全國教育會議」也做出以下的決議：「因應高齡社會來臨，須強化高齡者學習機會，政府應落實『邁向高齡社會老人教育政策白皮書』及『教育報告書』之高齡教育目標。」規劃重點如下：

1. 發展「社區樂齡學習班」，運用學校閒置空間，轉型作為社區高齡者學習運用場所。

2. 輔導各級教育體系編列合理老人教育的預算，落實高齡者學習權

益。

3. 創新多元的樂齡學習體系，持續研發老人教育教材、建立老人教育人才資料庫、培訓老人教育專業師資、發展樂齡大學與樂齡學習中心，以建構在地化的學習機制。

4. 引導國民具備退休前準備觀念，發展退休前準備教材，進行「自主學習領導人培訓」，培植社區志工人才，具備自組團體運作能力，以持續貢獻智慧及經驗。

5. 鼓勵相關單位推動老人教育，將進用高齡教育專業人員列為高齡教育評鑑指標。

肆、實際推動狀況

我國老人教育的發展，包括政府遷臺後的補習教育、1970 年代以後的空中教學及大學推廣教育、1980 年代的老人大學、長青學苑，以及 1990 年代至今的社區大學等。老人教育的發展大致可分為：(1) 早期宗教團體發起階段；(2) 老人福利法施行後，由公部門社政機構和私部門社福團體倡導階段；(3) 近年在終身教育理念推展下，由教育部門結合政府單位和社會力量推動時期。進一步說明如下（白秀雄，1996）：

1. 充實生活內涵取向的老人教育時期（1978 至 1980 年）：1978 年基督教女青年會為發揚敬老尊賢美德、倡導老人休閒活動、增進老人生活情趣、促進老人身心健康，創立「青藤俱樂部」，藉演講座談、技藝研習、娛樂休閒等活動，開創老人教育的先河。

2. 福利服務取向的老人教育時期（1981 至 1988 年）：1980 年政府公布「老人福利法」，1982 年 12 月 3 日，高雄市社會局首創長青學苑，由當時社會局局長白秀雄協同高雄市女青年會合作辦理，充分運用民間資源，由雙方共同規劃、共同推動。此一合作模式相

當成功，雙方出錢出力，各盡所能，第一期參與的老年人即高達700多人。1983年6月，臺北市長青學苑亦成立，之後臺灣各縣市以及其他地區公私立機構亦紛紛開辦老人教育活動。臺灣省政府則於1987年訂頒「臺灣省設置長青學苑實施要點」，並由省社會處輔導各縣市選擇適當處所設置長青學苑。這些機構對老人教育活動及課程規劃，以社會福利及休閒育樂的方式為主。十餘年中，各地所設班別，涵蓋知識性、技藝性、生活化、趣味化以及社區化不同取向的學習活動，參與人數也愈來愈多。

3. 終身教育取向的老人教育時期（1989年以後）：1989年教育部舉行第六次全國教育會議，會中結論之一為「建立成人教育體系，以達全民教育及終身教育目標」，並訂定「老人教育實施計畫」，明示老人教育的目標為協助老人自我實現、協助老人重新就業及擴充其生活領域。1991年教育部訂頒「發展及改進成人教育五年計畫」，自此教育單位更重視老人教育的推動。1993年，教育部公布「教育部82年度獎助辦理退休老人教育及家庭婦女教育實施要點」，補助各鄉鎮市區開設老人學苑及婦女學苑。1994年第七次全國教育會議中提出推展終身教育議題，建議對銀髮族教育應詳加規劃，鼓勵終身學習風潮。

在終身教育學習的風潮中，民間團體也積極投入及推廣，如基督教長老教會開設「松年大學」、中國老人教育協會附設「老人社會大學」、臺北市敬老協會成立了「敬老遐齡大學」等，全國各地方政府亦積極於各鄉鎮廣設老人文康、休閒及長青學苑等，目前各縣市均有設置。

2002年教育部制頒「終身學習法」，明訂各級教育主管機關應整體規劃終身學習政策、計畫及活動，確保弱勢族群終身學習資源，增加長者學習的機會。同時由於社區大學興起，其招生對象不限年齡，因此亦提供老年人一個參與學習及社會參與的良好管道。

近年來我國老人教育在實務推動上蓬勃發展，社會福利部門也由以

往文康活動取向，轉變為以老人心理衛生教育、生命關懷、預防保健（含自殺／憂鬱症／失智症）、體適能運動、家庭互動支持等為推動的重點。教育部門則強調老人的終身學習、退休前生活規劃及促進世代間教育活動等，除強調老人學習權和社會參與的落實，更符合迎向未來社會的發展趨勢。

第四節　社區教育與樂齡學習

壹、社區大學

1998 年在臺北市成立了臺灣第一所「臺北文山社區大學」之後，各地紛紛興辦社區大學，在短短幾年內日趨普及，風起雲湧地帶動一股成人乃至老人學習的新思潮。截至 2010 年 6 月的資料，社區大學總數為 87 所；社區大學分校有 18 所；以原住民為主的有 14 所（社區大學全國促進會網站，2010/06/20）。

社區大學屬於民間推動的教育及社會改革運動，創始目的之一是「解放知識」，另一項目標則在於催生「公民社會」，提供在各地實際情境學習的環境。情境學習假定學習本身源出於人類致知的本能，即人是社會性的存在個體、知識是職能、致知為一種參與，學習是追求有價值產物培養積極涉入世界的行為，最後學習將會產製出意義，成為經驗世界的能力和涉入歷程的意義（Wagner, 1999）。

各種社區的學習團體都是「自助的」，從成員的自我成長開始，有些還幫助社區的成長。當團體成員關心相似的問題和感受時，能使成員在面對自身問題時較不感覺孤單。自助團體的組成希望能強化成員共同的經驗，提供團體成員支持，在這類型的團體中，成員大多持有一些類似或相同的經驗，與有相同情形的成員在一起時，自我概念也會產生改變。因

此，社區大學等社區學習組織提供了一個平臺，讓參加者進行各種人際互動，包含與志工夥伴的互動、與其他工作人員的互動、與服務對象互動的經驗等等，在其中鼓勵和肯定。因而獲得重新省思問題的機會，並且瞭解社區內或外的其他資源（彭懷真，2010）。

社區不應該只停留在「一群人的組合」的層面，可進一步產生改變的力量。關鍵在於成員間內在的連結、共同願景的建立和組織文化的營造，這些條件，在一群人的學習與行動之中建立了實質社群關係，使社區有助於其成員的學習。在實際行動中，處處展現豐富的生命力，即使是一些細微、隱密的現象，也能展現社區最可貴的精神：在地、參與、對話、學習等。

老人的學習不僅是閱讀課本，更要情境學習。情境學習具備四個要素為（方雅慧，2009）：(1) 社會實踐與社會世界：學習是在社會世界中的存在方式，關切學習者在社會世界參與的學習，強調理解與從事社會實踐；(2) 邊緣性但合法的參與：學習是在權力關係的社會結構中，藉由「邊緣性」地置身於由某個共同體定義的參與領域中產生多元化的、多樣性的，或多或少地投入和包含於其中的存在方式，此種參與沒有太大的壓力卻有某種位置；學習是一種從邊緣性參與到充分參與的過程；(3) 實踐社群：一個實踐社群包括了一系列個體共用的、相互明確的實踐和信念以及對長時間中追求共同利益的理解，社群成員之間共享的文化歷史背景和真實任務，成員的身分不斷進行再生產，依循著合法的邊緣性參與路徑，從旁觀者、參與者到成熟實踐的示範者，逐步到共同體的核心成員，深化成員對於實務社群的認同；(4) 學習課程：提供情境式機會讓學習者能夠即興演練新的實踐。學習課程無法透過教導方式操作，也無法置外於社會關係，從學習者角度在日常生活提供學習機會的場域。

社區舉辦對社區居民，尤其是老人各項有益的活動，例如學習與成長的機會。這是「終身教育力量」的展現（彭懷真，2010）。

貳、樂齡學習中心

　　教育部依據民國 95 年訂頒的「老人教育政策白皮書」，增設老人學習場所，建立社區學習據點的策略，自民國 97 年起，補助各縣市設置樂齡學習中心，目標在提供中高齡者學習平臺，規劃辦理教育課程及學習活動，提供在地化學習場所，鼓勵社會參與及終身學習，以鼓勵愈來愈多更健康、更成熟、新形象的中高齡族群。至民國 99 年 2 月底，已設置 202 個樂齡學習中心。這些中心的核心價值有三：

1. 高齡者中心：以高齡者為中心，規劃並提供學習活動與服務項目（認識不同高齡者的特性）。
2. 深耕、創新：樂齡學習中心的活動以深化並持續辦理為目標，不斷以創意的方式吸引樂齡族參加。
3. 學習、改變、增能：透過樂齡學習中心的課程，學員學到新知識、學會新技能、擁有新觀點與價值；回到日常生活中，能將所學運用在家庭、社團、社區或志願組織；進而覺得自己有能力貢獻自我，有意願並主動積極參與社會與服務人群。

　　樂齡學習中心也邀請高齡者擔任志工，使高齡者有回饋社會的機會與能力，鼓勵老人服務老人。樂齡學習中心的目標還包括（中正大學高齡教育研究中心成人及繼續教育學系，2011）：

1. 匯集區域老人教育學習資源、建構學習平臺。
2. 規劃辦理具有教育意涵之課程及活動。
3. 提供老人學習之場所，落實在地學習。
4. 鼓勵老人終身學習及社會參與，促進身心健康。
5. 結合地方資源、共同營造無年齡歧視的社區文化。
6. 深耕社區老人教育工作，培植老人教育專業人員。

教育部陸續推出許多相關的政策，例如「活化歷史」的代間教育方案；規劃設置了 19 所社區終身學習中心（高齡學習中心及玩具工坊），並在民國 97 年擴大實施的方式及範圍，結合鄉鎮公所、社區發展協會、老人會、圖書館及科技校院等多元機構，設置更多個樂齡學習中心。

　　相對於老人文康中心、長青學苑、社區關懷據點來說，屬於較晚成立的樂齡學習中心與這幾種機構類型有哪些不同呢？首先在辦理單位方面，長青學苑、社區關懷據點、老人會或老人文康中心等，是由內政部補助辦理；樂齡學習中心則是由教育部補助設置。

　　其次在服務對象方面：長青學苑依各縣市政府實施辦法，提供 55 歲以上的民眾參與；社區關懷據點鼓勵該據點村里中 65 歲以上的民眾參與；老人會主要為成員提供服務；樂齡學習中心則是以 55 歲以上民眾以及為退休準備規劃的學習者為主，並延攬其擔任志工。

　　最後，在課程、活動及服務項目方面，長青學苑所提供的課程各縣市各有其規定，主要是以健康促進、防止憂鬱、關懷、長青生活資訊訓練等課程；老人會或老人文康中心則提供學習、休閒娛樂、運動、唱歌等活動項目；社區關懷據點以關懷訪視、餐飲服務、健康促進活動、電話問安、諮詢及轉介服務為主；樂齡學習中心的課程目標則在促進活力高齡，教育大眾認識高齡社會的現象，特別強調宣導課程、基本課程與貢獻課程等。

Part 5

自我與家人充權

Chapter 9

自我充權

第一節　老化的正面角度

壹、充權

　　過去對老人的服務總是以服務對象有很多問題等取向著手，主要針對老人產生困境的問題去思考，服務焦點容易從老人缺乏能力、缺乏資源的方向著手，忽略老人具有的能力及權力，也忽略老人是主體，因而服務工作者與老人處於不平等又失衡的關係。但肯定與尊重服務對象充權的概念近來在社會工作界廣泛被使用，目的在以正向的角度看待老人，相信老人具有內在潛能與個人權力，只要協助老人將能力與權力發揮出來並妥善運用，即能促成個人、家庭、社會生活處境更加完備，權益更受重視。

　　在社會工作辭典中，**充權**（empowerment）指幫助個人、家庭、團體及社區增進他們個人的、人際的、社會經濟的以及政治的優勢與影響力，以提升他們生活處境的過程。從「充權」的觀點去檢視這些參與者的成長。在老年大學等社區團體領域中，無數人從「個人的成長」、「人際的成長」，進而造成「社區環境的成長」。充權反對無助感及無力感，每個人都有能力來處理問題，其起始在對自我有正向的看法。藉由幫助成員提升自我能力，能為自我生活做決定及執行決定，以對抗壓迫與貧窮。需要透過充權機制提升成員的內在能量與能力，協助他們為自己做決定、能決定自己的生活，處理自己的問題（Rappaport, 1987）。

　　宋麗玉（2006）則將充權譯為「增強權能」，定義為「個人對自己的能力抱持肯定的態度，自覺能夠控制自己的生活，在有必要時影響週遭的環境」。依據生態觀點，分別從三個層次論述權能感如何呈現：

1. 個人層面：個人擁有自尊、自我效能和掌控感，能夠訂定目標，肯定自己的能力並採取具體行動，達成目標；進而覺得與所處的環境有良好的適配（goodness-of-fit）。

2. 人際層面：個人具備與人溝通的知識、技巧，與他人互動時能夠自我肯定，能夠與他人形成夥伴關係，自覺對他人有影響力，得到他人的尊重，也能考慮別人的需求與自己的責任。

3. 社會政治層面：認識自己應有的權利，肯定團結的重要性，集體行動可以改變週遭的環境，也願意為維持公義採取行動。

充權的促成因素主要是人際互動，是一個增進服務對象系統自身社會經濟政治能力與權力的過程，也是一個改善服務對象系統相對於其他社會單元系統之能力與權力的過程。此一過程促成個人、家庭、組織或社區（服務對象系統）之能力增長，使其更有信心、勇氣與機會採取行動改善自身處境。

增強力量觀點是以一種正面的概念姿態出現，強調個人要有力量與機會替自己做決定與採取行動。主張平等認為人們能為自己的命運負責；核心是自我定義的轉型與自我行動的能力。對那些無力量的人來說，需要經過一個由下往上、由內而外的過程，使他們在自己的生命劇碼裡從被動或無自主性的個體，轉型成正面主動的主角。

充權可說是個人由內而外所衍生的力量，充權的力量使得個人更具信心與勇氣能夠大面對問題、解決問題，解決的過程中需要資源建立與連結，當資源不足或尋求資源、問題解決的過程中，因為與自我問題及處境的真實相遇，促發個人意識的覺醒，深刻體會到個人所面臨的弱勢或不利處境，因而採取倡導的行動。

充權需要從三個與「權」有關的面向入手：(1) 充權的最重要基礎是權力（power）：充權必須要反欺壓、反宰制（domination），要改變社會結構賦予某些階級、性別年齡及其他族群在權力上的優待，也要被置於弱勢者醒悟其消權（disempowerment）並非單純是個人不濟，而其實個人的不濟也是制度化的產物，從而消滅「學得的無助感」（learned helplessness），更新自我及集體動員，改變無助的狀態。(2) 第二個重要成分是權

利（rights）：要保障人的基本人權，就必須反對侵犯人權的各種因素，並要阻止對人的奴役，包括國家機器、法律、資本家及其他管治階層，透過經濟、學術及道德等不同手段對無權者及無聲者所進行的消權。(3) 第三個與「權」有關的成分就是權益（interest）。充權就是與弱勢者一起力爭改善權益的機會，弱勢社群的權力被剝奪、被欺壓與制宰，往往引致公民權被侵蝕；而公民權被侵蝕也直接導致欺壓與宰制。兩者的互動結果，必然是喪失應有權益（Everett & Drisko, 2007）。

充權透過幫助老人的過程中加以實踐，它能促進自信心、給與案主發聲的機會，增進關係中的自我尊重與自我控制。助人的過程提供老人機會去體驗自己的潛力、尊嚴及價值與優勢，讓老人為自己做決定，獲得知識與技巧、學習批判性思考、參與新的角色、教育工作人員及其他案主、參加互助及支持團體、參與朝向社會改變的集體行動以及與其他人共同工作來達到個人與政治改變。這些過程也促進案主對自己問題的覺知、瞭解自己的權利及自我決定，同時改變看待自我的方式，即從被動的接受者變成主動的服務者（吳敏欣，2010）。

貳、正面老化的概念

2002 年世界衛生組織（WHO）提出「活躍老化」（active ageing）觀念。為了使老化成為正面的經驗，長壽必須擁有持續的健康、參與和安全的機會，因此**活躍老化的定義**是：使健康、參與和安全達到最適化機會的過程，以促進民眾老年時的生活品質（active ageing is the process of optimizing opportunities for health, participation and security in order to enhance quality of life as people age）。此一定義呼應 WHO **對健康的定義**：身體、心理、社會三面向的安寧美好狀態。政策或計畫強調：「促進心理健康和社會連結與促進身體健康同等重要，並且使老年人維持自主與獨立」。

活躍老化提供追求健康的方向，不應侷限於沒有疾病。活躍成功的老年生活，應追求從身體、心理、社會等多方面的健康，進而使老年維持自主與獨立，能參與社會經濟文化等事務，提高生活品質，這是老年生活應追求的目標。活躍老化代表了一種更著重自主與參與的老年生活，其層次較成功老化更高。

　　老人學探討正常老化（usual aging or normal aging）、劣於正常值的病態老化（pathological aging）和優於正常值的成功老化（successful aging）；成功老化與正常老化之間的界限，在於特定疾病的危險因子是否在老化過程中得以控制或預防。已有不少論述提出從正面觀點探討老年健康的概念，例如強健老化（robust aging）、健康老化（healthy aging）、積極老化（active aging）；其中最被廣泛討論及深入探討者是「成功老化」（successful aging）一詞。

　　成功老化的內涵十分廣泛，包括：(1) 生活滿意度（life satisfaction）；(2) 長壽（longevity）；(3) 免於失能（freedom from disability）、熟練與成長（mastery/growth）；(4) 生活的積極承諾（active engagement with life）；(5) 維持高而獨立功能（high/independent functioning）；(6) 正向適應（positive adaptation）等。

參、正面老化的模式

　　成功老化研究中有系統且被廣泛運用的觀點有二：一是 Baltes 及 Baltes 的「**選擇、最適化與補償**」模式，主張老年生活可透過自我心理調整適應和個人行為改變，考量系統與生態環境，經由教育、動機、健康相關活動等策略以達到成功老化的目標。另一是 Rowe 及 Kahn 的**三元素模式**：避免疾病與失能、維持高度心智與身體功能、老年生活的積極承諾。當三面向同時達成就達到成功老化的狀態。透過疾病預防（例如飲食與運動）、生物醫學途徑、教育、社會支持、增進自我效能等方式，可以幫助

達到成功老化。以下分別敘述（林麗惠，2006）。

一、「選擇、最適化與補償」模式

Baltes 及 Baltes 使用變異（variability）與彈性（plasticity）的概念，將老化的成功與否定義為一心理適應良好的過程，包含三個要素：選擇（selection）、最適化（optimization）以及補償（compensation），簡稱 SOC 模式。SOC 模式的七個命題是：(1) 正常老化、最適老化與病態老化明顯不同；(2) 老化有變異性；(3) 人類有潛能（reserve capacity），可以經由學習進一步發展；(4) 潛能三層次為基礎表現、基礎潛能及發展潛能，老化造成潛能限制；(5) 知識可抵消認知機制的衰退；(6) 平衡會隨老化而漸漸減少；(7) 老年生活仍能保持彈性。透過多重的調整目標，老年人仍可以擁有生活滿意度。

成功老化具有價值觀、規範性（normative）的目標，強調個人行為的可改變性，具有系統性、生態性的觀點，同時考量主觀與客觀指標。例如在護理之家設計適當的環境供具有功能障礙的老人居住，可以從提供較不費體力的活動環境，開始改善身體功能的復健活動，再搭配醫療制度和科技產品的使用，彌補功能障礙和潛能的消減。成功老化的策略包括：鼓勵老人投身到健康生活型態以降低病態老化情形的機率；考慮人群的老化變異，鼓勵個人和社會的彈性；經由教育和健康相關活動來加強個人潛能；潛能不足可經由知識和科技來彌補；策略應考慮到促進目標調整。

二、「疾病失能低風險、心智身體高功能」模式

1. 疾病與失能的低風險：是成功老化中最基本也較容易達到的層次。避免疾病或失能不只是沒有疾病，也應盡量減低罹病的風險。許多疾病風險都可避免，例如經由飲食與運動來降低血壓、血糖、體重或膽固醇。較難預防的疾病，則可藉由醫療方式來降低失能與罹病的機率，例如關節炎可經由人工關節置換來改善生

活品質。特定疾病的預防包括心臟病、中風、部分癌症、骨質疏鬆、老年失智症、肺結核等，預防策略則包括運動、飲食、戒菸、荷爾蒙療法、疫苗注射等。

2. 心智與身體功能的高效能：老年人需盡可能擁有自尊與滿足感，因此維持良好的心智與身體功能是成功老化的要件。有關功能喪失的恐懼被過分誇大，許多功能喪失是可以避免的，而有些功能喪失是可以恢復的。

心智功能是否可維持及如何預防喪失，也是成功老化關心的重點。其影響因素包括生物的基因、教育、維持好的身體功能、體適能、自我效能的信念、環境、訓練、社會支持及生物醫學等。

肆、積極承諾促成正面老化

持續在心理社會層面上的快樂與投入，是成功老化的要件。老年學中的脫離理論認為，老年生活將逐漸脫離或放棄原有的工作、休閒、朋友或家人，但這種假定可以改變。

成功老化中對老年生活的積極承諾包括：(1) 維持與他人的社會關係：包括社會情緒性的支持，例如情感、尊重、自尊的表達；(2) 工具性的支持：如直接給予體力或家事協助、交通和金錢來往的協助等；(3) 持續生產力活動：老年人有給與無給的生產力活動；(4) 正面靈性：依其特性將導致正面結果，且「使正面靈性最大化」（maximize positive spirituality）。

Baltes 及 Baltes 模式代表一種連續適應的過程（a process of adaptation）；而 Rowe 及 Kahn 模式代表一種客觀測量的老化狀態（a state of being），偏向公共衛生的觀點。若欲初步瞭解一地區的成功老化現況，以採用 Rowe 及 Kahn 的模式較合宜；若欲探討介入前後或老年適應的心理健康層面之改變，則採用 Baltes 及 Baltes 模式較適當。

Chou 及 Chi（2002）參照 Garfein 及 Herzog 的研究，以橫斷性資料探討香港的年輕老人、老人、高齡老人的成功老化情形，分析成功老化的四個面向：身體功能、情感狀態、認知功能、生產力。結果顯示大多隨著年齡有線性降低的趨勢，只有情感狀態隨著年齡層提高而更好。成功老化的相關因素則有：年齡（愈低）、性別（男性）、教育年數（久）、與朋友接觸頻率（較多）、財務困難（較少）、自評健康（較佳）、聽力障礙（較輕）、生活滿意度（較高）等。

徐慧娟、張明正（2004）也做了類似的研究，將「成功老化」定義為：老人同時符合日常生活功能正常、認知功能正常、無憂鬱症狀、良好社會支持等四項指標者。「活躍老化」則定義為：老人同時符合生活功能正常、工具性日常生活活動正常、認知功能正常、無憂鬱症狀、良好社會支持與投入老年生產力活動者。研究發現，達到各項成功老化標準的老人占 38.1%，達到活躍老化標準的老人占 18.4%；其中又以達到心理健康和社會健康面向標準的比率較低，顯示若以身體功能為老人唯一的健康指標，還有三分之一左右的老人有潛在心理健康或社會健康問題未被發現。老人若為年齡較輕、男性、教育程度高、收入較高者，其成功老化和活躍老化的比率較高。人口數多、農林漁牧人口少的縣市組，其活躍老化的比率較低。

👓 第二節　從愛自己開始

壹、心態調整

銀髮朋友，應多愛自己一點。生命是由生到老、到死的單行道。八千里路雲和月，已走過的一切，不管是笑傲江湖也好，浪跡四海也罷，反正往事已都如雲煙。念天地之悠悠，應體會今朝最值得珍重。今天生活

中的每一分、每一刻,應該是最值得愛惜的時光。活下去最大目的就是提昇自我的價值,創造更有意義的落日餘暉。這一切,都先要從更愛自己著手。

自我充權就是自愛,自愛絕不是自私,唯自愛才能愛人。大家都聽過「愛人如己」這句話,又聽過「推己及人」這種說法。己立才可立人,己達始能達人。許多老者最大的問題是往往自我否定,妄自菲薄,尤其是退休以後,萬般無奈,覺得自己百無一用,更有不少銀髮朋友,還沒有跳脫名利枷鎖,對過去繁華時時難以忘懷,甚至魂縈舊夢,當然會深深為「往事只能回味」所苦,其實過去的既如春夢,又何必痛苦地一再記取?

自我充權、自愛的第一步是忘掉過去,珍惜今日。別被以往沉重包袱所壓傷,停滯了向前的腳步。往事如煙,固然有時「不思量,自難忘」,但懂得愛的真諦,一定體會到諸法皆空。過去的既然已經過去,曾經擁有的名利、愛恨,在歲月流動中,既然一一成為塵事,再思念也徒增傷感,何不灑脫地告別?

退休後的心理建設非常重要。從工作世界中榮退並不意味人生全面的退出,而是一場更美好將來的開始,該欣然地面對它,抬起頭,昂然向前走。人生四季都是美麗的,年年輪迴的四季色彩,是不同年齡的彩繪?年輕的歲月,一如春花之綻放;中年的成就,正如夏日之高照;秋色之怡人,猶似長者的智慧與風範;寒風之四起,意味人生之即將落幕。19世紀英國大詩人白朗寧(1812-1889)曾以下列詩句道出對自己漫長一生的體驗:

「讓我們和天下萬物共同長存吧!
最善之事會在最後到來,
人生有開始乃因為有結束!」

「別讓生命溜走」是大家很熟悉的　句話。對老年人來說,該記得老當益壯,因為人生的路還長。每個年長的人士,都可以自由地選擇生活

方式，不管是像普羅美修士的第二支火把似的，依然熊熊燃燒；或者是如流水平靜地流向低處，最後納入汪洋大海。在生命的冬天裡，只要有信、有望、有愛，每個人都必然活得快樂而美好。

人家說：「青春不要留白！」難道老年的歲月，就可一片空白？不宜說什麼「餘生」，退休之後還有二、三十年的日子，長過青春的時期，怎能說未來的日子已經不多？就算不多，那每一分、每一秒豈不更值得珍惜？老年對自己更好一點絕不是罪惡。生命無法重新來過，因此應該更加珍惜現在所擁有的生命。所謂的珍惜，不只是消極的保護，而是積極的發揮，以期不斷延長，而這一切都須從熱愛自己出發。

愛自己需坦然面對年華之漸老，勇敢地承認自己已進入老年。年齡不過是人生路上的一個指標，不要諱言自己的歲數，毋須怨嘆皺紋又出現幾許。更不要老是顧影自憐，感嘆歲月之蹉跎。相反地，要展現成熟的智慧。從不俗的談吐、愉快的心情、敏捷的反應及積極的社會參與，證明歲月雖然在身上留下走過的足跡，此心依然不老，進而有蓬勃的生機，奕奕的神情。

充權是保有真正的我，保持自然面貌，不矯揉造作，不諱言自己的不足，坦然面對老邁的年華，活得比感傷韶光不再的人來得快樂、喜悅。氣質絕非天生，風度純出於自然，成熟的魅力往往來自人生的閱歷與生命的體驗。不必羨慕人家風韻猶存，氣度不凡，只要對自己有信心，永保清新、灑脫和與眾不同的形象，這不是可遇而不可求，只要隨時充實自己，自有馨香之氣。

充權也是繼續充實自己的內涵，年長人士最怕對任何事物都裹足不前，甚至將自己禁錮在斗室蝸居裡。終日百無聊賴，吃零食，看電視，除了準備三餐，料理一點家事之外，就是發悶氣，怪另外一半不體貼、怪子女那麼久不回家探視、怪家用不夠、怪人情冷薄，反正是什麼都不順眼，這又有什麼用？一天裡，很少走出戶外，更別提什麼活動或運動。於是乎心不廣卻體日胖，然後又怪體重沒理由的增加。一天裡，沒事就小盹，夜

晚當然睡不好，於是乎一個晚上可能起來好幾次，吵得全家連雞犬都不寧。

空閒之為害多多，而空閒又往往是精神無從寄託及精力過於充沛。改善之道在於培養對事物的興趣，繼續發展人際關係。趁著還有體力，多走出困住自己的小天地，重新在過去興趣的國度裡，揚帆出發。也許本來對國畫、國樂、歌唱、體育、文學、科學有點興趣，只因為工作太忙，忙到回家時已精疲力竭，只想好好休息；或因為家事太忙，照顧老小之後，已是睡眼惺忪，少有真正屬於自己的時空，所以把過去的興趣都放在一旁了。退休了，家務也簡單多了，該好好培養興趣，並享受生活的寧靜與安詳。

繼續發展過去的興趣，可以自得其樂。開拓視野，讓此心遨遊於宇宙與山水之間，也是人生的一大快事。如果夫妻兩個人共同培養相近的興趣，一定更為美好。

貳、肯定自我的價值

銀髮族朋友，請別妄自菲薄，感嘆流年之不再，人活著一天就有一天的價值，天無妄生之材，又豈可自我否定？一個人的價值感，決定了他的思想意念、言語行為與對己、待人、接物的態度。一個人的價值觀是受許多主、客觀因素所決定；它慢慢形成之後，又決定了個體的一切。

老人的健康狀況是否良好，對其價值觀之形成有極大的影響。廉頗、馬援以 70 餘高齡，猶自請纓殺敵，是因為身體強健，不減當年。近代許多黨國名流，以 80 或 90 餘歲高齡，猶憂國憂民，深感壯志未酬，都因為身體強健如昔。張忠謀、張榮發到 80 幾歲時依然活躍，才能決大事，掌大業，一旦價值觀肯定之後，又循環地影響了他的身心健康。「哀莫大於心死」，此心若已如枯槁，又有何生命之新契機可言？相反地，憑著求生的堅決意志，戰勝病魔的見證，實在已不勝枚舉。

老人的健康狀況不但決定了他的價值觀，也明顯影響其家庭生活。婚姻關係美滿的人，對人生有較多的肯定；同樣地，經濟狀況良好，到晚年不愁衣食的老人比較不容易有厭世感受。教育水準比較高、社經地位比較好、人際關係良好的老年人，比較不會孤寂，不至於封閉自己。

價值觀形成之後，決定了身心健康、家庭生活、群己關係與社會互動。一個充滿自信、達觀的老人，在任何時候、任何環境之下，總是有高度自信、自愛、自助，知道如何實踐在生活之中，且不斷努力在退休後提昇自己的價值。

參、調整人際關係

許多老人感慨：「在家中，似乎一切都變了，還記得子女牙牙學語、承歡膝下、閒話家常的日子，似乎沒有多久，卻已一個個各奔前程、各組新的家庭。偌大的家園中，不再聽到稚子笑語歌聲，不再見到他們逐漸長壯的身影，只有兩老相見而不厭，彼此相扶持。」

從「人人為我，我為人人」提昇一個人的價值。多想想這麼多年以來，有多少人曾經為自己服務過？又為了自己的生活過得更舒適、更安泰，提供了多少他們的心血、精力，甚至流汗、流血？一絲一縷、一飯一粥，當思來處不易。榮退之後，還是可以為這社會，為家庭，乃至於為國家，繼續竭盡心力，奉獻智慧、經驗，與大家共同締造更好的明天。別以為垂垂老矣，生命已是步入黃昏，逼近殘霞晚秋，不能再做什麼。

生理上的確是老了，但那只是人生輪迴道上，不留情的歲月在身體上烙下了一些痕跡。還是可以為這社會做一些事的。至少可以更關心社會，為那些鰥寡孤獨、處境堪憐的人們，打開心門，伸出友誼的手。老吾老，以及人之老，幼吾幼，以及人之幼，本是我國傳統的美德，積極參與，以財力、人力、愛心、誠意，到醫院當志工，為病患帶來祝福，將感動許多脆弱、孤寂的心靈。

或是移駕到孤兒院、育幼院，為那些不幸失去了原該擁有美好父母、家庭的兒童們，講述一些故事，談談自己平生經歷及所見所聞，將可滋潤其赤子之心。許多小學、國中迫切需要愛心志工，協助整理學生的資料，幫忙照料孩子的生活，讓老師可以用更多的時間、精力，準備教材、教具，輔導學生的成長；許多慈善機構與社會服務的團隊，需要有心人與他們胼手胝足，共同開拓更多助人的工作，而銀髮者正是他們求才若渴的對象。

當長輩走出自己、投入人群的時候，是華年再生的契機。至少，將在人家的微笑、感恩的一瞥中，渾然忘了自己的髮蒼蒼，視茫茫，更將從所付出的心血中及各種工作的成效裡，再一次肯定自己。

社會各處都需要一些有智慧、有愛心，又肯奉獻自己時間、體力，甚至金錢的人，參加各種社會服務工作。與其在家不知如何打發時間，等著人家來喝茶談天乃至打幾圈衛生麻將，何不馬上報名參加一些社會服務團體。

第三節　珍惜老友

壹、老友的重要性

老了，朋友來往也少了，知心的老友更少了，生活圈子愈來愈小，「知交半零落」，「訪舊多為鬼」，這兩句道盡了老年人的孤寂。壯年時，唯恐「多情應笑我，早生華髮」，到如今卻是故舊之中，「也應驚問，近來多少華髮」。

曾有一首很流行的歌——友情，歌詞是這樣的：「友情，友情，人人都需要友情，不能孤獨走完人生旅程。」的確，人是社會的動物，人不能沒有朋友，尤其是老年人，更需要一些朋友，在順心的時候，分享彼此

愉快的感受；在不如意的日子裡，有幾個人吐吐苦水，發洩一下內心的苦悶。人都生活在不同的社交圈子之中。家庭應該可以說是最內圈，也可算是第一圈；第二圈是親朋好友、同事、同窗、故舊，可談心，可歡敘，乃至休戚與共；第三圈則是一些泛泛之交，點頭寒喧的朋友。這三圈的範圍、互動的方式各有不同，但都對人的生活都有些影響。

家庭對一個人的影響，隨年齡而不同。年老之後，退出了工作世界，又回到了家，「家人的關係」往往決定了老年人心理健康及對生活的滿意度。不過，對老人來說第二圈，也就是說友伴這一圈，特別重要。老人若有一些真正知心的朋友，在心靈良好溝通的基礎之上，共度生命的黃昏，會使陋室成為良廬；「悅親友之情話，樂琴書以消憂」是一個意境；「會桃李之芳園，序天倫之樂事」又是一個意境，都說明了人需要友情。

老年人迫切需要從社交圈子得到支持的，而最大的支持力量與最長遠的精神支柱，可能是真正的知己！而不一定是他的老伴、子女、親戚、鄰居或昔日的同事！朋友可以在情緒上完全分享最深層的想法、喜樂、憂愁、煩悶乃至恐懼，知己是最值得信賴的人，也是較客觀分析事理、剖解問題的人。老伴可能過分關心，過於關心有時會增添混亂。當要做重大決策，解決諸多難症的時候，知心的朋友常常是最重要的諮商者。朋友就事論事的建議，因為是旁觀者清，可信度可能比當事者要來得高明。還因為是朋友，可以盡心盡力地幫助。

貳、老人的人際特性

老人由於生理、心理功能的變化，尤其是從工作中退休或家務的調整，人際交往多少有點變化，大致的情況是：

1. 人際交往的圈子愈來愈小，深度也愈來愈淺：體力之不支或經濟之拮据使老年人逐漸退出以往的社交圈子。角色可能從積極進取的主動者變為無所事事的依賴者，過去因公、因事結交的朋友網

絡，慢慢的退出，使老年的人際交往的圈子，愈來愈窄。

2. 人際交往的對象比較穩定：人到老年，社交圈子逐漸固定，哪些只是打哈哈、言不及義的泛泛之交；哪些是可以推心置腹、榮辱與共的莫逆之交；經過了這麼多年的接觸與瞭解，彼此之中的互動關係，大致定了型，不會輕易改變。

3. 人際交往的內涵比較深刻：促使老年人在比較狹窄的生活圈中，與少數摯友能夠保持多少年如一日的情誼，主要是有志一同、趣味相投，心靈深處有某種默契。如果再加上需要互補與心意相似，友情更可能與日俱增。

4. 人際交往的選擇比較慎重：老年人世故較深，閱歷較廣，對人不會輕易締交關係，更難在短時間之內輕易承諾些什麼。老年人疑心比較重，往往用審視的心理度量別人，才決定是否與人交往。

參、朋友關係的障礙與改善

老年人泛泛之交可能為數不少，卻感嘆知心又有幾許？因此，孤寂的老人到處可見，主要原因包括：

1. 不肯放下身段：如果一個人所交的朋友都是泛泛之交，可能是始終沒有放下身段，與他人刻意保持距離。向朋友們表白心事並無損形象，反而讓人覺得真是把他當做朋友，自然地拉近彼此之間的距離。如果心態之中，還抱有一些高高在上的想法，也就交不到幾個真心的朋友。

2. 個性的關係：如果一個人一向自負，只關心自己的感受，人際交往中總是自說自話，甚至目中無人，就不可能進入別人的心中。有些人或孤芳自賞或有厭世的思想，習於自我封閉，也不容易有知己朋友。若對自己缺乏自信，對別人也是疑神疑鬼，總覺得人家和我交往，一定有些什麼目的，勢必很難與對方開誠布公。若

是因為缺少自信，難免自卑、嫉妒，尤其是面對條件比自己優越的人，感受壓力甚至妒忌別人的成就，嚴重影響與他人建立友誼的機會。有些老人喜歡打聽人家的隱私，譬如經濟收入、婚姻狀況、年齡大小、家庭關係等等，自然讓人家有戒心。而心胸狹窄、情緒不穩、喜怒無常、自私自利的人，又有誰會喜歡與他接近呢？

3. 缺少人際之間應有的互動：只希望朋友多關心自己，卻吝於付出對他人的關懷；不喜歡善意的建議，卻對別人嚴加批評；對人缺乏真誠，甚至口是心非、度量狹窄；凡事都漠不關心的老人，只有在有求於人的時候，才肯與人家交往……，其他人對這些老人，又如何深一層的互動？

因此，老年人應該多多學習一些與人交往的功課，以便與他人建立比較密切的友誼，從而開拓更好的人際關係，充實生活的內涵，這些功課包括：

1. 以誠待人：誠者成也，成功的人一定是對自己、對他人不虛偽、不做作。孔子提出「巧言令色，鮮矣仁」。意思是說花言巧語的人，很少是真正的朋友。相反地，言必有信，誠心誠意地待人，必然有助於建造友誼。

2. 相互尊重：尊重他人的人格尊嚴，尊重他人的思想意念，處處為對方著想，容易得到他人的尊重。相反地，一味要求別人對自己尊重，卻在言語之中，時時流露比人家高了一等的意味，久而久之，就隔絕了他人想進一步建立友誼的機會。

3. 自我充實：人都不喜歡行為庸俗、言語乏味、思想落伍、自以為是的人。長者應多多充實自己的內涵，開拓自己興趣的領域，無形之中會改變氣質，豐富精神生活，讓人樂於接近。

4. 加強溝通：人際來往，最怕彼此心中有了芥蒂，甚至成見。堅持

己見是交往之中出現鴻溝的主要原因。多吸取他人的看法，多尊重他人的想法，有容乃大，既可對人多一分瞭解，又讓人覺得虛懷若谷，何樂而不為？老年人最忌偏心與頑固，凡事自以為是。加強溝通在人際互動上有其必要性。

5. 主動積極：如果有誠意建立更好的社交網絡，需先打開心門，伸出雙手，熱誠地、主動地與他人來往。既使是友誼不只一年、十年，最近卻很少聯繫，也可打電話向對方問候，或是趁著聖誕節、新年將近的時候，郵寄一張卡片，帶上由衷的祝福；或在友人生日時，買一張生日賀卡郵寄。許多老年人很喜歡別人對自己的關懷，卻不肯主動地關心別人，難怪故舊逐漸疏遠了！萬一聽說某位朋友身體不舒服，甚至住院求醫，也可前往探視。至於最不幸的訊息，如喪偶，更別忘了安慰，發揮朋友的情誼。

6. 多交一些新朋友：除了多與老朋友聯繫之外，應該嘗試結交一些新的朋友。多與中壯年人互動，感染對方的活力與氣息。有幾位推心置腹的老友當然好，更好的是建立不同情況之下有獲得社會支持的網路。

7. 避免鋒芒畢露：不要炫耀自己目前所擁有的一切，免得遭人妒忌、排擠。儘量讓別人有機會表現自己，如此當能贏得更多友誼。給予適當的感情關懷，當發現對方的優點之後，真誠地讚美他人、喜歡他人，就不愁他人不樂於來往。

總而言之，要珍惜已有的友誼，多開拓友誼的新園地。

第四節　休閒

壹、意涵

　　休閒（recreation）是老人生活中非常重要的活動，也是自我充權的關鍵手段。老人有很多空閒時間，更需要透過有益身心的活動，調劑生活內涵，祛除煩惱。最重要的是走出蝸居的斗室，走出封閉的天地，進入感興趣的世界，進入與夥伴有志一同的天地之中。退休後自由時間的活動安排愈形重要（周芬姿等，2009）。

　　隨著戰後嬰兒潮之中高齡人口逐漸步入老年，銀髮族已成為社會舉足輕重的族群，因此有關老人休閒活動服務及環境的偏好是值得探討的議題。老人需要多動，休閒活動除了遊戲與娛樂之外，還有更深的涵義：

1. 從字面上來看，recreation 的本意就是再創造，休息是為了走更遠的路，老年人在退休以前，案牘勞形，忙於全家的衣食；婦女們更是被永遠做不完的家事所綑綁，如果是職業婦女，雙重生涯，裡裡外外更是忙得不可開交。如今工作、家務、經濟重擔減輕，日子可以完全屬於自己，因此不論是家庭主夫或是家庭主婦，現在正是享受休閒的時候，重新再拾起塵封已久的畫筆、硯臺，彩繪自己的晚霞；整理一下好久沒有翻閱的古書，再與先聖先賢神交；將窗臺上雜亂的空間，好好地種一些花草，讓它點綴人生，美化心靈。

2. 休閒活動除了再創造之外，還有社交的意義。人都需要朋友，共享所見、所聞、所思、所感；尤其是老年人，更需要談天的對象、走動的地方，閒話家常，品評人物。下下棋更是許多老年人最大的樂趣之一，下棋的固然只有兩位，圍觀的卻是不少，是否真正做得到觀棋不語的意境，倒不是很重要，關鍵在於當時的參

與感。至於參加登山、旅行或加入長青俱樂部、老人活動中心、老人大學、社區組織，既有益身心，又可以多交一些有志一同的友伴，將自己生活的觸角延伸到更寬廣的天地中，是很有意義的。獨樂樂本來就不如眾樂樂，透過社交性的休閒活動，可享受與眾同樂的滋味。

3. 休閒還有更新、更重要的涵義，就是精神或心理層面的治療。經常憂鬱、與他人相處格格不入，甚至素來就是落落寡歡的長者，應多發展自己的興趣，如繪畫、書法、園藝，乃至烘焙西點、餵養小動物，樂在其中，不知不覺地突破自我的封鎖，從興趣的提升與成就感中，克服孤立、自卑、妄想與厭世的負面情緒，是有效的一種心理治療。這樣的活動過程中，應給予正面的激勵與增強作用，免得老人半途而廢，甚至覺得一事無成，反而造成更多挫折感，以後更退縮。

4. 休閒活動另一個意義是增進家人的關係。休閒活動不論在室內的弈棋、橋牌、音樂欣賞或玩玩小牌，或戶外踏青、登山、旅遊、參加社交活動，因此也就無形之中增加了大家在一起活動的時間，促進了彼此的感情。

貳、選擇的考慮

休閒活動主要的考慮因素依以下幾種因素而定（陳英仁，2005；鄭政宗、賴昆宏，2007）：

1. 健康的狀況：老年人固然需要活動筋骨，但任何的活動還是要考慮體力與感覺器官的狀況。視力不良，閱讀就不很方便，看電視也多少受些影響；聽力不佳，自然影響音樂的欣賞及社交的生活。老年人比較喜歡靜態的活動及非大量體力的休閒方式。

2. 經濟的能力：收入減少難免會影響老年人所參與的休閒種類，使老年人減少商業性的娛樂，如電影、音樂會以及戲劇的表演等等，限制了參加旅遊與俱樂部等等的聯誼性活動的機會。社會經濟水準較高的年長者，休閒活動也比較多元化。

3. 教育水準：教育水準愈高，休閒的興趣通常愈廣，對益智性的活動也投入更多；教育程度不高的老年人，則比較多投入娛樂性、需要一些體力的活動。

4. 性別：女性一向興趣較男性為廣泛，同時女性的休閒活動大都是靜態比動態為多，需要體力的活動少，一旦到了老年變化也比較少。許多男性人老體衰，通常比較難以打發時間，昔日只對動態活動才肯投入，現在動不了，若對靜態的活動又一向興趣缺缺，就不知長日漫漫如何排遣了。

陳英仁（2005）以中華老人總會 65 歲以上之會員為研究對象，進行休閒環境偏好問卷調查。發現在休閒動機方面，主要有「獲得成就感」、「社交互動」、「消磨時間」、「健康適能」、「體驗自然」、「生活學習」六項因素，以健康與適能需求獲得最多認同。休閒參與方面，對於「健康與體能類」與「社交活動類」之參與程度較「公益服務類」與「文化藝術類」為高，休閒環境偏好方面「偏好於自然環境優美的休閒環境」獲得最高評價。

老人團體對會員平常休閒以能達到放鬆心情調節身心，並藉以鍛鍊身體健康，維持生理功能，以獲得成就感的社交活動為主，舉辦場所則多考慮戶外休閒環境為主的活動，以提高老人參與意願。

參、寫作與剪輯

年長者如果能多整理家中的照片、錄音帶、影像，既是休閒活動，又具有傳承的意義。許多長輩都可以運用電腦來處理，透過剪輯來紀錄與

回顧家庭的點點滴滴。金鐘獎和金馬獎的頒獎是每一年影劇圈的盛事，兩大頒獎典禮中都有一個不是很受重視的獎項：最佳剪輯獎。電視影集或電影能夠成為一流的作品，必須有很好的剪輯者。當攝影者拍攝了無數的鏡頭後，剪輯者挑選出最能代表劇情的畫面，並且讓畫面之間呈現合理又感人的安排，這是高難度的事情。就像照相人人都會，卻只有少數人能成為攝影家，錄影也不難，卻只有少數的作品能打動觀賞者。攝影師會拍照，懂得拍攝最漂亮的鏡頭，但是眾多美麗鏡頭之間的關係，需要剪輯。在剪輯的時光中，等於是詮釋了影像，有如歷史學家。

現代婚姻都流行花大錢拍婚紗照，新人照的好美，許多鏡頭都精彩迷人，但是一般新人挑選 50 到 70 張，還是要考慮編排的問題。剪輯者必須懂得自己的角色，避免喧賓奪主。廣播電台錄製節目也要懂得剪輯，把不理想的部分刪除，留下最精華的，並且使其順暢自然。如此也能讓聽眾享受更高的品質。剪輯是「後製作」，必須製作出更好的作品。

對影像、照片等的整理是「剪輯」，對文字的整理則是「編輯」。寫文章的作者固然重要，要把文章用更好的方式呈現，則是編輯的功力。好的著作通常都有好編輯的努力，因此金鼎獎也有類似的獎項。拜電腦之賜，剪輯影片或是錄音帶或是婚紗照，編輯文章或是書籍，比以往方便。調整、修正、刪除都很便利，甚至人物的美醜都可以精心改造，使不美麗的部分改為美好的。婚紗攝影公司在這方面特別有經驗，所以新人看起來總是特別漂亮。好的電腦軟體配合有經驗的剪輯者，呈現出賞心悅目的畫面。

不過，也有人不喜歡光挑美麗的部分。這就像人物的塑造與繪畫，希臘文化比較凸顯人的美，甚至修飾這些美麗，所以好些人物都美到不真實。人生哪能如此？家庭中一定也有些不美好的鏡頭，家家有本難念的經，婚姻必然有些不足為外人道的無奈，每個人不可能完美無缺，剪輯後的，只是部分強化後的事實，絕非現象的全貌。

各國影展競賽項目中有「最佳剪輯獎」，剪輯者的功力會使影片的效

果相差甚多。金鐘獎等也有剪輯獎，就像攝影展也都是精挑細選，並且編排。剪輯者主觀地判斷，表現了部分的事實，觀眾、聽眾、讀者不必信以為真。固然應該欣賞美好，但也承認人生實在不美好，處處有問題。

擔任編輯、剪輯等角色，建議從整理自己和家人的作品開始，把文章重新編排，或是把照片以不同的方式呈現，或是把家中錄影過的內容再看看，一定會有不同的體認。一位老人很難去編輯或是剪輯其他人的作品，但可以讓自己、自己的家，經過整理編輯後，有新的發現，並且可以更加美好。

如同古人所說：「讀萬卷書，行萬里路。」如果親自瞭解，認識了許多書籍中的人物，也知道作者是誰，讀書時更能感受到作者的感受。很多人都害怕寫作，寫作的確不簡單，比說話要困難，所以多數人不喜歡寫文章，對於有系統的寫作更是抗拒，只喜歡說說。但「口授的」怎麼比得上「寫下的」來得嚴謹？

寫下來，白紙黑字，有了紀錄。歷史靠記錄，不能光靠記憶，人與人說話，只能留下記憶，卻無法保存紀錄。說話可能亂蓋、可能吹牛、可能信口雌黃，但寫作必須謹慎，任何錯誤都容易被發現。讀書開闊了視野、瞭解了新觀念、認識成功人物，是最有意義的休閒。在寫作時，須經常查詢，以確認自己所引述的正確無誤。

許多年長者都寫了很棒的作品，對社會產生莫大的影響。這些作者想必比他們的同行更加用功、更愛閱讀、更有深度。在臺灣的官場，做到院長和部長的不少，但是王作榮、郝柏村、李國鼎的著作使他們更具影響力。大學校長很多，孫震、沈君山、李家同透過文字使他們也教育社會大眾。成功又富裕的企業家成千上萬，但張忠謀、溫世仁都透過文字贏得尊敬。藝術家林懷民、朱銘、漢寶德不僅在自己的專業中頂尖，也透過文字對廣泛大眾產生鼓舞的動能。許多人都在退休後持續寫作，顯示對知識的熱愛。他們都比同輩更熱愛寫作，也都有更高的成就與更廣泛的影響力。最好的休閒是持續閱讀和寫作，繼續相信閱讀、熱愛寫作可以在讀與寫的

過程中，可以學習、可以成長、可以付出。

　　閱讀是老人很好的休閒方式，讀書使人與真、善、美更接近，更可能靠近偉大。可以做到比同行更「相信閱讀」的價值，閱讀更多好書，使生命更精彩。也應該多動筆，多整理多思考，「熱愛寫作」，對社會的真、善、美，付出更多心力。

Chapter 10

家人充權

家人之間的互相鼓舞對老人非常重要。這個世界如果沒有了愛，將是怎樣的一個世界？如果人與人之間只有怨、只有恨，而沒有了愛，又將是一個怎樣的光景？只要有血有肉的人，都渴望著愛與被愛。尤其是老年人，幾十年忙忙碌碌，為著事業、為著家庭，雖然還不一定「塵滿面，鬢如霜」，卻至少奔波奮鬥了大半輩子。如今，退出工作世界，回到了家園，如果得不到配偶的支持、子女的孝順，內心之徬徨、孤寂與痛苦可想而知。

　　老年人，看過多少次花開花落，眼見多少次物換星移，如今在生命的深秋裡，回首來時路，再面對自己所要步入的人生四季中的寒冬，一定期待親愛的人能夠同行！

第一節　老人與配偶

壹、老伴的獨特

　　老人和家屬之間的互動關係中，通常與配偶最為親密，互動最為密集。以日常生活照顧而言，配偶是最主要的提供者，其次為成年子女。退休後老年夫妻的時間安排，對於婚姻生活必然產生影響，夫妻二人可討論決定共同從事的活動及個人的活動；家務分工模式也需要雙方再協調合作；互相滿足彼此的親密需求與性需求。

　　時代巨輪一直在快速奔馳，許多老人都感嘆：半百年華彷彿剛過，卻已是鶴笈老伴的時刻。歲月不居，昔日情意萬千，兩心相許，依稀猶在眼前，卻已與他（她）同行三十、四十、五十年，看孩子從少不更事，到各奔前程，驀然驚覺年華之易逝。

　　空巢期的滋味或更年期的威脅，都令人難以消受。最令人懊惱的是老夫老妻的生活中一切似乎都已成為常規，日昇而作，日暮而息，生活中

失去了急速的旋律。平平淡淡的日子裡，愛情似乎也褪了色，遲暮年華難道只能在寂寞無限的黃昏裡，任它隨風而逝？

　　由於人類壽命的不斷延長，一對夫妻長相廝守、共同生活的日子，逐漸延長。人生遲暮階段有個知心的老伴，相互持攜的重要性，是毋庸置疑的。少年夫妻老來伴，鶴髮紅顏兩相歡，一對夫妻在人生路上，牽手了這麼多年，應該是婚姻的滿意度上升。不過，由於終日朝夕相對，生活中又缺少刺激，婚姻可能只是彼此之間的責任；再加上性能力之衰退，夫妻之間除了等待子女或孫子女回家帶來片刻歡欣之外，日子愈來愈平淡，連談話的主題也愈來愈少。更遺憾的是華髮早生、青春不再的那種失落感，造成心靈上的陰霾。

　　婚姻生活中如家務決策、家事分工、財務分配、子女教養、姻親關係等議題均與婚姻權力相關。但夫妻之間的權力分配常常是不均等，一旦某一方不願按另一方的意志行事時，衝突便由此而生，進而影響婚姻生活；因此，權力分配問題是婚姻生活必須面對的問題。權力主要由在家務決策過程中的影響力而定。個人擁有愈多資源，影響力就愈大，所以婚姻關係中權力大的一方，決策權愈大。婚姻的權力結構就像其他人際關係一樣，有其政治化的一面，例如誰做決策、誰掌權、誰去執行等。但也有充滿感情的部分。婚姻的權力來源隨著時代的變遷而異，在傳統社會中，丈夫擁有絕對的權力；近年來，受到兩性平權觀念的影響，諸多法令都有對夫妻平等觀念的強調，現代婚姻則趨向平等的關係。

貳、夫妻關係的衝突

　　婚姻關係穩定的夫妻較少出現衝突事件，而如果婚姻關係不穩定則夫妻間易發生爭執，嚴重者影響婚姻生活品質，導致對婚姻的不幸福感。老年夫妻間衝突的基本原因是權力分配的不平等，且多集中於「權力的控制」──即誰決定在何種情況下做某些事。

夫妻權力分配的四種型態：(1) **妻子主宰**（wife-dominant）：妻子的權力範圍較丈夫廣；(2) **綜融**（synergetic）：夫妻間的權力幾乎平等，他們共同商議而做決定；(3) **自主**（autonomic）：夫妻之間的權力幾乎平等，但是夫妻劃分做決定的領域，各自在其領域內獨立行事；(4) **丈夫主宰**（husband-dominant）：丈夫的權力範圍較妻子廣得多。傳統上，在「男主外、女主內」的環境下，丈夫是家中事務的決策者。但是，當丈夫從職場退休，妻子的婚姻權力便因而增加（彭懷真，2009）。

　　Willard Waller 提出「低興致原則」（the principle of least interest），在婚姻關係裡，夫妻間興致較低的一方常剝削對方。較願意解除婚姻關係的、或動搖親密關係的、或拒絕主動尋求補救的一方容易維持其在婚姻裡的控制力。傳統社會女人在婚後的身分地位、錢財以及感情的保障依附在丈夫身上，因此離婚女人的損失較大。男人在社會的角色比較多元，即使離婚了，還可以從其他方面得到補償。妻子的可能損失既然較大，對婚姻的需求自然也較大，因而讓需求少的丈夫加以控制和擺佈。但這個情勢在進入老年後，明顯產生改變（蔡文輝，1998）。

　　文化背景資源的確會影響家庭中夫妻權力的分配，因此除了個人的社會經濟地位（包括個人所得、教育程度、職業聲望）可以作為婚姻權力的資源指標，不同的「社會化型態」（即指個人學習社會規範與期望的過程）也需要考慮。倘若資源的多寡無法完全解釋家中權力分配的情況，那麼將「相對資源」與「文化規範」二項交互作用的結果用來觀察家庭中婚姻權力的分配，可能會有更佳的解釋。

　　夫妻在婚姻互動關係中獲得報酬，但也相對地付出成本，婚姻權力的均衡是一種成本與報酬的交換。婚姻中決策力的大小與夫妻權力的平衡與否，與他們能否在婚姻關係之外取得有價值資源的能力有關，當取得婚姻外資源的能力愈高時，他（她）在家中所擁有的權力就愈大。換言之，婚姻關係中擁有較多資源的一方，藉由較多交換及選擇的機會，促使個人在婚姻中擁有比對方更多的權力。

每個人都把自己與社會的資源帶入婚姻與家庭關係裡。為了讓最小成本獲得最大利益，我們也利用它們與他人進行交涉或協定。人們的親密關係是建立在成本與利益分析的形式上，每個人都會付出時間、勞動、金錢與不愉快經驗等代價，以換取愛情、友誼、愉快與親密感等酬賞。人們帶入婚姻市場的社會資源主要包括教育水準、生理吸引力、才智與家庭地位等特徵。人們可在婚姻與家庭關係中透過交涉與協定做出最佳的買賣交易。一旦人們發現結果不如預期時，可能發生漠視、爭執、衝突或暴力，最後甚至以離婚收場。

　　夫妻權力的分配主要可分為均衡與不均衡兩大類，在均衡對稱的類型（symmetrical patterns）中，配偶雙方大致處於相同的「層次」，表達類似的行為。例如雙方都自我肯定、有力量、能表現權力；或雙方都相當缺乏自我肯定，並畏於執行權力。夫妻任何一方都未明顯地占上風或屈居下風。他們是同伴；相對的，在不均衡不對稱（asymmetrical patterns）的類型中，配偶之間的不平等明顯可見。一方處於較主宰或「功能過度」的地位，另一方則處於較服從或「功能不足」的地位。婚姻中功能過度的一方通常背負家中較多的情緒擔子，而功能不足的一方則少得多（彭懷真，2009）。

參、黃昏之愛

一、給予對方衷心的接納

　　為家、為子女、為彼此的事業與社交生活，夫妻難免心中總有意見差距與心結。有時更因為溝通管道不是那麼暢通，在各持己見之下，讓彼此的差距更大、更深。

　　小誤會、小摩擦，都可能釀成更多的問題，甚至鬧得不可開交。老夫老妻，最怕的是常常為了芝麻小事，臉紅耳赤，彼此相互指責，甚至把幾十年老帳都搬出來。夫妻相處這麼多年了，彼此早已洞察對方絕非十全

十美，未來也不見得比目前更好。自己也並非毫無瑕疵，又有什麼理由老說對方的不是。衷心接納對方的缺點與不足！將心比心，也希望配偶對你的一切，無條件地接納？幾十年與配偶同行，一定也會發現在某些地方，他（她）對人、對事、對物的看法，的確有不錯的見解，何不給予對方某種肯定？

老夫老妻在相處之道中，最常見的問題是以負面態度，意氣用事，將小芥蒂釀成感情破裂的危機。如果雙方都互不相讓，從小聲辯詰到大聲怒罵，到彼此三天三夜不說話，讓冷戰僵持，無止無休，豈非憾事！

即使是對方的缺點，可能都是由來而久，已經習慣成自然，既忍了這麼多年，又何必喋喋不休？尊重與接納，正面來說是愛的最高實踐；退一步來說，也可以把問題降低到最低程度。有時候，多聽他（她）一些意見，少堅持一點自己看法，謙讓容忍，反而使對方多一些愛意，既豐富了彼此的遲暮生活內涵，又擴大了兩個人所屬空間，何樂而不為？

二、共同珍惜生命的黃昏

進入老年的夫妻更應珍惜在一起的每一天、每一刻。誰知道明年此時、後年此刻，兩個人能否共享晨昏、共沐天恩？今天、今宵、此時、此刻應該是最值得留戀的時分！收拾起無謂的呻吟及對病痛的恐懼，好好迎接明天的晨曦！不踏出老邁的陰影，又怎能期待明天會更好？不走出自己的影子，又怎能避免垂老的岑寂！保持兩顆合一的心，是追求長生不老的最佳法寶。讓此心此身永遠愉快，喜樂不減當年。縱然隨著時光消逝，老態與日俱深，也正因為如此，晚年之愛更顯珍貴！

共看晨曦，共沐晚風，微帶料峭的夜晚裡，為配偶披上一件外衣，泡一杯熱茶，一點點情意，一絲絲溫馨，當有說不出的喜悅湧上心頭，流入心田深處。會感受到生命中處處、時時都有全世界只屬於夫妻倆的樂趣！桃花源又何必遠求，因為它就存在於你們心中，此時此刻，一生一世！多回味那些美好的往事，更要有衣帶漸寬終不悔的執著。大家都是凡

人，本來就是一無所有來到這個世界，幾十年兩個人同甘共苦，培育了孩子，經營了這個家，又有陪自己走過這麼長人生道路的一個他（她），由衷地感謝上天對你們的恩典！更何況你們還健康地生活在一起！

許多夫妻走在婚姻之路上，總是覺得要遵循人們的看法，但太看重他人的價值，就容易被人們似是而非的想法所限制。例如重視財富、房地產、家族聲望、社會地位、美貌英俊等。忽略了更可貴的「天路」要件，例如犧牲、愛心、忍耐、相互扶持、體諒關懷等。正因為人生苦短，可以在一起的時光最多只是以千計的日子，所以才要多所珍重。「人生休說苦痛，聚散匆匆莫牽掛」，過去所努力的可能都是為子女，到如今，還是多愛他（她）一點，也多愛自己一點，也多回饋社會一點！

第二節　親子

壹、親子關係的獨特性

眼見自己多年所呵護、照顧、熱愛的子女，從牙牙學語、少不更事，到初識愁味，到如今學有所成、業有所立，甚至已為人夫、為人婦，為人父、為人母，銀髮的朋友一定百感交集，既以子女之長成為傲，也多少惋惜子女終將離開自己，展翅高飛，各自西東！

大多數的父母，都以無比的摯愛，無怨無悔，一生一世地愛著自己的子女。不管子女的年齡多少，成就又是如何！還是需要在不同的時段，針對不同的個體有不同的表達方式。在高度競爭、分秒必爭的時代裡，就算子女還住在一起，或鄰近不遠的地方，要找一段比較長一點的時間，促膝而談，閒話家常，都不是容易的事。因此，父母在心態上應該調適，在言行上適度表達愛意。

絕大多數子女都由衷地期待自己的父母在垂暮之年，能愉快地、健

康地、幸福地享受每一個黎明、永晝、夜晚。年長的父母，在人生四季的初冬裡，因為擁有愛，尤其是子女之愛，不但不畏料峭的微寒，在內心深處都如三月陽春。

問題可能是子女雖力求善盡孝道，卻常常感覺到與父母的相處愈來愈不容易。在思想意念上、在待人接物的處理中，似乎差距愈來愈大了。更可怕的是可能發現：「老爸變了！」為什麼一向充滿著生命活力、衝勁十足、永不服輸的老爸，最近老是感嘆日暮沉沉，要不就只談當年往事，要不就終日悶悶不樂，意興闌珊，什麼都沒有興趣。

子女要學習和年長父母的相處之道，不管是一起生活也好，或是隨時問候、隨時接待也好，請多瞭解他們最近所經歷的衝擊與挑戰。在心理上該有準備，那就是照顧老人與撫養嬰兒大不相同，因為可以料得到情況會隨著日子愈久而愈壞，而不是愈來愈好。照顧的生涯，可能三年五載，可能十年以上，甚至要全家大小一起動員，完全打亂了家中一向平靜又有規律的生活方式。陪伴父母同行的另一個困擾是，有時候父母雖已年邁，但永不服老，除非到了實在無法自理的時候，才不得不承認找子女協助確有需要。因此身為子女的人，要察言觀色，揣摩父母的心思。

老年人都希望維持他們舊有的生活方式，因為比較容易有安全感與歸屬感，所以要說服他們改變平日的生活型態，像接他們到自己家裡住，或是委婉地告訴他們說要尋求更多外來的幫助，乃至勸說他們考慮住進安養院，都非常困難，因為他們多半相信舊的都比較好。也因為如此，倘若可行，請儘量尊重父母的抉擇。若要請父母搬到你所住的附近地方居住的話，務必慎選並熟悉遷居的環境，如四周的交通狀況，附近有什麼醫療設施等；尊重父母原本的生活方式非常重要。譬如說，某種衛生習慣與言行態度，也許的確不是很好，但在還可以接受的情形之下，仍應給予相當程度的尊重。

貳、同住的各國情況（柯瓊芳，2002）

　　以歐盟 15 個會員國的養老態度為例，經濟發達的現代化社會與子女同居照顧意願間存有明顯的相關，國民平均所得較高、家庭聯繫較鬆散、非婚生比率較高、女性勞動力參與率較高地區，子女的同居照顧意願較低。丹麥、瑞典、芬蘭及荷蘭等國的個人主義取向較明顯，只有 10% 至 18% 的受訪者認為子女應與父母同住，照料失能父母；義大利、愛爾蘭居次；最高的是希臘、西班牙及葡萄牙三國，同住照顧意願達 70% 以上。社會民主主義福利體制國家傾向於將養老費用的主要統籌支付責任歸諸政府，而地中海國家則把責任歸諸子女與政府。隨著經濟與社會的發展，子女奉養意願將會降低，而政府也須在養老政策上更積極主動。

　　在美國世代關係的研究上，個人主義（individualism）色彩濃厚的家庭，個人自主性強、成員彼此之間的期待低、老人的照護工作被視為個人與家庭的沉重負擔，希望政府能擔負起養老照護的責任；而在集體主義（collectivism）取向的家庭，家庭成員間互動頻繁、互賴性高、多認為老人照護是家庭成員的義務與責任。在個人主義取向的家庭內老人即使權力較大，但由於其與子女間的關係傾向於自立自重，因此等到老邁需人照顧時，老人必須改為溫順服從或以財富換取子女的服侍；而在集體主義取向的家庭，老人雖能得到子女的照顧，但也主動提供財富或照顧孫子女當做回饋。道德規範或宗教價值的奉養倫理未必能競爭得過潛存的社會交換原則，政府若將養老責任完全交由家庭來負責是相當危險的。在個人主義取向的家庭，老人由專業機構或僱用專人來照顧的情況較為普遍。

　　日本老人獨居或僅與配偶同住的比例由 1972 年的 19% 增為 1995 年的 41%，與已婚子女同住的比例則由 56% 降為 33%；而育齡婦女認為與父母同住是「好習俗」或「天職」的比例亦由 1963 年的 80% 降為 1996 年的 47%。日本厚生省的調查顯示，超過九成的中年人（30 至 49 歲）認為，成年子女需與臥病在床的父母同住並負起照料的責任，但真正得到子

女照護的老人卻只有一半左右。不只是子女對於與父母同居共住，提供老年照護的意願降低，年老父母對於子女的依賴意願也逐年降低，且社經地位愈高，獨居意願愈明顯。

老人獨居意願反映了個人主義觀念與對生活隱私的注重，前者與文化價值有關，後者則取決於財富狀況，經濟愈是充裕愈可能保有獨立的居住空間與生活模式。亞洲各國多把個人主義風氣歸諸於西化的結果，歐洲學者則將其視之為第二次人口轉型（the second demographic transition）的過程。第一次人口轉型的特徵在於出生率與死亡率由高到低的變化；第二次人口轉型的現象主要是生育率低於替代水準及附帶引起的人口快速老化。在婚姻制度方面，晚婚、不婚與離婚比例上升，同居比例增加，無子化及婚姻外生育的比率也持續升高；在生活型態上則傾向於自由。

英語系國家的親族互動關係最弱，其次為西德與奧地利，而以義大利及匈牙利最強。這些差異雖然與國家的現代化程度有關，但主要還是肇因於歷史文化因素。因為在工業革命前，西北歐盛行奴僕制度，未能承繼家庭財產或是沒有家產可繼承的子女只能離開家庭受僱為傭，自謀生計，因此較難維持縝密的家庭關係。在南歐國家，雖然盛行的不是大家庭制度，但子女在結婚成家前多與父母同住，家庭成員間的關係也較為親密，而這是義大利仍能維持傳統取向家庭關係的主因。19 世紀歐洲大陸北部地區 15 至 24 歲的年輕人中約有 30% 至 55% 為奴僕，而在歐洲南部地區只有 5% 至 20% 左右。離鄉背景的奴僕工作使這些年輕人無法與自己的家人維持緊密關係，結婚成家的時間也必須延後到自己有相當的積蓄與生活能力後才可能；在這樣的文化傳承下，該地的年輕人平均離家年齡較早，碰到生活上的困頓也多自己解決或尋求朋友協助。在歐洲南部地區，過去少小離家出外為奴的風氣不盛，子女多與父母同住直到自己結婚成家，因此離家的年齡幾乎等同於結婚年齡，結婚後也多與自己的成長家庭保持親密關係；在這樣的文化價值下，有困難時家庭成員多能互相幫助，個人或自己的婚姻關係有時反而不如血統關係重要。

與北歐及西歐各國比較起來，南歐的個人主義色彩較淡、家庭認同程度較深；分析 1990 年代初期荷蘭與義大利老人之居住安排方面，義大利有偶老人與子女同住的比例（男 39.1%、女 22.3%）幾乎 2 倍於荷蘭（男 16.4%、女 8.7%），而無偶老人選擇獨居的比例（男 6.5%、女 20.7%）卻都只有荷蘭的一半（男 14.5%、女 39.9%）。在強調隱私、獨立的瑞典文化與價值觀下，老人生活的獨立與自主受到社會大眾的高度支持，無論成年子女或老人都不認為養老照護是家庭的責任，世代間的關係是互助而不是依賴，子女及家庭照護是政府機構照護的輔助而不是替代。雖然在北歐及西歐國家成年子女與父母同住或完全負起照護年老失能父母的比例不高，但意外或急需時，成年子女仍是主要的照護提供者。

參、同住的影響因素

　　有幾種因素影響了老人與子女是否同住：(1) 老人本身的立場；(2) 子女本身的評估；(3) 經濟情況。（主計處，2004；莊朝榮，2005）

一、老人方面

　　從老人這方面而言，影響因素如下：

1. 老人教育程度愈高，社經地位在中等以上，退休之前積蓄有一些老本者，傾向於只與配偶同住。
2. 老人喜好自由，身體相當健康者，傾向於只與配偶同住。
3. 老年夫妻關係一向恩愛，較不願在垂老之年與子女同住。
4. 生活頗為優裕，住所各種條件尚稱理想，多不願蝸居於子女家中。
5. 居住社區的各種環境相當熟悉，左鄰右舍都是多年老友，也就不願輕易換環境。
6. 由於體念子媳、女婿都有工作，深恐一旦與他們同住，難免彼此影響生活節奏。

如果說這些都是他們決定不與兒女同住的主要原因，那麼相反的情形，也就能解釋何以父母希望與子女同住與實際同住的情形之間，存在了相當大的差別。

二、子女方面

影響子女（尤其是兒子）是否與父母一起居住的因素，另包括下列幾點：

1. 剛進入社會，正值創業時期，因此期望父母體諒工作繁忙的困難。
2. 夫婦都受過相當高之教育，又有很好的工作，不想生男育女者，傾向於暫時不與父母同住。
3. 目前工作仍不穩定，隨時都有可能調動外地甚至國外者，傾向於不與父母同住。
4. 目前收入並不優厚，住的地方是租來的，實在沒有太多空間請父母來住。
5. 在戀愛過程中，父母曾表示反對的態度，婚後多少有點心結，因而影響與父母的關係。
6. 兄弟姊妹頗多，難免會覺得他們的條件都比較好，覺得父母是否優先考慮到某位手足家裡居住。
7. 擔心婆媳之間不易相處，又多少想到三代之間住久了，難免會有些麻煩，因此遲遲歡迎父母同住。

還有一點要特別注意的是，父母不要改變子女的人生觀點與生活態度。譬如說，對事物之看法與用錢的方式等等。

三、經濟方面

提到用錢，不能沒有一份新的財務計畫；在這方面，子女要考慮的是：第一是父母一起搬來住的必要開支；第二是寡母搬來住的必要開支

（通常公公會來搬來住的情形比較少）；第三是他們都還是住在原地方，子女分攤家用，並經常開車去看他們，送他們去醫院接受治療等等情況。情況不同，開支自然也就不一樣。

一般情形來說，父母多少有點退休金與政府社會福利的津貼，以及過去的一點儲蓄，可維持最低的生活費用。如果他們自己生活，子女還是應該按月貼補，提高老人家的生活品質。除此之外，子女每次去看他們或者他們來訪，塞一點錢在他們的口袋中，是表達一些孝思與關懷最好、也最快的方式。

如果他們搬來住，家用開支必然增加不少。子女不妨讓父母知道自己的收入與經濟情況，坦誠地提出將增加的付出，請父母體諒，必要時也請長輩貼補一些家用，至少支付部分的醫藥費用。同時，應該讓其他子女瞭解這種情形，共同分攤一部分責任。事實上，明理又疼愛子女的父母，往往不必等孩子開口表示，都樂於負擔部分家中必要的開支，不過事先有個財務計畫還是必要的。

比較麻煩的是寡母，尤其是年長、體弱、多病的寡母，平時就沒有收入，也沒有多少儲蓄，她若一個人獨居，身為子女者自不安心。說服她搬來一起住，所增加的各項開支為數不少，如何撙節本來的家用，並請求政府與社會福利機構的補助以及其他子女的支援，就需要全盤的規劃了。

子女要想進一步走進父母的內心世界，幫助他們適應老年期的挑戰，有效溝通是最重要的一件事。不過，溝通的主要目的不是說服、勸告，而是聽取他們的心聲，先求瞭解父母的感受與處境，不要預設立場，將心比心替他們著想，可提高溝通與相互瞭解的效果。

想辦法使老年父母在家裡不會閒著發呆，有事可做，而且做得很有興趣也非常重要。若記得老爸、老媽喜歡玩些什麼，喜歡走動的是哪些地方，可以鼓勵他們重拾興趣。譬如說，你知道老爸一向喜歡木工、修修釘釘的，那就不妨鼓勵他替孫子做一些玩具！你知道老媽愛唱歌，買一套設備不是取悅她老人家最好的妙方嗎？

週末假日時，陪伴老人家到親戚家中走走，到郊外賞花踏青，或是陪他們欣賞戲劇，到藝術館欣賞名畫，都是有效的途徑，帶他們走出蝸居的斗室，進入更寬廣的世界。更重要的是陪他們去醫院體檢，以免萬一患了大病，大家都會措手不及。

第三節　老人與子女的相處

壹、老人面對子女

以下是幾點對老人的建議：

第一，在心態上體認孩子已經長大，自有該發展的空間與該開拓的天地。作為他們的父母，應該避免讓自己太多的關懷造成他們沉重的壓力。不少父母，還擺脫不了「恨鐵不成鋼」的心理，希望子女一進入社會，就一鳴驚人、一步登天，馬上就可以光宗耀祖；因此，抱著求好心切、事事過問的態度，造成子女不必要的困擾，甚至加深了彼此的鴻溝。

第二，在精神上，應該多給予子女肯定與鼓舞。創業維艱，守成也不易，子女在事業的開拓與人際關係的經營，不可能盡如人意。父母應該肯定他們的所做所為，給予適度的鼓舞。多聽他們所流露的無奈，扮演最佳的支持者角色，以溫暖的心與冷靜的頭腦為出發點。不要數落別人的不是或批評人情的刻薄，如此會造成子女更大的困惑。相反地，應以客觀的立場幫他們分析事物之來龍去脈，平心靜氣地建議子女檢討自己是否也有應該改進的地方。

第三，在行動上，繼續力求作為子女的表率。如果父母上有高堂猶健，就應該儘量孝敬年登耄耋、長壽高齡的老人，力求在陪伴父母方面盡為人子女之職責，以身作則，為子女樹立楷模。縱使父母已經作古，有機會的時候，至少在他們的忌日，與子女談談先人遺事，表達孝思，感謝祖

蔭。有些父母老是怪罪子女沒有孝心，卻忘了自己也未好好孝順父母。父母不管年齡多少，在待人接物、修己善群各方面，永遠都應是子女學習的最好榜樣。

第四，在錢財上，給與求之間應該有好的拿捏。縱使至親的父母與子女，在錢財上還是要注意什麼時候、什麼情境之下適當地互動。多少人間恨事，都由錢財開始。養兒防老的時代已消失，對子女的錢財，不要抱著予取予求的心態，自己不量入為出，一味希望子女以錢財表示孝心。如果自己還算小康，又何必仰望子女臉色？

第五，儘量尊重子女管教孫子女的方式，少做不必要之干涉，更避免因為心疼孫子女之被管教，而當面數落子女之不是，免得造成子女內心不快及孫子女毫無忌憚，不服父母之管教。如果認為管教方式確有亟待改進之處，不妨事後委婉開導，分析利害，並提供若干具體建議。

第六，身為婆婆，要尊重接納自己的媳婦，免得因為婆媳不和，苦了做兒子的。一提到家有兩個女人，馬上讓人聯想到婆媳交惡，甚至想到以前孔雀東南飛那麼遙遠的故事。其實，好的婆婆真的不少，媳婦進入家門，就故意與婆婆作對的，也絕無僅有。那麼為什麼婆媳之間的和平相處那麼困難？

婆媳之間的代溝，是很難避免的。一則兩者之間在年齡方面至少有二、三十年差距，再說所受過的教育、所體驗的人生閱歷更截然不同，彼此的生活理念、價值體系、人生觀點、言行舉止、思想模式及待人接物，應對進退的方式，必然存在很大的鴻溝。既然代溝是難免的，那麼如何縮短代溝的差距，甚至在代溝上搭一座心橋與語橋，要靠身為婆婆的放下身段，以容忍、體諒，取代不必要的熱諷冷嘲或看不慣媳婦的所作所為。

反過來說，為人媳婦的儘量學習婆婆的長處，尊重接納婆婆，一如自己的親生母親，不要壓抑內心的不快，等到丈夫回家，將一腔懊惱發洩在他的身上，使得家中充滿劍拔弩張的氣氛。如果婆婆都把媳婦當作自己的女兒，多一份憐愛，多一些關懷，儘量學習如何與子媳多做溝通，以及

融洽的相處之道，為這個家營造更親密、安樂的氣氛，那豈不是三贏、四贏的局面？

貳、子女面對老人

孝，是中國最傳統之美德，以忠孝傳家更是古之名訓。可是自從西風東漸，孝道式微，家庭倫理面對新的情勢。家家有一本難念的經，這本經的內涵，包括了父母與子女之間的問題，祖父母與孫子女間的問題，以及既為人子又為人父的第二代所面臨的諸多問題（胡幼慧，1995）。

首先是家中老人的身心需求。老人有受奉養、獲得子女的關愛、受尊重等需求。子女無法使父母不老，卻可以讓父母晚年的生活品質改善。當父母開始邁入老年期，子女該陪伴父母迎接老年，幫助他們有更好的生活。當父母年老時，伴隨生理機能衰退所帶來的衝擊及隨之而來的失落感，父母與子女雙方都容易產生心理危機感與壓力。如果父母是健康、樂觀，又多少有點儲蓄，子女比較幸福，彼此之間也容易相處；相反地，父母多病，又經常為焦慮妄想所捆綁，手邊又沒有什麼儲蓄，貧賤父子就難免百事哀了，「久病無孝子」是人們熟知的現象。

幸福老人的家人關係，取決於老人的人生觀與是否有健全的自我信念。一個懂得擁抱成熟晚年，熱愛生命中的歲月，並在心中對每一天的日子都心存感恩的老年人，也必然將無比的歡樂帶給家中每一個人。與家人關係是否美滿對老年人心理狀況有直接的關係。美滿度愈高，所獲得的滿足就愈高，家人的關係也一定愈和諧融洽。

甜蜜的家庭是每個人夢寐以求，對一個老年人來說，家讓他得享休憩，重組新的力量，奔向新的旅程；家也是他一生辛勞之餘最好的回饋；家，更是他晚年最大的安樂窩，白頭偕老，欣看子女各自擁有一片天，也是含飴弄孫的好地方。

身為人子在思索如何與父母好好相處時，首先便要體察父母正在面

臨的各種衝擊。很多老年人常常沉緬於往事的回憶中，因為在那一段消逝的歲月裡，他曾擁有許多，如今卻只是失落感。身為子女，應該體會老年父母對往事的回味正好是目前生活中的樂趣，千萬不要因為已經聽過千萬遍同樣的敘述而感到不耐煩，甚至形之於色，那最傷老人家的心。

與老年父母相處最困難的是溝通。兩代之間必定有思想、觀念、價值體系的差距，如何好好溝通，縮短這些差距，是人子最大的使命。多為父母著想，設身處地替年老體衰的父母想想，而不堅持自己的看法，是縮短代溝的先決條件。子女的看法或許不錯，可是站在父母的立場，也許他們的看法也沒什麼不對。那為什麼不好好談談？

事實上，老年人與兒或媳關係所以不好的原因，主要還是下列原因：

1. 對人、對事、對物的看法，生活方式、人生理念有明顯差別。
2. 經濟處理的方式與財務管理的方法不同。
3. 對孫子女教育方法與管教方式看法的爭執。
4. 生活習慣的注重層次不同，處事接物的方式也有別。如果再加上宗教信仰的不同，問題就更多了。

這些問題都不是不能解決的，如果父母給予兒媳有更好的發展空間，子女也體貼父母的心意，彼此各退一步，相互尊重，會化解很多不必要的隔閡。最重要的是，父母不要還保持過去父權的架勢，一定要子女聽話順從，否則就悶悶不樂，認為多年辛苦拉拔培植，到如今卻落得當面忤逆。「兒孫自有兒孫福」，老人過分關心干預，大可不必。

不過，身為人子，心中應對年老父母應有的尊敬。孔子說過：「今之孝者，是謂能養，至於犬馬，皆能有養。不敬，何以別乎？」也就是說，如果對父母沒有敬愛之心，就不能說孝！許多年紀大的父母，感傷地訴說子女媳婿相處之難，最難過的是看他們的臉色。過去孔子回答子夏問孝的是「色難」兩個字，意思是說要以和顏悅色事親，如今卻是有些父母要學習如何和顏悅色來討好子女了！

子女宜學習以誠虔的心、喜悅的情與父母相處，在自己的子女面前不要留下壞榜樣。如果因為工作的關係或其他的原因，不能與父母生活在一起，也應儘量找機會回去看看老人家，至少打打電話問個好。如果的確找不到時間，藉年節、慶生、特別的紀念日子，父母、子女、孫子女共聚一堂，或是安排一起旅遊的機會，製造較多的相處機會。

　　做子女的年輕一代，只要有心，很容易贏得父母歡心。譬如說，多給他們一些時間，多陪伴他們走走，塞一些零用錢給媽媽，聽聽他們的故事等等。

第四節　祖孫之愛

壹、事實瞭解

　　依據教育部 2009 年「祖孫互動之現況全國民意調查」，國人初為祖父母的平均年齡為 53 歲，若以平均壽命 78 歲來看，「為人祖父母」時間可長達二十五年，再加上國人經濟、健康狀況均較以往為好，祖父母角色不僅影響個體老年生活的適應，同時亦是家中重要的支持。

　　民國 99 年由中正大學成人及繼續教育學系所發表的「跨世代互動關係調查」，重點有：

1. 所有受訪祖父母中，能「完全知道」孫子女名字的占 80.1%，「知道一半以上」占 12.2%，「少於一半」占 4.1%，「完全不知道」占 3.5%。相對的，在所有調查孫子女中，「知道全部（外）祖父母姓名」的占 36.8%，「知道兩位（外）祖父母姓名」的占 28.4%，「知道三位（外）祖父母姓名」的占 12.5%，而「都不知道祖父母姓名」的占 10.3%。

2. 記得彼此的生日情形，祖父母中「完全記得」孫子女生日的受

訪者占 39.3%,「記得一半以上」的占 22.7%,「完全不記得」占 21.6%,「少於一半」占 16.6%。孫子女中,「都不知道(外)祖父母生日」的高達 62.4%,「記得兩位(外)祖父母生日」的占 12.1%,「只知道一位(外)祖父母生日」的占 17.7%,「記得全部(外)祖父母生日」只占 5.8%,「記得三位(外)祖父母生日」的占 2.0%。

3. 多常關心祖父母?孫子女中,「有時」主動關心(外)祖父母的頻率最高,占 35.5%,「經常」主動關心(外)祖父母的受訪者占 27.9%,接著為「偶爾」主動關心(外)祖父母的受訪者占 19.0%,「從未」主動關心(外)祖父母的受訪者占 4.2%。在祖父母的知覺方面,認為孫子女「經常」主動關心祖父母,占 41.6%,其次為「有時」主動關心占 25.3%,「總是」主動關心占 15.9%,「偶爾」主動關心占 14.3%,「從不」主動關心占 2.8%。

4. 祖孫之間是否有親密舉動。祖父母輩表示,和孫子女「無親密舉動」占 15.0%,「有親密舉動」占 85.0%。有親密舉動中,最常有的肢體親密舉動為「牽手」,占 35.4%,其次為「搥背」,占 25.3%,「擁抱」占 21.4%,「同房睡覺」占 9.1%,「親臉」占 5.9%,「其他」占 2.9%。孫子女輩的結果顯示,「沒有肢體親密舉動」的占 40.2%,有親密舉動者占 59.8%。其中,最常對(外)祖父母的肢體親密舉動為「搥背」的占 42.3%;其次是「牽手」的占 19.7%,其三是「同房睡覺」的占 17.1%,「擁抱」亦有相近的比例,占 16.3%。

5. 祖孫一同外出旅遊的頻率,祖父母輩認為外出旅遊以「逢年過節」為主者占 34.1%,而其次為「每月一次」占 19.6%,「三個月一次」占 13.3%,「半年一次」占 13.0%,「從未」占 10.6%,「每週至少一次」9.4%。孫子女認為和(外)祖父母 同外出旅遊以「逢年過節」最高,占 44.2%,「從未」占 17.8%,「一個月一次」

占 11.2%，「三個月一次」占 6.8%。

6. 祖父母輩的想法：

(1) 多常坐下來三代一起聊天吃飯？祖父母輩表示，「經常」一起
    聊天吃飯占 34.0% 為最高，其次為「有時」占 32.0%，「偶爾」
    占 24.0%，「總是」占 9.3%，「從未」占 0.6%。

(2) 祖父母對於三代同堂的想法？以「同意」占 67.6% 為最高，其
    次為「非常同意」占 21.1%，「不同意」占 10.8%，「非常不同
    意」占 0.6%。

上述的數據顯示，工商社會及家庭結構改變使祖孫世代缺乏接觸的
機會，形成隔閡與疏離，對於家庭倫理與品格教育之推動造成阻礙。另
外，依據教育部民國 97 年、98 年針對祖孫互動的全國調查發現，67.7%
的祖孫不同住，而不同住中有 51.2% 幾乎連電話也不撥，顯見現代祖孫
關係不夠緊密。

貳、溫馨互動

很少看到談「做祖父、祖母、外公、外婆」心情與研究這個角色的
論述。有些長輩都說「成功的最新定義是成為阿公」。許多老人在媳婦添
丁後請客，自信地說：「我對祖宗有交代了。」一個男人要不愧對先人列
祖列宗，晉升阿公是重要指標。

做個「受歡迎的阿公」愈來愈不容易，須具備有許多條件：(1) 有兒
子；(2) 兒子追得到媳婦；(3) 媳婦願意也能夠生孩子；(4) 家人間的關係
還不錯，兒子與媳婦沒有阻止孫子、孫女喜歡阿公；(5) 可能需要阿婆幫
忙照料小孩子，光靠阿公是不成的。換言之，到了這種年紀的夫妻感情還
不錯。

漢民族傳統認為「多子多孫多福氣」，為什麼不說「多子多福氣」
呢？因為多子是不夠的，還要多孫，否則還是沒大福氣。一個男人有很多

兒子，他得為兒女忙碌，享受有限，辛苦卻無窮。但是當他當了阿公，人生旅途已經過了一半，心情較為輕鬆，態度比較從容，口袋有些閒錢，智慧見識充足，比較瀟灑，當然有福。聖經也以「子孫多如天上的星星，海邊的細沙」來形容人生蒙福的境界。

當代老人多數都覺得時代變遷速度太快，自己這一輩的男子當年為了獲得女方家長的同意，費了各種心思才克服女方家長的阻撓，結婚後深怕岳父或岳母不喜歡自己，常常用心取悅。把心愛的女孩娶進門後，長期擔心老婆和老媽有「婆媳問題」，處處要求妻子遷就老媽。如今時代變了，兒女交了知心的朋友，長輩不敢挑剔，趕緊為他們高興，經常花錢請客，在他們面前講話不敢大聲，處處考慮年輕一輩的感受。以往是「醜媳婦怕見公婆」，現在是「公婆擔心媳婦不喜歡自己」；以往是「小輩討好長輩」，現在為了成全「抱孫子」的偉大心願，不敢多要求。

一個中老年人如果兒子年過三十未婚，突然間愛上某位女子，打算結婚，即使對那女子不甚滿意，也不敢鮮明反對。多少爹娘想到兒女的婚事就嘆氣，若是有人願意進入家門，長輩大概只有趕緊配合的份。假如這位女子願意生小孫子，長輩更是不敢多吭氣。

人到了老年初期，總是會對人生有新的省思與不同的領悟。多少年來的打拼，在得失成敗之間面對太多限制和無奈，名與利、學歷與頭銜、獲獎與擔任要職等，漸漸都不那麼特別了。每個人都有些成就，也都有些傷口，都得到了一些不該得到的，也有一些莫名其妙就損失的。多數老人都珍惜家庭，期待家庭能給自己新的生命與變化，但是老伴終究是老伴，優點不少缺點也總是改不了；兒女各自在人生路上做關鍵的奮鬥，漸行漸遠，最能帶來變化與喜悅的，就是小孫子女與外孫子女了。

有了孫子女，長輩就可以過人生第三次童年，很可能是最精彩的一次。第一次童年，自己是主角，要學習成長，面對長大這很不簡單的考驗，要在懵懵懂懂中成熟為一個自立的人。第二次是帶領親生子女過童年，天下父母心，父母是頭號難扮演的角色，壓力大、考驗多，對內要使

家庭幸福、對外要拼事業成功，孩子是沉重的負擔。假如能做阿公，可以輕鬆觀察童年的變化，可以恢復昔日記憶，可以檢視「何以自己會成為今日的自己」，經由陪伴的歷程思索自己的生命歷程、個性、習慣等等。

老年普遍對自己各方面能力的退化憂心忡忡，在心底有強烈的擔憂，害怕自己性能力衰退，又恐懼自己不再被他人需要，「一切都是在走下坡」的感受籠罩心頭。很多男性試圖藉著外遇、找女人再生一個孩子、再開展事業第二春等手段來恢復自信。但是這些方法的代價都太大，副作用又多。倒是「做阿公」讓男人有無數新鮮感、有生命力，更有再次「向上提升」的動能。

「失而又得」的感受特別美好，自中年起經歷「不斷失去」的痛苦，家庭像是發射中心，把子女送走的感覺不大好。沒想到，經過了一陣子，當年「剝削自己」的子女帶了其他人回來，使家庭重現生機，再度充滿人氣。

好些「認真的阿公」，充滿愛心地照顧，從事「隔代教養」的任務，「母性」在他們的生命中滋長。這也驗證了「性別鑽石理論」──人類童年時男女差距小，青春期開始擴大，成人期角色差異最明顯，到了 50 歲以後，男女性別的兩面再度接近，女性增加男性特質，男性增加母性的溫柔耐心。男人因為是阿公，能夠扮演某種「母親」的角色，也是完美人生的一種祝福、一種可貴的學習。

參、祖父母的類型

為喚起國人更加重視家庭世代關係，落實傳統核心價值之家庭倫理與品德教育，彰顯祖父母對家庭社會的貢獻與重要性，鼓勵年輕世代更樂於接近長者，分享他們的生命經驗及人生智慧，以發揮「老吾老以及人之老」的理想社會，進而達成建構無年齡歧視的社會願景，教育部於民國 99 年 8 月 29 日發起我國第一屆「祖父母節」，以後每年 8 月的第 4 個星

期日慶祝該節日。

　　許多祖父母認為，能夠與孫子女一起生活一段時間是他們最喜歡的事。老年人都很怕寂寞，內心最渴望的是享受含飴弄孫之樂。子女若能請父母來共度週末或假日，讓他們和孫子玩玩棋，談談一些故事：或是帶子女到祖父母、外祖父母家玩，讓祖孫三代之間，彼此有相互交集分享樂趣的機會，是老一代感到最快樂的時刻了。

　　自古以來，祖孫之間就存有一份特殊的感情，銀髮族看到自己的第三代嘻笑於室，心中所燃起的滿足感及喜悅，很難用言語形容。一般孫子眼中的阿公、阿媽有幾種：(1) 最好的玩伴：他們會陪自己散步、遊戲、放風箏、看廟會、看熱鬧等等；(2) 最好的避風港：孫子受責備、遭遇挫折的時候，祖父母就成為他們的避風港；(3) 聖誕老公公：祖父母會帶來聖誕禮物，過年還送大紅包，生日也會送一些紀念品；(4) 信仰的栽培者：帶孩子上教堂、參加廟會的大多是祖父母；(5) 最好的催眠者：阿公講不完的故事，阿媽吟唱的兒歌，耐心地推著搖籃，都是催眠者，送他們入夢；(6) 有求必應者：往往向爸媽要不到的東西，阿公、阿媽會給；(7) 最好的關照者：出於祖孫之情，以愛心及耐心伴隨孫子成長。

　　至於祖孫三代之間的關係，由於其中年齡差距之大，互助情形之不同，又受族群、宗教、社經水準、人格特質與子女管教方式等等的影響，而難以舉出具體的模式。祖父母與孫子女的關係，大致可分為下列五大類型：

1. 一本正經型：祖父母對孫子女保持了一段距離，他們愛孫子女，但是絕不扮演管教、督導的角色。他們經常探視孫子女，也送一些禮物，卻很少介入教育第三代的工作。

2. 樂於為伍型：祖父母喜歡和孫子女打成一片，並視之為重要的休閒活動之一。

3. 遙遙關心型：祖父母因為住的地方比較遠，只在聖誕節與兒孫的

生日時出現，或送一些禮物來。

4. 嚴加管教型：祖父母非常關心第三代的成長與教育，甚至越俎代庖，親自督導。

5. 諮詢顧問型：祖父母在子女管教孫子女的時候，扮演了智囊團的工作。

年輕父母若選擇把幼小的子女交給父母或公婆帶，這對孩子身心的成長，有何利弊得失？對於日後親子關係的發展，究竟是好是壞？祖父母是在享受弄孫之樂，還是覺得一生勞碌不得閒？這些問題都值得深思！

從理論來看，尤其是從兒童心智發展的角度來看，祖父母對孩子在性格上的影響，往往不同於父母對子女的影響。由於祖父母疼小孩多，管小孩少，甚至什麼事都替孫子女做，無形中影響孩子自立自主能力的發展。此外，爺爺、奶奶照顧小孩，最常遇到的問題是意外傷害，因為小孩非常活潑，稍不注意就會摔交、跌倒。

從心理發展角度來分析，幼兒出生的頭兩三年是和父母建立依附關係最關鍵的時期，如果是被祖父母帶，對父母的依附關係就會缺乏，當孩子帶回來以後，可能會有一段時間不適應，父母應加以注意。尤其是孩子給祖父母帶久了，難免和自己父母的關係愈來愈疏離。如果可能，父母晚上要把孩子帶回來，同時安排多一點時間相處，可以培養出親密的親子關係。

總之，家有老人原該是如何美好的事，如今卻出現了許多現實的困境。倫常親情是人間最純真的愛，多少千年萬載的人類能夠代代相傳，共寫生命的史詩，就靠著親情所發出的人性光輝，照耀亙古到今。

老人從一家之寶，若變為一家之包袱，是社會變遷過分快速之惡果，也是大家所最不願見到之轉變。可是，如果年長的一輩多體恤子女的無奈，而為人子女儘可能善體父母心意，在言語、行為、應對進退之間，多盡一點孝心，家有老人，應該還是可以在彼此同心同力的相互尊敬下，讓安康、溫馨永在。

Part 6

統整的老年

Chapter 11

疾病與死亡

儘管政府體系從事各項公共衛生與預防的工作，儘管老人不斷保養身體，人老了，還是容易生病。在醫療設施之外進行了大量非正式的保健工作，當人們身處病痛或有生命危險的情況時，通常是去找醫生看病。本章透過「疾病的生物力學（生物醫學）模型」（biomechanical model of illness）的架構探討老人的疾病，依照此疾病模型，身體被視為一個可能發生故障，需要治療以便恢復良好工作狀態的系統。全章說明的重點包括老人慢性病、老人因為疾病而有身心狀況的變化、老人因為疾病而死亡的原因（陳亮功，2011；醫學百科網站）。

　　疾病模型包含幾個重點：

1. 人們常不知道自己有病。
2. 疾病是由於偏離生物規範所致。
3. 因生物原因產生情緒上或身體上的變化，使人們意識到出了毛病。
4. 對出了毛病做出最初反應通常是使用非專業的治療方法，例如休息或服用藥品。
5. 如果生病的跡象持續或更加嚴重，人們就會去找醫生。
6. 人們或被醫生診斷為有病並給予治療，或被告知沒有什麼毛病。
7. 被診斷為有病的人經過一段使他恢復健康的療程，然後被宣布治癒。

　　疾病可分為生物性疾病（disease）和社會性疾病（illness）。前者指生物學上的狀態，例如骨折或肺結核；後者則包括主觀的感覺不適和病人的社會身分。本章主要以生物性疾病的統計為主，這些資料比較客觀。但也考慮到老人的主觀感受（例如國健局 2003 年 TLSA 調查發現，臺灣老人感受平常身體至少有輕微疼痛的比率約為五成），進一步說明各項社會身分，尤其是「性別」因素。

　　整體而言，老人覺得自己健康及身心功能狀況不好者占 27.2%，其中獨居老人覺得自己健康及身心功能狀況不好者占 31.5% 較高；75.9% 的老

表 11-1　老人生病與住院情形　　　　　　　　　　　　　　　　　　單位：%

項目別		有無慢性或重大疾病			過去一年住院情形				不知道或拒答
		有慢性或重大疾病	無慢性或重大疾病	很難說或拒答	未曾住過院	曾經住過院			
						小計	平均住院次數	平均住院天數	
94 年調查總數		65.20	34.42	0.38	80.02	19.98	1.85	17.83	--
98年調查	總數	75.92	23.56	0.53	78.55	21.13	1.68	14.42	0.33
	性別 男	72.36	26.92	0.73	78.62	21.25	1.70	15.50	0.13
	女	79.24	20.42	0.34	78.47	21.01	1.65	13.36	0.51
	年齡別 65~69 歲	68.72	30.91	0.37	82.44	17.41	1.51	11.61	0.15
	70~74 歲	75.91	23.31	0.77	80.53	19.26	1.50	15.82	0.21
	75~79 歲	80.20	19.19	0.61	75.57	24.43	2.06	14.20	--
	80 歲及以上	82.07	17.54	0.39	73.58	25.43	1.65	16.15	1.00

資料來源：內政部（2011A）。

人患有慢性或重大疾病，以年紀愈大者患病比例愈高。老人在過去一年內曾住院者占 21.1%，平均住院天數為 14.42 天。情況見**表 11-1**。

　　生、老、病、死是人生必經的歷程。當許多人慶幸活得更長的時候，更多人由衷期待活得更健康、更幸福。健康是大家都希望擁有的最珍貴財富，但也是每個人最容易失去的。無數銀髮人士活得很好的時候，另外有數以十萬計的老者正躺臥在病床上，甚至與死神搏鬥。

 第一節　慢性病

壹、主要慢性病及性別盛行率

　　老人出於抵抗力比較差，感染各種疾病的機會比較大，一發病，很快康復的機會比較小。所謂**慢性疾病**，泛指疾病對患者所產生影響為長期

性（甚至是永久性），並且需要在治療後，針對其後遺症或傷害做長時期的繼續照護、觀察、復健者。

　　慢性疾病之類型，在不同國家、地區、時期有認定上之差異。以美國為例，根據 1989 年之調查資料，困擾美國人之慢性病症，依次是關節炎、重聽或其他耳疾、視覺障礙（包括白內障與青光眼）、心臟病、高血壓、糖尿病、脊椎有關病痛、疝氣、支氣管炎、氣喘、胃潰瘍與十二指腸發炎等（Bettelheim, 2001）。日本資料亦大致類似，不過增加了「骨質疏鬆症」與「攝護腺肥大」等疾病。

　　陳寶輝等 (2003) 以臺北市 65 歲以上老人作為調查對象，發現最常見的慢性病依序為高血壓（30.1%）、白內障（17.5%）、心臟疾病（15.2%）、風濕與關節炎（13.6%）、消化道潰瘍或胃痛（13.5%）、糖尿病（12.5%）、背痛（6.9%）、腦血管疾病（5.7%）、肝膽疾病或結石（5.3%）、骨質疏鬆症（5.3%）。吳淑瓊（1998）連續五年（1993-1997）追蹤臺灣北部地區不同居住形式老人的健康狀況，發現老人最易有的十大慢性疾病依次為：高血壓、風濕／痛風／關節炎、心臟病、呼吸系統疾病、白內障、糖尿病、骨折、心臟血管疾病、肝膽疾病及各種潰瘍。老年人最常見的慢性疾病排名依序為：高血壓、白內障、骨質疏鬆、高血壓、心臟病、糖尿病、關節炎、痛風、腎臟病、呼吸道疾病、腦中風、氣喘、肝臟疾病、失智症、精神疾病等。

　　慢性病與主要致死疾病之間有密切關係。十大死因以慢性病居多：除了年年蟬聯死因榜首的惡性腫瘤（癌症）外，腦血管疾病、心臟病、糖尿病、慢性肝病及肝硬化、腎病變、高血壓等，一直名列十大死因中。所有慢性病死亡百分比加總為 35.34%，已超過惡性腫瘤的 25.35%。這些主要是現代文明病，也是生活型態病。換言之，這類慢性病雖然被認為是老年人的專利，事實上卻多是中年、甚至是年輕時種下的病因，與不健康的生活方式息息相關，因此常被稱為「現代文明病」或「生活型態病」。

　　有高達四成的 65 至 74 歲的老年人罹患至少三項慢性疾病，也有高

達五成 75 歲以上的老年人罹患至少三項慢性疾病。在性別差異方面，女性罹患慢性病的比例高於男性。其中骨質疏鬆症、關節炎或風濕症，女性的罹患人數皆高於男性的 1.5 至 2 倍，而髖骨骨折在 75 歲以上的罹患率，女性也約為男性的 2 倍左右。女性老人罹患高血壓、風濕關節炎、心臟病的比率皆高於男性。女性老人在關節炎、心臟病、白內障、高血壓及糖尿病等疾病的比率較男性老人為高；老年男性則以呼吸疾病、泌尿疾患、中風和胃潰瘍的盛行率較同年女性為高。

　　日常病徵自訴方面，男女抱怨的頻率並無明顯差別，只有在病兆自訴的部位呈現差異。兩性老人均以骨骼肌肉系統的病徵最多，其次是呼吸道症狀。與年齡相關的罹病，則以風濕病關節炎、痛風、白內障及中風隨年齡漸長而明顯增加，但肝膽疾病、動脈硬化、痔瘡和高血壓，則因年齡增加而呈現相反的罹病狀況。

　　中華民國老年醫學會（1994）曾針對 2,600 個樣本（其中男性占 50.8%、女性占 49.2%，平均年齡為 71.7 歲）檢查老人生理與器官系統的健康狀況，發現男性最常見的皮膚疾病為足癬，女性則是老年性紫斑；年齡層罹患率方面，男性以 85 歲及以上最易罹患，女性則以 75 至 79 歲居多。男性較女性明顯容易患皮膚病。肺部疾病方面以年齡愈大，愈容易出現異常；最常見的肺部異常是過去肺部傷害留下的痕跡（包括纖維化病灶、鈣化或肋膜肥厚），而肺結核、肺腫瘤是要重視的老年疾病。腸胃疾病方面只在十二指腸潰瘍有男多於女的差異。心臟血管疾病方面，高血壓的盛行率不僅女性高於男性，高膽固醇血症也有女比男高；腦血管疾病方面，性別盛行率的差異，男女比例是 1.4 比 1；70 歲以上老人之發病率顯著地比 65 至 69 歲高，70 歲以上的年齡層之間則無差異。腫瘤疾病方面，女性老人罹患癌症的部位主要是子宮頸和乳房，而男性則以肺、結腸和胃居多。老年失智方面，不管男女盛行率隨年齡增長而增加，女性的盛行率也較男性高。

　　老人自身的感受與醫療專業人員的檢查，結果不完全相同。在老人

自我回答方面，女性在關節炎、心臟病、白內障、高血壓及糖尿病等較男性盛行，男性則以呼吸疾病、泌尿疾患、中風、胃潰瘍的盛行率較同年女性高；而專業人員檢查方面，除了心血管疾病、尿路感染及老人失智症三疾病是女性罹患率高於男性之外，其餘均呈現相反的性別差異。

茲就上述老人慢性疾病中最常見的幾項做進一步分析與說明，並簡單地提出預防之道：

貳、慢性病分析

一、高血壓

血壓超過 140 ／ 90 毫米汞柱可以稱為高血壓。其中又可分為**本態性高血壓**與**繼發性高血壓**兩種，前者指因老化或遺傳的緣故，使個體的血壓隨年齡而增高；後者指個體因甲狀腺機能亢進、肥胖症、心臟血管疾病或其他腫瘤所產生的高血壓。

常見高血壓的症狀有頭痛、頭暈、後頸部僵硬、心悸、胸悶、視力模糊、容易疲勞及運動後呼吸困難。高血壓如果不及時治療，很容易導致腦中風、半身不遂、視網膜病變、心衰竭、狹心症等等症狀，嚴重影響生命。

避免高血壓最有效的方法是定期量血壓、定期服用醫生所開的藥物，在日常生活中注意養生之道，避免煙、酒及咖啡等刺激物。

二、關節炎與痛風

老化、長期性的活動或運動磨損，使得老年人的關節周圍軟骨日漸磨損，失去其固有的緩衝作用，以至生成骨刺，導致**骨性關節炎**等症狀。關節炎經常發生病變的地方，包括手關節、髖關節及膝關節。同時它也會助長骨刺的成長以及骨內囊孢的形成。一旦形成「骨性關節炎」，由於軟骨的減少將使得關節活動僵硬。因關節周圍發生小骨折，關節在活動時常

常疼痛，還會因為關節活動的不協調而摔跤、跌倒。

另一種是**類風濕關節炎**，是一種多發性、全身性的慢性疾病，主要臨床特徵包括多發性的關節發炎，甚至波及血管、心臟、肺臟及神經系統。常見的症狀包括關節僵硬、關節腫脹、疼痛。所侵犯的關節包括雙手小關節、腕關節、腳踝，甚至腳趾關節。關節炎是一種進行性及破壞性的疾病，某些病患可能會肢體殘障而不良於行。大部分此類病症都可以使用非類固醇抗炎症藥物，減輕病患的痛苦。

關節炎與**風濕症**因為有症狀比較容易感受出來，依照「臺灣老人十年間居住、工作與健康狀況的改變」調查結果顯示，60 至 64 歲的年長者比例由 20% 減為 13%，而 65 歲以上的老年人，自述有此病症的則由 31.3% 降為 23.3%。**痛風**也是中老年人感到非常困擾的疾病；它可能造成突發性的大腳趾關節疼痛，也可能以慢性痛風的形態持續進行，造成關節變形，甚至失去功用。大部分罹患痛風的主要成因是由於尿酸結晶體沉積在關節或其臨近的軟骨纖維，因此要降低血清尿酸，應儘量避免食用普林（purine）含量高的食物（普林會使尿酸值升高），如黃豆、動物內臟、蛤蜊、干貝、草蝦、小魚乾、黃豆芽、紫菜、香菇、雞精、濃湯及發酵飲料，更要多攝取水分。

三、心臟病

心臟病包括中老年人常見的動脈硬化症、狹心症及急性心肌梗塞等疾病。老年人的心肌纖維隨年齡而有退化的現象，收縮因而變差。心臟裡的結締組織纖維增多，心臟瓣膜也會變厚、鈣化，造成瓣膜狹窄或閉鎖不全，進而影響心臟的正常運作。心臟的傳導系統會因老化而受損，造成心律不整與心臟傳導障礙。在血管方面則會因彈性纖維減少而使大動脈管徑變粗，彈性減弱，容易有動脈血管硬化的發生。更由於老年人罹患高血壓比例偏高，增加了心臟的負荷，減少血量的有效循環。

年齡愈大，狹心症（或稱為心絞痛）的病人愈多。老年人心臟長期

負荷及血液循環不穩，更容易有心臟衰竭及器官缺血的現象，而器官缺血所造成的腦中風及心肌梗塞，更是國人最重要的死亡原因之一。

四、呼吸系統疾病

老人的肺臟都有某種程度衰退的現象，甚至有不等程度的肺氣腫病狀。年輕時常抽煙且還在抽煙的老年人，更容易罹患慢性咳嗽及濃痰的病症，導致氣喘以及慢性阻塞性肺疾病。過敏性氣喘在美國曾經高居老年人最常見的慢性疾病榜首，一旦氣喘發作時處理或搶救不當，會導致喪命。

過敏性氣喘病人在接觸到某種特定的過敏原（如花粉、黴菌、塵蟎，甚至普通灰塵）時，支氣管就會痙攣變窄，發生呼吸困難的現象，肺部也出現哮喘的聲音，發作結束後又可以正常呼吸。

由於老年人的胸腔及胸壁彈性降低以及肺臟功能退化，尤其是肺泡與支氣管彈性不足，無法將肺臟內的空氣吐出來，增加肺炎的罹患機會。

五、白內障

老人最感到困擾的慢性疾病之中，白內障名列前茅。這是進行性的眼部疾病，患者眼睛的水晶體變得混濁而失去彈性，混濁會阻礙光線到達視網膜，造成視力無痛性的退化。**白內障**是一種普遍的現象，往往隨年齡增加而漸趨嚴重。

許多環境因素增加了白內障的危險，包括接受 X 射線、紅外線、陽光中的紫外線照射等。香煙燃燒後吸入人體的物質隨血液流到眼睛造成的傷害，比眼睛直接接觸煙霧的損害更大。

六、青光眼

青光眼也是老人常罹患的疾病。可分為「原發性隅角閉鎖型」、「原發性隅角開放型」及「續發性」等類，主要是眼壓不斷升高之結果。由於眼壓升高，個體眼液無法以正常管道流入眼睛水晶體之中，同時眼壓緊縮

了血管、神經細胞與纖維，使得它們因為缺氧而逐漸失去功能，以致視力愈來愈模糊，從最初只能看到一束光而慢慢完全失明。30% 的 65 歲以上男性，都飽受青光眼之苦。此病往往先從一隻眼睛開始發生，然後影響另一隻眼。

七、糖尿病

糖尿病是一種慢性新陳代謝疾病，患者體內不能分泌或不能充分利用胰島素，因而無法正常代謝碳水化合物和蛋白質、脂肪，結果糖分在血液內積累，為了防止體內糖分過多，腎臟就把它從尿液中排泄出去。另一方面，患者雖然排泄出血液中過多的糖分，而需要糖的大腦和其他組織卻無法利用，身體就只好分解脂肪和蛋白質來補充能量，造成嚴重的生理化學不平衡。高濃度的糖分又會損害全身組織，增加了心臟病、失明、腎衰竭、中風和神經痛等併發症。根據「臺灣老人十年間居住、工作與健康狀況的改變」調查顯示，十年來罹患糖尿病之比例明顯增加，60 至 64 歲的老年人由 8.4% 增加為 14.8%，而 65 歲以上的老年人，由 8.7% 提高為 15.1%，其他針對不同人口群的研究亦發現國人罹患糖尿病的比例有增加的趨勢。

糖尿病有兩大類：第 I 型患者體內完全停止產生胰島素，又稱為**胰島素依賴型**或**少年型糖尿病**，通常在年輕時發病，患者的胰島細胞損壞，再也不能製造胰島素，其症狀是尿多、頻尿、體重下降、口渴、虛弱、消化不良，常感到飢餓；第 II 型又稱**非胰島素依賴型**或**成年型糖尿病**，多見於肥胖的老年人。第 II 型除具有第 I 型糖尿病的症狀外，還經常感染、痙攣和麻刺感覺，傷口癒合比較慢，男性會陽萎，女性常患慢性陰道炎。

患者應多從碳水化合物中獲取所需的熱量，包括蔬菜、豆類、水果和全穀食物，不要吃精製糖，少吃脂肪和膽固醇含量高的食物，以減少罹患心臟病的危險。

八、消化道潰瘍或胃痛

消化道潰瘍和**胃痛**是老人感到最麻煩的慢性疾病之一。消化道潰瘍包括十二指腸潰瘍、胃潰瘍、食道潰瘍和消化性潰瘍等。

潰瘍的症狀因人而異，有的患者感覺腹部有燒灼感或劇烈疼痛，尤其是在胸骨以下。不適的感覺常發生在空腹的時候，也有人在餐後感到腹脹或噁心。潰瘍可能造成急性出血，嘔出鮮紅血液或咖啡樣的殘渣，也可能大便出血。嚴重出血可能導致休克、心跳加快、血壓下降、皮膚冷黏，引起胃壁和小腸穿孔，引發腹腔內發炎而威脅生命。

潰瘍的另一種併發症是腸梗塞，通常是胃和十二指腸之間的通道，由於形成大量疤痕組織而變窄所引起，症狀包括胃擴散、劇烈疼痛和嘔吐半消化的食物。

除了胃潰瘍之外，老年人常見的胃病就是胃炎。老年人大約有20%罹患萎縮性胃炎；年齡80歲以上者，罹患率更高達40%。原因可能是老年人本身長期服用某種藥物以治療某些器官的障礙因而傷害胃黏膜所致。患者最好控制飲食、遠離煙酒，注意服藥狀況。

胃癌則是最嚴重的消化道疾病，它通常發生在60歲以上之男性，A型血型的人口群之發生率更高，胃癌患者五年內存活率不高，須嚴重關切。

九、痔瘡

痔瘡也是中老年以後許多人為之坐立不安的疾病之一，尤其是男性。中國人有句話說「十男九痔」，普遍率很高。主要的原因是久坐不動、便祕、肥胖。

痔就是肛門靜脈的擴張，會引起疼痛、刺癢及出血。痔可能生於肛門口的內側（內痔）或外側（外痔），前者容易出血，後者較為疼痛。通常痔會使人感到不適，在排便時會極其疼痛，腫脹的靜脈有時也會破裂而出血。

　　由於久坐少動是痔瘡形成的一大原因，因此如果長時間坐著，應該每小時起來走動一下，可以站的時候，不妨多站。同時，便祕是痔瘡的最大禍首，因此高纖維飲食有助於防止便祕。建議每天吃二湯匙酸乳酪或新鮮水果沙拉。多吃水果和蔬菜是有效防止便祕的方法。

　　如果便祕已經相當嚴重，每次排便都疼痛不已，甚至流血，要減輕痔瘡的疼痛，並使腫脹的組織收縮，患者不妨將碎冰塊放在塑膠袋中，外面包上布，然後先敷 20 分鐘，停止 10 分鐘後再敷 20 分鐘，不過不要讓冰直接和皮膚接觸，以免損傷腫脹的組織。避免向肛門塞入任何物體，也不要用手抓搔、磨擦患處。

十、骨質疏鬆症

　　骨質疏鬆是骨中鈣質和其他礦物質流失引起的病痛，它可以分為兩種：第一種比較常見，主要發生在更年期以後的婦女，或卵巢手術摘除的婦女身上；第二種為老年性骨質疏鬆，通常發生在 60 歲以後。根據 2005 年 NHIS 的結果顯示，過去一年 65 歲以上至少有一次跌倒者的比例為 21%，女性高於男性。

　　罹患骨質疏鬆症不只容易骨折，且由於骨骼的萎縮，還會使身高降低或是變成駝背，以骨折的後遺症來說，老年人就可能終身臥躺床上，甚至會引發老人失智症。

　　影響骨質疏鬆的因素有：

1. 年紀愈大，骨質流失愈厲害。
2. 女性荷爾蒙的缺乏、更年期婦女停經（特別是 45 歲前就停經的婦女）、子宮切除者（特別是卵巢也一併摘除者）、厭食症或運動過度。
3. 長期使用類固醇。
4. 家族遺傳。
5. 缺乏運動。

6. 吸煙。

7. 飲酒過量。

8. 男性的睪丸素分泌不足。

最大的問題在於患者沒有察覺到自己有骨質疏鬆的問題。預防骨質疏鬆關鍵在於：(1) 多吃富含鈣質的食物；(2) 多運動，可以使骨頭更強壯。每週跑步或騎腳踏車 30 分鐘、每天跳 50 下等，都可以讓骨骼更強壯。

下列是預防骨折發生的建議事項：

1. 避免採用光滑地板，浴室、廁所、廚房地面應使用防滑墊。

2. 避免採用太厚的地毯，以免影響行走。

3. 室內保持足夠光線，但是避免使用強光，因為老年人眼睛對強光適應力差。

4. 於浴廁的牆壁上設扶手，以利行走，避免跌倒。

5. 馬桶高度不宜太低，以免因坐起不易而跌倒。

6. 床舖高度以約 45 公分為宜，坐椅高度約 35 至 45 公分。

7. 必要時使用手杖、枴杖或輔助器。

8. 選擇具防滑性及大小合腳的鞋子。

9. 褲管的長度應至踝關節為宜，以避免走路時絆倒。

10. 若有使用安眠藥、鎮靜劑、降血壓藥物，應特別注意下床時的安全。

骨質疏鬆症是一種不論年老或年少的女性，都比男性容易罹患的疾病，預防方法最重要的是充分地攝取鈣質和蛋白質，最好在晚上睡覺前飲用牛乳及乳製品，此外小魚、油菜等蔬菜、優酪乳或起士都是攝取鈣質很好的食品。脂肪成分較少的肉或魚、豆腐等大豆蛋白質，也都含有相當豐富的鈣質，可以多加攝取。儘量避免過量抽煙與喝酒，以免降低鈣質的吸收。

十一、攝護腺肥大（前列腺肥大）

攝護腺是男人特有的腺體，位於後尿道，是精液進入尿道的最後一站，主要功能是分泌攝護腺液，以維持一定的酸鹼度。

人體器官在老化之後，常常呈現萎縮的現象，但攝護腺卻反而出現增加的變化。65 歲以上的老年男性，70% 摸得出肥大的部位，80 歲以上男性，幾乎都有。臺灣地區因攝護腺肥大而手術的病人年齡已降至 65 歲左右，這可能是醫藥普及而能較早診治之故。

攝護腺肥大會壓迫尿道（有時還包括膀胱），膀胱中的尿液不能完全排空。通常老人會發現常常要小便，尿液排出緩慢，排尿無力和尿意不止。攝護腺壓迫尿道，小便時可能會有灼痛的感覺。未排出的尿液積聚在膀胱之內，增加老人患尿道炎和膀胱結石的危險。假如尿液嚴重受阻，將逆行至腎臟，損害其功能。

雖然攝護腺肥大是多數老人可能罹患的病症，而且無法有效加以預防，只要一有尿意便應馬上排尿，切勿憋尿，可以減輕它的嚴重性。一旦知道有攝護腺肥大，要不讓它更加腫脹、充血，不使阻塞尿路的併發性影響腎功能，不讓它妨礙生活，也不必過於在乎。

第二節　身心功能障礙

壹、ADL 與 IADL

疾病的出現干擾了日常生活的機能，影響健康狀況。臺灣省家庭計劃研究所所長張明正（1997）曾就 1989 與 1993 年臺灣高齡人口自評健康狀況與功能障礙的變化進行研究分析，發現在此一階段，人口雖進一步老化，身體功能卻有增進現象，自評健康及功能殘障的狀況均呈現改善趨勢。在 1989 年，76.2% 的老人認為自己健康狀況在普通以上，1993 年則

增為 76.8%。自評健康的老年人不管在哪一年齡階層之中，都占了三分之二以上。

　　健康自評方面，自評滿意的程度和失能、死亡及機構化的機率都成反比。最具體反映生活品質及老人對自身健康評價的指標，就是活動功能狀態。因為罹病情形愈多，死亡機率未必愈高，而老年的活動功能能力卻可預測老人未來的存活率。活動功能並非單方向變化，以罹病因素而言，骨骼肌肉和心血管疾患與老年失能有極高的關係，罹病數量愈多者，死亡的可能性也提高。

　　由臺灣地區高齡人口自評健康及功能障礙之追蹤研究來看老人之健康情形，可對此一問題做更深入之瞭解。活動功能方面，吳淑瓊（1997）曾於北部四個社區，針對 1,583 位老人，調查老人年齡別、性別之罹病率及社區別在老人自我照顧、移動能力及家事活動之失能盛行率。研究結果顯示，老人身體功能障礙率隨年齡增加，尤其是 75 歲之後升高很多。

　　女性老人整體而言，障礙盛行率較男性為高。也就是說，75 歲左右是性別差異的分水嶺，75 歲之前的男性老人，無論是自我照顧能力、移動能力及家事活動的失能比率都比女性還高，而 75 歲之後，情況則倒轉過來。85 歲以上不同性別間失能與需協助比率的差距更是擴大。

　　吳淑瓊與張明正（1997）將活動功能劃分為 ADL（Activity of Daily Living，日常生活活動功能量表，即巴氏量表）和 IADL（Instrumental Activities of Daily Living，工具性日常生活量表），同時擴大研究對象的範圍，比較社區與機構老人身體功能的差異。社區中的老人各項 ADLs 的盛行率以洗澡的功能障礙率最高，進食最低。養護中心老人 ADLs 障礙情形比社區老人高，除了進食之外，其他各項障礙率都在 60% 以上。

　　比較性別差異，不論是社區老人或養護中心的老人，女性 ADLs 的功能障礙盛行率皆較男性高。IADLs 方面，以煮飯的功能障礙率最高，遵醫囑服藥功能最低。養護中心老人各項 IADLs 的盛行率幾乎都在 50% 以上，也以煮飯的功能障礙盛行率最高，遵醫囑服藥功能最低。同樣地，社

區及養護中心女性老人 IADLs 的功能障礙盛行率皆比男性高。

胡澤芷（1997）則以臺灣省家庭計畫研究所 1989 與 1993 年之「臺灣地區老人保健與生活問題調查」，就日常活動功能項目的表現，區分老人的健康狀態為「沒有功能困難」、「輕度功能困難」、「重度功能困難」及「死亡」四種，運用多重狀態生命表的方法，分析老人健康狀態流動的情形。結果發現，隨著年齡增加，移轉至較差健康狀態的比率較多，回流到健康情形較佳的可能性愈少，而處於健康狀態不佳者的死亡機率較處於最佳健康狀態者高出 2 倍之多，說明了健康狀態較差者除了日常活動受限之外，相對於健康者還會面對較大的死亡威脅。

張明正（1997）分析，女性、愈老邁且教育程度愈低者，功能障礙增加和身體功能能力衰退的傾向較大。另外，國健局 2003 年「臺灣地區中老年人身心社會生活狀況長期追蹤調查（TLSA）」調查結果顯示，男性的活動功能比女性好，但隨年齡增加活動功能會變差；失能比率隨年齡而增加，到了 75 歲以上有四成的老人搭車有困難；75 歲以上關於日常生活活動狀況，執行各項日常生活活動有困難的比率介於一至二成之間，其中以洗澡比率最高，約 17.3%。國家衛生研究院每四年進行全國抽樣「全國性健康訪問調查（NHIS）」，2005 年的結果顯示，臺灣老人大小便失禁罹患比例女性高於男性，失禁比率隨年長而增加。

女性老人比男性老人在變化上較為穩定，惡化少且緩慢。女性老人實際的活動功能狀況比健康自評更差，原因是日常生活活動是因應身體功能衰老而調整，因此提早辨認身體功能的變化才是重點；慢性病是影響活動功能和健康自評的主要因素。在無法清楚自述罹病及發現具體罹病之病徵時，疲倦（tiredness）或虛弱（weakness）、肌肉痠痛、憂鬱及健康自評均是參考指標。特別是疲倦或虛弱更是決定健康自評的關鍵。在功能行動能力測量方面，不論是 ADLs 或 IADLs，女性的功能障礙盛行率皆較男性高。

自評健康狀況方面，不論哪一個年齡組，女性評價健康為「很好」

和「好」的比率高於男性，評為「普通」、「不太好」及「很不好」的比率低於男性。在「與同齡者健康狀況比較」及「健康滿意度」項目上，女性的評價也比男性正向。

換句話說，女性活動功能的表現雖然大致上較男性為差，但自我健康評價卻較男性好。男、女性盛行的慢性疾病並不相同，因此對於活動功能的影響也不相同，女性功能障礙盛行率皆較男性高，但卻較男性長壽，這似乎意味著女性罹患慢性疾病比男性罹患慢性病的病程更慢。在死亡之前，健康狀況的發展歷程通常以罹患疾病為先，功能障礙發生在後，因此「更慢」指的就是發生功能障礙到死亡之間的歷程更長。

貳、老年失智症

臺灣 65 歲以上人口失智症盛行率為 1.9% 至 4.4%，85 歲以上則高達 20%。以 1997 年臺灣地區人口資料來算，65 歲以上人口共有 175 萬人，那麼就有 43,750 人罹患失智症，其中 60%（即 26,250 人）為阿茲海默症。在阿茲海默症患者中，約有三分之二（即 17,500 人）是輕度到中度嚴重的失智。

失智症多在 50 歲以後逐漸發病，罹病人數及嚴重程度隨年齡增加而增加，是老年人常患疾病之一種。最初，這類病人開始有記憶衰退現象，逐漸地，身體的運動機能也衰退，伴隨有奇怪的舉動，到後來連家人、親友，甚至自己也不認識，整天不說話，大小便失禁，日常生活的一切均需別人照顧。奇怪的是，病人不記得最近的事，對古早的記憶卻可能很清楚。

有人稱失智症為「世紀大絕症」，認為它是所有惡疾之最，不但患者深受其害，他們的親友也感到十分痛苦，患者先是健忘、錯亂、失去方向感、注意力集中時間短暫、易怒，然後漸漸地，所有的心智能力都消失不見，而病人除了大腦之外，身體還很健康，除非染上肺炎或其他惡疾。

參、巴金森氏症

更令老人以及家屬們困擾的是巴金森氏症。**巴金森氏症**是一種伴隨著四肢發抖、無力、軀幹駝背、動作緩慢的疾病，容易發生在 55 歲以上的人身上，患者平均發病的年齡約為 58 歲。

典型的巴金森氏症有三種表現：**震顫（手腳發抖）、四肢僵直和行動緩慢**。巴金森氏症引起的震顫最常見的是從單側的手部開始，將手擺在腿上不動時抖動得相當厲害，約每秒 3 到 5 下的抖動頻率。病人出現手抖的同時，伴隨著同側肢體的動作，也可能有不靈活以及容易痠痛等症狀出現。

當上述症狀逐漸由單側發展至兩側四肢時，患者行動將更加緩慢，雙手抖動，雙腳僵硬，行走更加困難，就好像腳黏在地板上一般，很容易跌倒，但智能方面則沒有呆滯的現象。

在巴金森氏症初期，其症狀和老年性震顫、中風以及失智之病症有點類似，需要做詳盡的鑑別診斷。老年性震顫，手部的頻率較快，約每秒 5 到 8 次，在拿東西或手固定放在某種姿勢時容易發生，這和巴金森氏症的臨床震顫剛好相反。中風通常是急性發生，且經常臉歪、手腳力氣下降，並有知覺減損等神經方面的異常，而失智則以記憶力減退、計算能力下降等認知性功能的障礙為主。

由於巴金森氏症是一種退化性的疾病，神經細胞在不斷地退化死亡，藥物治療無法抑制退化的持續進行，卻能夠減緩巴金森氏症退化的速度。如何改善晚期巴金森氏症患者的症狀，提昇生活品質，同時保護神經細胞免於退化，都是神經科學以及醫藥界努力的方向。巴金森氏症患者應以平和的心，面對苦難的疾病，藉由藥物及勤奮的活動來減緩疾病的痛苦，以樂觀的心情迎接未來醫療的佳音。

第三節　死亡

壹、死亡人數與年齡性別

　　老化是進行式,是不會逆轉的單方向進行式。身體不僅是「日漸衰老衰退」,也總是會走向死亡。2010 年臺灣死亡人數為 145,772 人,65 歲以上死亡人數為 99,064 人,**表 11-2** 為 65 歲以上死亡人數的整理狀況。老年人口占死亡人數比率逐年增加,1981 年為 46.9%;1995 年老年人增至 60.4%,至 2010 年已達 68.5%。粗死亡率為每 10 萬人口 4,006.2 人,死亡數較上年增加 2.7%,粗死亡率微增 1.0%(主要是 80 歲以上者的死亡率較上年增加所致)。0 至 64 歲者占 31.5%;65 至 79 歲者占 31.3%;80 歲以上者占 37.2%。如與 2000 年(0 至 64 歲者占 36.2%;65 至 79 歲者占 38.9%;80 歲以上者占 24.8%)相較,其中以 80 歲以上高齡死亡人數占有率增加 12.4 個百分點最為顯著。

　　2010 年國人死亡人口平均年齡為 70.7 歲,較上年增加 0.7 歲,較 2000 年增加 4.5 歲;死亡年齡中位數為 75.0 歲,較 2000 年增加 4 歲。

　　心臟疾病、腦血管疾病、肺炎、糖尿病、慢性下呼吸道疾病、高血壓性疾病與腎炎、腎徵候群及腎性病變等七類死因,死亡年齡中位數高於全國之平均值,主要係該等死因多與慢性疾病有關,死亡者平均年齡亦較高。

表 11-2　2010 **年老人死亡人數**

歲	65~69	70~74	75~79	80~84	85~89	90~94	95~99	100 以上	平均年齡
合計	10,811	14,848	19,859	23,935	18,207	8,725	2,788	464	70.70
男	6,976	8,812	11,773	14,269	9,706	3,974	1,087	146	68.75
女	3,835	6,036	8,086	9,666	8,501	4,751	1,701	318	73.77

資料來源:衛生署(2011A)。

兩性死亡人數與標準化死亡率均呈現男高於女之現象，2010 年時男性約為女性的 1.6 倍左右。男性死亡人數為 88,374 人，標準化死亡率為每 10 萬人口 576.2 人，較上年減少 1.8%；較 2000 年減少 16.3%。女性死亡人數為 56,335 人，標準化死亡率為每 10 萬人口 339.9 人，較上年減少 3.0%；較 89 年則減少 23.5%。

　　2010 年老年人十大主要死因依序為：(1) 惡性腫瘤，占 24.9%；(2) 心臟疾病，占 12.1%；(3) 肺炎，占 8.0%；(4) 腦血管疾病，占 7.9%；(5) 糖尿病，占 6.5%；(6) 慢性下呼吸道疾病，占 4.9%；(7) 高血壓性疾病，占 3.5%；(8) 腎炎、腎徵候群及腎性病變，占 3.4%；(9) 敗血症，占 3.1%；(10) 事故傷害，占 2.4%。十大主要死因占老年人死亡總人數的 76.8%。

　　男性十大主要死因分別為：(1) 惡性腫瘤，占 29.4%；(2) 心臟疾病，占 10.6%；(3) 腦血管疾病，占 6.7%；(4) 肺炎，占 6.3%；(5) 事故傷害，占 5.5%；(6) 糖尿病，占 4.6%；(7) 慢性下呼吸道疾病，占 4.3%；(8) 慢性肝病及肝硬化，占 4.0%；(9) 自殺，占 3.0%；(10) 高血壓性疾病，占 2.4%。

　　女性十大主要死因為：(1) 惡性腫瘤，占 26.7%；(2) 心臟疾病，占 11.2%；(3) 腦血管疾病，占 7.4%；(4) 糖尿病，占 7.4%；(5) 肺炎，占 5.9%；(6) 高血壓性疾病，占 3.6%；(7) 腎炎、腎病症候群及腎病變，占 3.6%；(8) 事故傷害，占 3.3%；(9) 敗血症，占 3.1%；(10) 慢性肝病及肝硬化，占 2.5%。

　　在變化方面，2010 年男性十大主要死因中，標準化死亡率與占有率均較上年增加者有肺炎、心臟疾病及高血壓性疾病，此三類死因影響程度皆持續增大；標準化死亡率與占有率均較上年減少者有事故傷害、腦血管疾病、糖尿病、自殺與慢性肝病及肝硬化。女性十大主要死因中，標準化死亡率與占有率均較上年增加者有高血壓性疾病、肺炎、腎炎、腎病症候群及腎病變、敗血症，此四類死因影響程度皆呈擴張；標準化死亡率與占有率均較上年減少者有事故傷害、腦血管疾病、糖尿病、慢性肝病及肝硬

化。

　　2010 年 70 歲以下人口潛在生命損失總人／年數為 998,555 人／年，接近 100 萬生命年，但較上年減少 3.5%，平均生命年數損失為 17.7 年，較上年減少 0.4 年；較 10 年前少損失 2.6 年。男、女性潛在生命損失總人年數分別為 700,269 人／年與 298,286 人／年；平均生命年數損失分別為每人 18.0 年與 17.1 年，損失均較上年為低。以 2010 年十大主要死因平均生命年數損失排序，依序為：(1) 事故傷害，27.7 年；(2) 慢性肝病及肝硬化，18.3 年；(3) 心臟疾病，15.2 年；(4) 惡性腫瘤，14.7 年；(5) 肺炎，14.0 年；(6) 腦血管疾病，13.9 年；(7) 腎炎、腎病症候群及腎病變、高血壓性疾病，同為 12.2 年；(8) 糖尿病，11.3 年；(9) 慢性下呼吸道疾病，11.0 年。

　　在潛在生命損失方面，以惡性腫瘤潛在生命總年數的損失最高，為影響國人平均餘命長短的最大關鍵，其次為非疾病的事故傷害與自殺，三者潛在生命損失占國人死亡潛在生命損失總人／年數的五成二。若與上年比較，事故傷害、惡性腫瘤、慢性肝病及肝硬化其平均生命年數較上年減少。

貳、癌症與死亡

　　2010 年每 3 分 38 秒有 1 人死亡；每 12 分 48 秒有 1 人死於惡性腫瘤。因惡性腫瘤死亡人數為 41,046 人，標準化死亡率為每 10 萬人口 131.6 人，較上年減少 0.7%。20 年來，其死亡人數占有率從 1990 年的 17.8%，逐年上升，死亡人數占有率增加 10.6 個百分點，男女兩性惡性腫瘤死亡人數占有率雖男性高於女性，但兩性長期時間數列趨勢則相當一致。2010 年國人癌症死亡者平均年齡為 67.3 歲，較 2000 年增加 2.4 歲；死亡年齡中位數為 69.0 歲，與上年相同，但較 2000 年增 1 歲多，其中男性增 1 歲；女性增 3 歲。

2010 年癌症死亡人數男性為 26,022 人、女性為 15,024 人；男、女性標準化死亡率分別為每 10 萬人口 171.3 人與 93.9 人，標準化死亡率男性為女性的 1.8 倍。男女兩性癌症死亡人數分別較上年增加 2.9% 與 2.7%；男性標準化死亡率則減少 0.3%、女性減少 1.3%。

　　死亡前十大主要癌症依序為：氣管、支氣管和肺癌（20%）、肝和肝內膽管癌（18.9%）；結腸、直腸和肛門癌（11.4%）；女性乳房癌（4.2%）；口腔癌（5.8%）；胃癌（5.5%）；前列腺（攝護腺）癌（2.5%）；食道癌（3.8%）；胰臟癌（3.6%）；子宮頸及部位未明示子宮癌（1.7%），癌症死亡人數逐年增加，與國人老化速度有關。

　　十大癌症標準化死亡率與占有率均較上年增加者有女性乳房癌、子宮頸及部位未明示子宮癌、前列腺（攝護腺）癌、口腔癌與食道癌，此五類癌症影響程度皆呈擴張趨勢；標準化死亡率與占有率均較上年減少者有肝癌、胃癌與胰臟癌，此三類癌症影響程度漸漸減少。

　　以潛在生命損失總人／年數來看各項癌症死因，則以肝癌最高、肺癌居次，其次為口腔癌及結腸、直腸和肛門癌，此四類癌症潛在生命損失年數合計占國人癌症死亡潛在生命損失總年數的五成。但若以平均每死亡者生命年數損失來看，則以口腔癌、女性乳癌及子宮頸癌同為 16.7 年居首，其餘依序為食道癌 15.9 年、胃癌 13.7 年、結腸、直腸和肛門癌 13.6 年、肝癌 12.0 年、肺癌 11.8 年與攝護腺癌 6.5 年。若與 2009 年比較，口腔癌、攝護腺癌、胃癌、肺癌、女性乳癌及肝癌其平均生命年數較上年減少。而子宮頸癌平均生命損失則較上年增加 0.6 年較高。

　　癌症可分析的重點很多，例如與肥胖的關係。很多癌症與脂肪過度攝取有關，以下是幾個例證：

1. 肺癌：肺癌的死亡率占我國第一位，主要原因除吸煙之外，高脂肪含量的食物及一些動物脂肪、膽固醇含量高的食物都可能增加肺癌的罹患率。

2. 大腸直腸癌：在美國與我國之發生率均名列前茅，愛食全脂、飽

和性及動物脂肪的食物及體重過重等，均是增加罹病機會的危險
因子。

3. 胰臟癌：高熱量飲食、肉類、膽固醇含量高的食物都是可能致病
因子。

4. 膽囊癌：大多是肥胖者罹患的危險腫瘤。

5. 乳癌：好發於女性，其發生率在美國女性排名第一位，在臺灣為
第二位。過高或體重遠超過一般女性者，均屬於高危險群。另如
全脂肪及動物脂肪、肉類等都是可能的致病因子。

6. 子宮內膜癌：據研究，肥胖與體重增加都是主要導因，其他原因
一如乳癌。

7. 肝癌：肝癌為臺灣地區人口重要的死亡原因，死於肝硬化的人數
眾多。肝病防治基金會建議：注重飲食及飲水的衛生，不亂服
藥、不抽煙、不喝酒、不吃含有黃麴毒素的食品（如花生製品及
豆類發酵食品），少吃油膩的東西，多吃蔬菜、水果。

8. 胃癌：以老年人最多。老年胃癌病人常有營養不良及慢性疾病。
胃癌主要原因是攝取太多鹽漬食物，煙酒過量，喜愛肉類，飲食
不定時、不定量。

　　癌症之所以可怕，因為多數癌症在早期並無特別的症狀作為提醒的
警鐘。即使有症狀，也多是一些特異性變化，如胃口變差、體重減輕等
等。由於老年人身體比較虛弱，生理功能退化，常常會出現一些不大舒服
的症狀。許多老年人諱疾忌醫，忍痛能力也比較強，因而有時會使得某一
種癌症早期症狀被忽略，不但沒有及早注意，而且延誤了及時診治的機
會。

　　相反地，另外有一些老年人，稍微有點不舒服就懷疑自己病得不
輕。如果吃了幾次藥未見好轉，剛好身體上又出現不經常的疼痛，就不禁
「杯弓蛇影」，整日擔心自己患了不治的絕症。亂求醫、亂吃藥，甚至到
處尋求偏方，反而加添了不該有的病情。

除了少數癌症（如子宮頸癌、乳癌）外，早期的惡性腫瘤並不易診斷，因此還是要請專業醫師仔細評估，並參考其他相關檢查資料，才是最好的方法。由於醫學的進步，癌症通常可以較早發現、診斷，治療的方法愈來愈有效，副作用也愈來愈少，所以不必一知道可能得了癌症，就心灰意冷，放棄了積極治療。千萬不要心理上先崩潰下來，貽誤了可能痊癒的機會。

　　癌症對老年人是健康上最大的敵人之一，但是如果注意保健，定期進行身體檢查，有症狀儘早求醫，得病後與醫師密切合作，癌症不見得就是絕症。

參、自殺

　　近年來，自殺之案件幾乎是日日見於報章，甚或是強迫子女、伴侶與其偕亡，真是令人心酸。所有的生物都會死，但用自我毀滅而走向死亡的生物，似乎只有人類。全球每一年有 50 多萬因自殺而死亡的案例。平均一天有 14,000 多件，每 1 分鐘都可能有人用各種方式結束自己的生命。幾乎所有國家官方自殺統計資料均顯示，男性自殺率高於女性，老人自殺率一向高於其他年齡層，自殺的年齡與性別型態呈現顯著的跨文化與歷史的穩定性，臺灣地區之情況也不例外。

　　在 1980 年時，臺灣有 1,759 人自殺身亡（男性 1,011 人，女性 748 人），男性比女性多出 35%。三十年後，2010 年的死亡原因，男性自殺死亡達 2,639 人，女性 1,250 人，男性比女性多出 111%。2010 年男性死亡人數只比女性多出 60%，可是自殺死亡的卻多出 111%，顯示男性自殺率快速增加，遠超過女性。因此在主要死亡原因中，自殺是男性的第九位，女性則是第十二位。多數的自殺死亡者，其家人往往會設法掩飾真正的死亡原因；正如人們所熟知的事實：「登記死因為自殺的」只是一部分，還有許多自殺被其他死因所掩蓋。

臺灣整體平均的自殺率為 6.98，但 65 歲以上的年齡層卻遠高於此一數字。自殺率是隨著年齡而上升，60 歲以後開始微微上揚，到 75 歲以後，更是明顯地直線上升。衛生署特別提醒，65 歲以上的男性是自殺的高危險群，其他年齡層的自殺率增加幅度都不明顯，唯獨「老男人」增加最快。

　　人為什麼會自殺？與「憂鬱」密切關連。男人，尤其是老男人，有很高的比例非常憂鬱。來自家庭、工作、兩性相處、身體狀況、財務難題等問題，使無數男人承受偏高的壓力。這一輩老年男性經歷了空前快速的社會變遷，社會地位與影響力急遽下滑。即使不斷調適角色，也還是承受莫大的壓力，常感覺無所適從。以往，年長男子從原生家庭得到遺產，如今憂鬱與壓力是最普遍的遺產；以往，老年人在自己開展的家庭中地位最高，如今地位可能比貓狗還低；以往，老年人的經驗是工作單位的資產，如今可能被視為老賊；以往是社會的中間分子，如今是被後浪淘汰的殘渣……。再加上忙了幾十年，許多身體、心理、人際的問題纏身，又沒有好好診斷治療，自殺的念頭在脆弱者身上，任意肆虐。

　　衛生署重視自殺這影響廣泛的問題，近年來推動不少方案。但是針對中老年男性的少之又少，更何況男性普遍不願意也不習慣求助，即使心事重重、心結待解、意志消沉、精神渙散，依然鮮少打電話到自殺防治熱線或心理衛生中心。像陀螺般打轉了幾十年的男人，一旦遇到重大挫折，就像失去動能的陀螺，搖搖欲墜。處處是傷口的男人，平日總是偽裝，利用大吃大喝、酒精、藥物、胡說八道來逃避，其實早就脆弱到不堪一擊了。

一、自殺的原因分析

　　老人自殺之主因，分成下列四大類：

1. 社會因素：短暫的社會角色衝突與一時因環境重大變化而產生嚴重適應困難，均可能導致自殺；某些社會文化與宗教力量，會將

自殺當成追求新的生命的開始；也有一些人自認在某種工作上有虧職守而自殺。

2. 身體因素：久病不癒，自認已罹患絕症，往往有厭世之念，如果又擔心拖累全家人，自殺對他們而言，被視為是一種解脫。

3. 異常人格：一方面人格不成熟，自我防衛機制使用不當；另一方面又時時飽受壓力與衝突，因此常在一時衝動之下產生自殺行為。

4. 精神疾病：精神疾病又可分為：
   (1) 精神分裂症：多由精神病之幻覺、妄想之症狀而引起，其自殺與自傷之強度與危險度相當高。
   (2) 憂鬱症：極端之憂鬱，引起過度沮喪而厭世。
   (3) 毒品所引起之精神疾病：常因極端興奮而不能自制。
   (4) 邊緣型人格違常：此類病人長期覺得空虛與寂寞，缺少自我認同，覺得自己一無是處，因而自我傷殘。

老年人的自殺原因，除了上述這些因素之外，還包括了下列幾種情況：

1. 所愛的伴侶死亡。許多老年男性常在其所愛的妻子死去的一年中，因陷於極度憂傷不能自拔而慢性自殺，或以某種方式了卻自己的生命，追隨於九泉之下。

2. 先經歷漫長空巢期的折磨，再無奈地度日如年地迎接每個黃昏、長夜。那份孤獨感，往往令人起了輕生之念，以求解脫。

3. 長期的病痛，折磨到全無一點求生之意，取代的是激烈的求死決心。

4. 金錢、財務日蹙，貧賤老夫老妻百事哀。

5. 摯友先後離開這個世界，那種「訪舊半為鬼」的感傷，對於老年人心靈上的創傷，是一時難以平息的。

6. 銀髮族遭遇喪子（女）之痛。一旦至親骨肉先他（她）而去，那

種錐心之痛，往往使他們痛不欲生！

二、減輕痛苦的建議

如何好好活著，開心些，讓生命的冬天比以往的歲月更美好！人們不能輕易地責備老者為什麼不堅強地活下去，因為他們所以有此想不開的輕生意念，必有說不完的苦衷，他們如果不能打開心結，一直讓某種陰霾所綑綁，多活一天，也不過是多痛苦一天。不過，要提出以下幾點減輕痛苦的建議：

1. 凡事看開一點。世事自古難全，不如意事，原本就是十之八九，老天爺既讓我們在這樣一個多難的世代中，活到垂老之年，在以往的歲月之中，崎嶇的路不是也走過了嗎？喜樂之心，固然不能解決什麼愁苦，至少可以幫助我們對未來多一分盼望。那麼何不讓這些盼望，陪伴走過黑夜，迎向黎明？

2. 化憂傷為力量。如果年老的長者對生命感到無比沮喪，不妨想想這一份憂傷與沮喪，會帶給家人何等痛苦？假如你是為喪偶而極端憂傷，相信地下有知的他（她）一定希望你好好地活下去！何不將那份鶼鰈情深的生前濃情，化為繼續存活的最大力量？

3. 走出自閉的感傷空間，學習改變生活的方式，將小愛化成無比的大愛，以抒心懷；換一句話說，要學習自我心理的調整，以積極的想法來代替消極的心態。

4. 接納這個世界中所有美好的事。萬物靜觀皆自得，過去大家都忙，沒有好好欣賞這世界的一花一草，一山一水，現在何不效法先賢，以悠然、怡然的心，超脫自我枷鎖。

三、家人與社會大眾的支持

希臘神話中有個偉大的英雄阿基里斯，他曾被浸在冥河，所以刀槍不入，但他的腳踝未被浸泡是致命的弱點。十年的特洛亞戰爭即將結束

時，對手一箭射入阿基里斯的腳踝，他因此抱憾而終。這一代的中老年男子，處處是弱點，來自四面八方的箭不斷射過來，常感覺精疲力竭，力不能勝。無數老人呼喊：「請不要向家裡的男人射箭，我們很脆弱！」「請不要打擊職場上的前輩，我們很辛苦！」「請多給一些的體諒，我們需要被瞭解！」不僅如此，老人們更需要愛與支持，家庭和人際關係網是對抗憂鬱的最有效力量。

《天使走過人間——生與死的回憶錄》中，生死學大師伊莉莎白・庫伯勒一羅斯訪問經過死亡歷程的人，他們共同指出這個階段都得面對一個問題：「你一生中做了什麼貢獻？」此時，「真正的、無私的愛」是常見的答案。她在討論這個死亡歷程的結語時如此說：「人生充滿選擇。到世間走一遭，人人都得面對一個終極的抉擇：從人生的漩渦走出來，你是遍體鱗傷，垂頭喪氣呢？還是變得更成熟、更有自信和智慧呢？」

Chapter 12

統整

👓 第一節　從失落中統整

壹、失落

　　如何「老的漂亮」？「老的精彩」？「老的統整」？這是大問題，更是瞭解老的關鍵（蔡承志譯，2008）。老年時已經有豐富的人生經驗，更瞭解什麼該參與，什麼該撤退。如同古老的智慧禱告：「願上帝賜予我從容，去接受我不能改變的；賜予我勇氣，去改變我能夠改變的；更賜予我智慧，去分辨這之間的區別。」一個比較好的老年是「願上帝賜給我體力，去參與那些該參與的活動；讓我放手，對那些我不必插手的撤退；更賜給我智慧，去分辨什麼該參與，什麼該撤退。」

　　「認輸」、「變弱」或「必須靠別人來幫我做事」這類的想法的確讓許多老年人害怕，大家都在抗拒老，但「老化」是事實，是任何人都需要接受的事實。老化（aging）是進行式，是不會逆轉的單方向進行式。身體不僅是「日漸衰老衰退」，更是「分秒都走向死亡」。

　　比較不受到老化所影響的是「心理」，心情可以年輕、心態可以好奇、心胸可以開闊。對於學習、對於開拓人際關係、對於發展新的興趣，都可以動態、多元、探索。我們到了這個年紀，可放可收、可隨時開始可隨時結束、可以在乎可以馬虎。生活與心理都不是一條單行道，有些像森林小徑，怎麼走都好。

　　老人最普遍的心境是「失落」。生活在今日臺灣的老年人，不論是在光復後由大陸播遷來臺，或是世代居住在這塊土地的長者，大多在農村社會的生活中，走過童年、少年，乃至中壯年。兒時的回憶，少年歲月的痕跡所留下的片段往事，到如今雖然大多塵封已久，卻必然時縈心田。普遍感慨最深的是社會變化太大，不知如何加快調整自己的腳步來因應社會的急遽變遷，尤其是在人際關係上的改變。

在傳統典型的鄉村社會中，人與人之間的關係濃厚地結合在一起，彼此之中存在著密切的某種聯繫。就算是沒有什麼婚嫁所形成的近親，也大多是世代生活與共、休閒與共，甚至甘苦與共的近鄰。雞犬相聞，日出一起到田園、村間工作，日落踏著暮色，相約回家。家門不遠的一株榕樹下，或是某家祠堂的一片空地，老的老，小的小，在夜色朦朧中，談古論今，或是嬉笑喧鬧，多恬美的一幅農家樂！

鄉村中守望相助，陌生人很難不被發現。哪一家、哪一戶發生什麼事，很少不被傳於鄉里之間，因此任何有違社會正規運作，或是不符社會規範的事件，都將受到十手所指，十目所視，紛相指責。血濃於水的深情也使得人們之間發揮誠摯的友愛，哪一家有什麼不幸的事情發生，譬如說死亡、傷殘乃至於長期病痛，左鄰右舍固然會解囊相助，就是平時不一定長相來往的遠親，也會爭相援手。孤兒寡婦、鰥寡孤獨，不必擔心貧無立錐的日子！「老吾老，以及人之老；幼吾幼，以及人之幼」的傳統美德，在鄉居生活中不是一種烏托邦的夢！

就算是住在城鎮之中，從事小型商業的人們，也大多數高度認同同鄉、同宗的觀念，彼此之間互通有無，來往非常密切。若有姻親關係，透過婚嫁使得大家親上加親，社會生活之和諧，蔚成中國傳統社會的一大美德。

老年人在過去社會中，享有相當崇高的地位，敬老尊賢的觀念更深植在人們心裡。同時，在農業社會裡田地就是財富，而田地大都掌握在祖父、父親手中，自然而然地也就形成了人子以父輩為生活核心的現實寫照。不靠父老的餘蔭，很難有足夠的自我開拓空間。一代過去，一代又來，社會基本上沒有太大變化，人們也就緊守先人足跡，由少到老。

可是，時代在變、社會在變，人與人之間不再見到內心深處所保有的真誠。利害關係取代了純真情感，勾心鬥角取代了榮辱與共。疏離感使得人際關係愈來愈顯得淡泊。感受最深的，當然是年老的一輩，尤其是居住在城市中的老人家。

大量移入的人口、高密度居住的環境及高密度的異質性是城市生活所形成的型態。人們的社交圈子愈來愈縮小，在時間就是金錢的前提之下，大家各忙各的，也沒有空常常向老一輩的人噓寒問暖，更不必說是經常問候。小家庭取代了往昔三代、四代同堂。父母、子女各據一方，彼此連見面的機會都不多，遑論承歡膝下、朝夕請安。在這種情景之下，老一輩的人內心之疏離感，也就不言而喻。

　　許多老人都感受寂寞與孤獨，寂寞是任何人都隨時可能有的一種感覺，「自古聖賢皆寂寞」正足以說明。如果一個人說他從未有過寂寞感，要不是根本不瞭解寂寞兩字是什麼意思就是自欺欺人。寂寞是我們在人生旅途中，每個人都必須面對的問題，寂寞常在我們身邊，尤其在老人的心頭。

　　產生寂寞心境的因素很多，孤單獨處，可能令人感到寂寞；熙攘人群，也可能讓人時有岑寂之感。去國懷鄉，固然寂寞，居廟堂之高，也可能憂愁多多。真正做到「不以物喜、不以己悲」的人，少之又少。

　　不安全感是產生寂寞的主要原因。人都需要被尊重與接納，更需要從他人處得到被愛和被需的感覺，一旦這種感覺失去，不安全感和寂寞自然就湧上心頭。寂寞是一種被孤立和割離的意識，也可能包含了被排斥、被反對、被誤解、被遺棄等等的感受，更蘊含了一種失落感。「有誰真正瞭解我」或是「月亮代表我的心」等歌曲，都表達了一種發自內心的寂寞呼聲。張春興（1996）則將「孤獨感」解釋為遇事自己無力抉擇，而又感到無依無靠，得不到別人幫助支持的失落心態，那是寂寞之後的更深痛苦。

　　寂寞其實也具有一些正面的力量。許多人經過寂寞的困擾與痛苦，思想意念反而得到蛻變。陶淵明之「奚惆悵而獨悲，悟已往之不諫，知來者之可追」，都在歸去來兮感受之後的心靈解脫；李白之秉燭夜游，也在於感受自己不過是百代之過客。很多人在寂寞之後，生活反而變得格外豐盛，變化的過程就在於如何運用那獨處的積極作用，輕鬆地經過孤獨而不

受寂寞之苦。

有些人受不了孤獨與寂寞的滋味。因孤獨與寂寞，而進入酗酒、吸毒、頹廢、離婚、消沉，甚至自我毀滅的絕路。人間多少悲劇，都是由這種感覺所釀成，多少家庭也因此而淪亡。對於老人來說，寂寞的感受與痛苦，更是既深且遠。因為個體進入老年期以後，社會環境明顯地快速變遷，社交圈子縮小，難免時有離群後的孤獨與寂寞，再加上體力日衰，也就不願和外人接觸，長期獨處，寂寞自難消，這往往也造成許多老年人的焦慮。

貳、在宗教智慧中統整人生

當身體漸漸軟弱時，心靈反而可能更加強健，宗教在人生尾聲時更顯得可貴，也是統整自己一生最好的方法。在「靈性」上，要有明確的方向了，越接近死亡，就越需要處理靈魂去處的問題。身體終究是要朽壞，靈魂卻要有永遠的平安喜樂。這就是宗教信仰中珍貴的道理，是上帝給人類珍貴的禮物。以下就儒家、基督教、佛教、回教等不同角度說明智慧的人生收尾。

孔子說：「未知生，焉知死。」死的世界不可知，因此活著的人應該定睛於現在。雖然死亡終究會臨到，但是那就是天命所注定的，死亡不過是一種自然之道。自然之道不可違，人人不免一死。「三不朽，立德、立功、立言。」儒家認為透過這三項可達到不朽。所謂「立德」，指的是用內聖外王之道修養，體現道德圓融，留給後世一個永恆的人格楷模。如同文天祥〈正氣歌〉裡的「人生自古誰無死？留取丹心照汗青」。儒者以道德、真理為最高價值，這就是「殺生成仁」、「捨生取義」的意義。次一等的不朽「立功」就是做出一件大事，功垂天地，惠及後世。「立言」則為著書立說，留下思想與智慧給後代做精神財富。

從基督信仰來看。基督信仰認為上帝是愛的源頭，在人生路上不管

生老病死，上帝都樂於與我們為伴。無論是處在順利豐盛的環境、或是處在黑暗的幽谷中，都應該多關心人們，同享快樂，同擔愁苦。即使在面對死亡時，因為有祂同在與安慰，帶有死裡復活的盼望，也靠上帝所賜予的信心勇敢面對。因為祂本是生命的源頭，祂就是生命。所以選擇與祂同行，必能超越死亡的轄制。

佛教提醒老人們「放下對此世的執著，一心念阿彌陀佛，發願往生西方極樂淨土之蓮花世界中」，作為精神依歸。聖嚴法師（2007）將中國描寫感傷老人情景的古詩「夕陽無限好，只是近黃昏」改編為「夕陽無限好，不是近黃昏，前程美似錦，旭日又東昇」，晚年雖如夕陽美好，但不應視為晚景無奈，猶如黃昏之近黑夜，而是生命的第二個春天。「旭日又東昇」，就佛教觀點言：人生是無常，但是奉獻世間的「利他」心願可以無窮盡，此生未完成的心願，來生再來，永遠地繼續努力，直至成佛為止。心存這次未完成的，讓下一代人完成；這一次我自己不能完成，下一代又不能接棒時，我下一生再來！把這樣的心願永遠擺在心頭的話，到年紀大則不會有失落感產生，一人獨處也不會覺得寂寞。

回教認為人的生與死，都在阿拉的權柄下。「未經阿拉許可，沒有人可以死亡」而「生命長短由阿拉所定規」。「生」的目的不是為了什麼個體實現，也非為了增進人類全體之生活，而是為了個體在人世間存活之時，可以恢復對於阿拉的記憶，回轉歸向阿拉。阿拉造人時，給予人類自由意志，人類可以自由地選擇信靠或背棄阿拉。而死亡（或說肉體死亡）的意義就是在設置一個「期限」。因為生命本身成為阿拉給每個必死者（就是當初的犯罪）的一個機會，所以當然這個機會不能永遠持續下去，而有終止的時候。

參、檢視生命尾聲的功課

老人從社會經濟政治結構的重要地位中隱退下來，歷經社會地位與角

色扮演的轉換，回歸在家庭生活與個人世界中，體驗生理機能衰退所引發的病痛困擾，面對生平好友逐漸凋零去世，都思考自己生命歷程的價值性與意義性，規劃未來生命努力的方向。以下透過解脫理論（disengagement theory）與生命回顧（life review）概念來說明老人面對死亡時，內在態度的轉換機制（蔡明昌，1995；吳永銘，1998）：

1. 解脫理論：老人們覺知自己已經盡到撫養子女與貢獻社會的責任，社會對於老人的要求已不再像以前繁重，面對來日無多的晚年，應該為自己做一些自己覺得應當去做的事情，老人得以從社會責任和他人期望中解脫出來。

2. 生命回顧概念：老人瞭解自己所剩的時間有限，會開始檢視自己的生命歷程，探求自己這輩子是否有價值、過得是否充實有意義，如果老人覺得自己的人生很滿意，能較輕鬆地面對自己即將來臨的死亡；若是無法接受自己的人生而且充滿懊悔與無奈，面對即將來臨的死亡時，會覺得焦慮難安、無法忍受。

老人面對退休後所帶來的衝擊，如果有良好的心理建設與周全準備，將能坦然面對自己的一生。老人面對的共同生命課題，包括調適身心功能與社會角色轉變的不確定感；處理衰退的身體與能力；面對配偶的死亡；面對依賴他人的需求情境；準備自己的死亡等。老人必須個別面對的特定任務包括學習改變生活形態；適應減少與外界的接觸；適應生活水準下降，處理新的經濟問題；學習以經驗、判斷、圓通的方法來彌補體力衰退的困擾；做好自己死亡的準備，立遺囑與安排葬禮；完全接納自己與他人，沒有失望，達到統整的境界；平靜地離開人世間。

老人思考面臨死亡時應有的後事安排包括瞭解並悅納，人生畢竟無法事事完美，仍有努力過後無法達成的事務，出發到想去的地方拜訪想念的親友，預留給親友的最後告別，臨終醫療照護的囑咐與指定，遺留財物的分配與捐贈，死後遺體喪葬事務的處置等。如能妥善安排，讓老人臨死

之前毫無牽掛，在親友的陪伴與祝福中平心靜氣地等待死亡的降臨，圓滿如意地結束充實的一生。

第二節　從喪偶中統整

壹、寡婦比鰥夫多

在所有力量中，「死亡」絕對是最強大的一種，還好有「愛」這也非常強大的力量。聖經雅歌裡有句名言：「愛，如死之堅強。」愛與死都很強大，有時，死亡勝過了愛；有時，愛勝過了死亡。

如果說生離死別是人生最普遍的痛苦，那麼大半生相處另外一半的死亡，該是人生中的最大痛苦。銀髮夫妻多希望鶼鰈情深的日子天長地久，可是上蒼不垂憐，死亡之神遲早總會無情地拆散一對老鴛鴦。死者可能多少帶著餘恨，離開了與他（她）同行幾十年的老伴，讓他（她）無限淒楚地獨向黃昏。

由於女性傾向於嫁給比自己大幾歲的男性，而男性平均壽命又比女性來得短，因此在喪偶人數中，寡婦遠比鰥夫為多。根據 Sweet 和 Bumpass（1994）調查美國喪偶之資料：65 至 69 歲一組人口中，女性成為寡婦者占女性總人口之 34%，而男性僅 7% 為鰥夫；75 至 79 歲一組人口中，寡婦占此組女性總人口之 60%，而鰥夫僅占此組之 18%；85 歲以上人口中，寡婦占此一組女性總人口之 82%，而鰥夫則占同一組人口中之 43%（Bettelheim, 2001）。在臺灣，假如一位女性選擇了比她大 4 歲之男性為丈夫。又假如她的丈夫 76 歲逝世，那時她是 72 歲，以女性平均壽命為 83 歲來說，她便要寡居十一年。由人口統計資料，可以看出年齡愈大，同一年齡之男性死亡人數比女性來得愈多。

喪偶者各年齡層皆為女性多於男性，且性比例均在 40 以下，也就是

女性是男性的 2.5 倍以上。主要是女性離婚或喪偶再婚人數明顯較男性為少外，另男性平均壽命較女性為短、女性平均結婚年齡較男性為早等（見表 12-1）。

民國 95 年 15 歲以上國人有偶率為 53.7%，男性為 54.3%，略高於女性的 53.1%，與 85 年相較，十年來男性減少 2.1 個百分點、女性則減少 5.8 個百分點。如以 5 歲年層劃分時，85 年時 35 至 64 歲間之 6 個年齡層的有偶率均在八成以上，其中 50 至 54 歲組最高，達八成六。但 95 年時

表 12-1　15 歲以上現住人口有偶率按性別、年齡分

年齡別	95 年有偶率 (%)			85 年有偶率 (%)			十年來有偶率 增減百分點		
	總計	男	女	總計	男	女	總計	男	女
總計	53.7	54.3	53.1	57.6	56.4	58.9	-3.9	-2.1	-5.8
15~19 歲	0.3	0.1	0.6	1.3	0.6	2.1	-1.0	-0.4	-1.6
20~24 歲	5.0	2.5	7.7	12.7	6.1	19.6	-7.7	-3.6	-11.9
25~29 歲	25.0	17.8	32.4	45.0	33.9	56.7	-20.0	-16.1	-24.3
30~34 歲	54.7	48.4	61.1	71.4	64.8	78.2	-16.7	-16.5	-17.1
35~39 歲	69.7	67.6	71.9	80.8	78.8	83.0	-11.1	-11.2	-11.1
40~44 歲	75.1	75.2	75.1	83.9	84.4	83.3	-8.7	-9.2	-8.2
45~49 歲	77.5	79.1	76.0	85.2	87.3	83.1	-7.7	-8.2	-7.1
50~54 歲	78.9	82.3	75.6	85.9	88.8	83.0	-7.0	-6.5	-7.3
55~59 歲	79.4	85.0	73.9	84.6	89.1	80.2	-5.2	-4.1	-6.3
60~64 歲	78.5	86.4	71.1	80.7	86.8	74.5	-2.2	-0.5	-3.4
65~69 歲	74.8	85.6	65.0	73.2	79.9	64.6	1.5	5.7	0.4
70~74 歲	67.8	81.5	55.3	62.3	71.5	50.4	5.5	10.0	4.9
75~79 歲	59.4	75.2	41.4	51.3	65.3	35.5	8.1	9.8	5.9
80~84 歲	46.6	65.6	25.8	39.4	56.8	22.4	7.2	8.7	3.4
85~89 歲	33.6	54.6	14.4	27.0	47.1	12.6	6.6	7.5	1.8
90~94 歲	23.7	42.5	8.5	20.2	38.6	8.8	3.5	3.9	-0.3
95~99 歲	18.9	37.1	6.5	17.6	33.7	8.8	1.2	3.4	-2.3
100 歲以上	30.2	40.4	13.0	22.8	42.9	12.1	7.4	3.5	0.9

資料來源：內政部（2006）。

各年齡層有偶率都不超過八成，其中 55 至 59 歲組最高為 79.4%；而 35 至 39 歲組則降至 69.7%。十年來，64 歲以下各年齡有偶率均下降，其中 25 至 39 歲之 3 個年齡層有偶率減幅都超過 10 個百分點，25 至 29 歲減幅最大，超過 20 個百分點。

有配偶者的平均壽命較長，以 94 年的資料來看，按婚姻狀況分：15 歲以上人口平均死亡年齡 69.20 歲，其中未婚者平均死亡年齡 53.42 歲、有偶者 67.25 歲、離婚者 57.01 歲、喪偶者 80.75 歲；也就是說，有配偶者平均比未婚者多活 13.83 歲，比離婚者多活 10.24 歲（內政部，2006）。

民國 95 年 15 歲以上有偶比率男女兩性相當，但喪偶比率男女兩性則有明顯差距，男性為 2.3%、女性為 9.3%，主要是女性壽命較男性長約 6 歲；且女性平均結婚年齡較男性早 4 歲，兩者合計差距約達 10 歲。此種現象在 75 歲以上更為明顯，75 至 84 歲男性有偶率為 71.6%、女性僅 35.4%；至 85 歲以上時，男性有偶率歲降為 51.2%，女性更僅為 12.6%。女性喪偶比率遠高於男性，75 至 84 歲女性達六成、85 歲以上女性更達八成以上。

隨著男女壽命差距的加大與子女數的減少，未來獨居老人比率勢必增加，由於子女數普遍減少，高齡獨居婦女的安養照護問題將會更為嚴重（內政部，2006）。

貳、喪偶的狀況

造成喪偶、寡居之狀況主要有以下幾種：

1. 另一半之突然死亡。車禍、飛機失事、中風、突發性的心肌衰竭以及其他意外事件，都可能鑄成伴侶的莫大悲傷與終生憾事。屬於這類死亡的人數，大約占總死亡人數的 5% 至 6% 之間（衛生署，2011A）。由於死神猝然而來，未亡人在毫無心理準備之情形下，得悉噩耗，痛不欲生，泫然欲絕之情，令人鼻酸。

2. 另一半久病於榻，與病魔搏鬥日久，生病之人與其伴侶早就明知病情很難樂觀，但仍盼奇蹟出現。在目睹病情毫無起色，百般無奈之下，心裡已做最壞盤算。甚至眼看病者之痛苦掙扎，有時反而下意識地希望他（她）的早日解脫。

3. 病者經過一段治療，似乎有點起色，全家都在默默感到欣慰的時候，卻又有另一種併發症突然奪走了病患的生命，讓配偶與家人由喜變悲，不知所措。

姑不論是哪些原因造成喪偶寡居，也暫時不提夫妻結合之日子又有多長，死亡對未亡的那一半，都是極大的打擊。固然步入人生晚年，死亡之陰影早已成為心中之陰霾，而且多年來，昔日之同窗好友、工作夥伴，乃至親朋鄰居，先後離開塵世，心裡既悼死者，又難免為自己悲傷。可是，真正死神降臨在枕邊人身上的時候，總是悲慟欲絕。

喪偶是一個人一生之中所面臨的最嚴重的心理創傷。夫妻感情愈篤，相伴同行愈久，彼此之依賴愈深，喪偶之老人愈難承受那種刻骨銘心之痛。許多銀髮夫妻都認定他（她）是自己的最愛，只有他（她）最瞭解、最親密。多年來朝夕與共，共歡笑，共惆悵，有難相扶持，閒來話滄桑，有不盡的往事堪回味，有無數的夢鄉共徘徊，期許白首偕老，卻無限遺憾眼看著另一半含恨先走了。

對許多女性來說，失掉了丈夫，不但是失掉枕邊人、最好的伴侶，也同時失去了精神支柱、社會地位、經濟來源，所留下的只是無比的哀愁、憂傷，充滿「此身何屬、此生何寄」的不安全感。對於鰥夫而言，尤其是年邁的鰥夫，失了老妻，往往失去了生之意義。國內外許多資料都顯示，許多安葬老妻的丈夫，往往在幾個月或一兩年就跟著離開這個世界，甚至以自殺了卻自己的生命。

參、心路歷程

喪偶者傷痛的正常反應歷程通常會經過下列四個階段（蔡果荃、張凱理譯，1982；Conn, 2006）：

1. 震驚與完全失落：是欲哭無淚，神情麻木，腦海中一片空白的階段，這一階段雖僅是短短一刹那，卻似乎是永恆之久。

2. 痛哭與絕望：喪偶者忘形地緊握死者之手，或是一直繞著遺體怒吼，責備他（她）為何如此殘忍撒手西歸，更埋怨自己在他（她）生前的諸般不是，甚至遷怒醫生醫術之不精、護士照顧之不足，乃至醫院設備之不齊，甚至怪罪上帝或菩薩。

3. 極度憂傷之後：喪偶者經過了痛苦與絕望之後，慢慢地接受了一直不肯接受的殘酷事實：「他（她）終於走了！」地下有知，他（她）一定不願看到自己如此憂傷，因此逐漸擦乾眼淚，學習如何收拾起痛苦的呻吟，勇敢地走向未來。

4. 重組自我：走過了生離死別的幽谷，喪偶者逐漸帶著哀愁，心情平靜；不過，那種悔恨、焦慮、不安與沮喪、憂傷的情緒，還是會在夜闌人靜，燈下徘徊的時候，時時才下眉頭，卻上心頭。死者死亡後大半年到一年之間，依然有許多人一直不能擺脫那痛苦之綑綁，陷於極度哀傷的深淵而不可自拔，無法重組自我，恢復自我，然後走出自我，再進入已往歲月中的生活模式。

以上所說的四階段並不見得完全適合於所有的喪偶者，喪偶者之心路歷程也不見得一定依序的由某一階段進入另一階段，不過這種階段說的確描繪了大多數喪偶者的情況。

喪偶者對於死亡者之悼念與悲傷度，還取決於自己之健康狀況、家中之經濟狀況以及子女之接納度等等。如果自己健康本就欠佳，甚至還依賴另一半之常常照料，如今他（她）居然撒手人寰，內心之格外悲痛可想

而知。如果家中經濟過去依賴死者獨力支撐，他（她）仙逝之後，經濟上之不安全感也實在難免。不過，如果子女一向善盡孝心，對父母經常照顧體貼，充分表現應有職責，如今也必然對弱母或老父承歡寬顏，多少會減低家庭悲慟的氣氛。

一般來說，寡婦較鰥夫容易從痛苦深淵中跳脫，理由是家中諸項事務，一向由她張羅處理，痛失丈夫也往往比較容易得到左鄰右舍和親朋好友的無限同情與支持。相對地，失去了老伴的男性，在適應上困難既多，悼念淒楚之心也就愈大。許多丈夫一向很少過問家事，兩老雙雙度日，相依為命，如今驟失支柱，其痛苦之心情可想而知。

此種悲傷難以自解的情況，也解釋了鰥夫在喪妻之後常見的兩種選擇：其一是在延續心靈與肉體極端煎熬下，活著的意願低落，慢性自我毀滅，於妻子死後不久，追隨她的腳步，走向死亡。其二是經過了一段掙扎，決定再婚。鰥夫再婚比率高可以證明。

喪偶的悲傷需要時間來克服，希望透過子女、親友之更多鼓舞與接納，讓他（她）們更早走出悲傷；也更希望他們自強地透過：(1) 覓尋友情的安慰；(2) 投身工作，以轉移自己的注意力；(3) 多多參與宗教活動或社會服務等方式，儘早化悲痛為力量（張美惠譯，2009）。

「愛裡沒有懼怕；愛既完全，就把懼怕除去。因為懼怕裡含著刑罰，懼怕的人在愛裡未得完全。」（聖經約翰一書 4 章 18 節）人類最大、最普遍的懼怕就是死亡，往生者已死，他們的親人還活在世界上，雖有悲痛但還是可突破。

有些社會以忠孝為訴求，要求生者為死者守喪許久，甚至要求守喪一年到三年。如此的規範往往讓生者持續在哀痛之中。美國文化倒是比較有建設性，總是主張「多做一些」，透過實際的行動去對抗死亡所帶來的壓力。畢竟，活人與死人的差別就是活人能動，死者不行。活人要動，積極有效地動，如此比較能以行動對抗沮喪。

第三節　家庭的統整

壹、臨終前家人的關懷

　　無論是醫院安寧病房的靜寂、急診室裡的哭泣、往生室的零亂，到火葬場的污濁空氣、殯儀館裡的場景、追思會裡的瞻仰遺容等，在腦海中總是會浮現。家人、朋友、同學，哀傷與無助的表情，也令人永遠難忘。但，這是人生必須修的功課。

　　如果老人家病情雖然經過多方醫治與子女、親友的照料，不但沒有好轉，反而更為嚴重，終於病入膏肓、油盡燈枯的時候，身為子女心中的悲慟，自然是可想而知。要面對死亡的陰霾，總是讓人心酸，更何況是親愛的父或母！固然，死亡究竟是怎樣的一個情境，以及它所必須經歷的又是幾個階段，誰都瞭解得非常有限（蔡果荃、張凱理譯，1982）。不過如果我們多少揣摩一下臨終者的需要是什麼，儘量地設法滿足他，讓他走得更安詳，至少會讓生者安，而臨終者的遺憾也可以減輕。

　　在臨終的希望和需要方面，主要包括下列幾點：（Kbler-Ross, 1969；趙可式，2007）

1. 感覺安全的需要：縱然是臨終的病人，對自己的生命還是抱著最後一絲絲眷戀。這時候，他所希望的是多一些子女或親友在他的身邊，給他一點安全感。有些案例是病人拒絕護士為他做任何事，而一直等待著子女或親友的協助。

2. 覺得別人也在關懷他的需要：身為子女，首先要努力克服對死亡的恐懼，體會臨終父母千般無奈的感受。不必強顏歡笑，不妨儘可能地找時間陪伴他，讓他覺得自己在子女的心中，還是有地位的。陪父母聊天的時候，多讓他抒發心中的感受，多聽他訴說陳年往事，對病人都是莫大的安慰。有時，默默看著他，輕輕替他

按摩，無聲勝有聲的情境，也可以讓他進入夢鄉，或是暫時忘記了身上某部位的疼痛。

3. 舒適的需要：大多數慢性病人到生命末期，都感到全身酸痛，甚至疼痛。尤其是癌症末期的病人，可能要求止痛的藥物，但要看時間與分量的。當他實在忍受不了，有時會怪罪於照顧的人，尤其是子女。這時候家人高度的忍耐是需要的。此外，病榻邊還是有一些小事是可以做的。譬如說，調節房間的光線、溫度與新鮮的空氣，調整一下病床的高度，移動一下枕頭，替他多蓋一件毛毯等等，都可放鬆他的情緒。扶著他走動一下，或是陪他到走廊、屋外散散步（如果他的體力還可以勉強走動的話），讓他暫時忘記痛疼。如果他不能起床，隔一會兒就幫他洗個臉，甚至刷牙，都會使他舒服一點。

4. 多看看家人的需要：病重的老人，迫切希望看到自己最疼愛的孫子、孫女以及其他的至親好友。身為子女應該體諒病人這一點心願，叮嚀孩子們不要恐懼死亡，不要害怕看到臨終祖父（母）的樣子。還要鼓勵他們多多到醫院探望爺爺或奶奶。但不要硬性強迫，免得引起反感。此外，病人想念的親友，也希望轉知他們抽空去探望，因為這將使得病人感到他還沒有被遺棄！

　　當然，臨終的病人還是有追求快樂的需要，放他最喜歡的音樂、戲劇，或是聖樂或是宗教音樂，都會讓他感到一絲的安慰。有首詩歌是描述對母親的感恩與思念，特別適合這艱難的時刻：「人生如浮雲，一瞬間就消失，只留下微小的痕跡，所誇耀的美景在無限宇宙中，好像一朵花全凋謝。唯有母親所流眼淚，在我一生中最可貴，每日為我掛心，每夜為我祈禱，使我痛苦中得安慰。」「追想在童年，不知世上邪惡，睡在母親的慈懷中，今日我母親離開我到天上，但是我仍然要堅強。」「母親的信仰，我永遠不忘記，是我軟弱時的安慰，當那日主再來領我到天城門，那時要看見我母親。」

身為子女還要考慮的是臨終者的一些權利，是應該加以尊重的（趙可式，2007；姚巧梅譯，2008）：

1. 知道病情真相的權利：有些醫生為了避免病人的過分擔憂，往往只將病情告訴家人，而對臨終者卻做了善意的隱瞞，其實病人對自己的情況必然非常關心。因此，如果病人向醫生詢問，醫生應告以真實的病情，但卻不必說存活時間只有多久。如果病人其實早就心知肚明，卻不願接受殘酷的事實，那也就不必告訴他。

2. 臨終病人有權決定要不要告訴外人他的病情：有的病人不願隨便告訴外人有關自己的病情，做子女的應尊重他的決定。

3. 病人有權知道治療的方式及後果：病人都應該有權利知道醫生對於病症的治療方法及其預期結果，也有權決定要不要接受這種治療。因為有些治療法會帶給病人相當痛苦的副作用。如果醫生沒有明白地說出，兒女們不妨多向醫生請教，然後委婉地告訴父母。有的病人因為擔心治療所費不貲，某些診療是健保所不支付的，所以嚴加拒絕，子女應該多多勸告。萬一病人非常不同意，應尊重他的決定。

4. 臨終病人有權決定去世的地方及處理後事的方式：有些病人希望回到家裡，在自己生活了這麼多年又那麼熟悉的地方，度過生命中最後的時光，在眾多親友鄰居之旁安然去世；有的人希望在醫院過世，因為醫護人員可以減輕最後的痛苦；身為子女者應該予以尊重。至於遺體要火葬、土葬，甚至願意捐贈身上的器官，也應尊重臨終者的決定。

5. 臨終病人有權處理他的財物或改變他的遺囑：不少老年病人在生命最後的時刻頭腦還非常清楚，他會在這一段時間內，交代財物處理的方式，訂立或改變他的遺囑，身為兒女應該摒棄任何私念，避免埋怨臨終者的不公與偏心，免得他含恨以終。

6. 臨終病人有權坦然去世：臨終者一旦知道自己的時間所餘不多，就不希望看到子女哭哭啼啼的樣子，免得心中更是難過。在僅餘以時、分計算的時刻裡，兒女應該坦率地告訴快要離開人世的父或母，思念的心、永恆的愛不會因死別而褪色，好讓走向死亡的臨終者可以帶著微笑，了無遺憾地永遠睡著。

貳、考慮安寧療護

在很多的家庭中，老人持續在病痛甚至已經病入膏肓，家人持續照料，配偶與子女都盡心照料。但持續下去，未必是好事。一個老人拖累一家人，連老人都不一定願意如此。所以，如何兼顧理性與感性地處理老人的最後時光，是難題，需要用智慧與愛心來面對。

有 28% 的死亡者因癌症而離世，癌末常見症狀包括：疼痛、噁心、嘔吐、全身倦怠感、呼吸困難、水腫、食慾不振、失眠、腹水、暈眩、便祕等。面對這些煎熬，家人當然很痛心，但未必能多做什麼。在這個專業化的時代，家人就算有再高的學歷與社會地位，也未必知道什麼是最適當的安排，應該多聽聽專業工作者的意見，也應多讓家人都參與討論。配偶、子女、媳婦、女婿、孫子女等，都愛這位被病痛折磨的老人，但並不一定是理想的照顧者，也未必知道該如何陪同久病纏身的人走人生最後一個階段。

安寧療護（Hospice and Palliative Care）是人生尾聲的一種選擇。安寧療護此字 Hospice 源於拉丁文 Hospes，意思為主人或款待者，在中世紀時是用來做朝聖者或旅客的途中休息重新補充體力的中途驛站。近代臨終關懷的起源是英國桑得絲醫師在 1967 年於倫敦的聖克里斯多福臨終關懷機構，桑得絲醫師在 33 歲前是一位護士與醫院社工人員，在經常接觸垂危病人中體會到醫院許多瀕死的病人受到不恰當的護理且其家人也不知如何來照顧，因此她繼續接受七年的醫學課程而在 40 歲取得醫師資格，由於

她本身多元性的專業知識提供了醫療護理與精神照顧。

　　安寧療護秉持肯定生命的態度，承認死亡是一自然過程，而不刻意延長或加速，結合各類專業人員組成團隊，運用各種疼痛控制與症狀處理的方法及技術，積極處理各種不適症狀，期使病患維持清醒且減輕疼痛，協助癌末病患在自家或陳列佈置仿如家庭的環境中，有尊嚴且有品質地走完人生最後旅途。安寧療護的過程中，病患與家人皆被鼓勵參與各項醫療照護的決策，使臨終病患與其家人在身體、心理和靈性等方面的需求均能被重視。

　　柏木教授（Dr. Tetsuo Kashiwagi）（日本的安寧療護之父）用 Hospice 七個英文字母作字頭，引伸出七組字，貼切地展現了安寧療護的意義：

1. Hospitality（親切）：安寧療護團隊以親切的態度面對病人家屬及所有工作人員。親切的態度本來就是人與人之間理想的應對模式，在安寧療護病房裡特別強調要醫護人員坐在病床邊，視線儘量與病人同高，輕握病人的手，親切的交談溝通。特別注意兩人之間的距離，太近了給病人壓迫感、太遠了又有疏離感。

2. Organized Care（團隊照顧）：包括醫師、護士、社工人員、神職人員、臨床心理師、藥師、營養師、物理及職能治療師、行政人員、志工等人才。醫師包括安寧療護病房的專責醫師及協助的腫瘤專科醫師、內科、外科、精神科、神經科、麻醉科等，團隊成員常要共同討論，提供病患最好的照顧。

3. Symptom Control（症狀控制）：癌症末期病人有各種症狀，這些都需要工作人員全心協助，以減低病人的痛苦為首要，而不是以治療疾病為目標。

4. Psychological Support（精神支持）：病人及家屬的沮喪、憂鬱、失眠、憤恨或怨懟，都需要團隊的協助與支持。靈性的照顧、宗教的薰陶更是協助陪同度過困境中不可或缺的。

5. Individualized Care（個別性的照顧）：以病人為中心的照顧，不但要減少病人的痛苦，並設法完成病人的心願。

6. Communication（溝通）：醫療人員、工作人員與病人及家屬，經常溝通，交換意見。

7. Education（教育）：醫療人員需要不斷對大眾教育鼓吹，讓更多的人能夠瞭解、認同與支持安寧療護的工作。

執行安寧療護的基本條件包括：(1) 經由醫師認定癌症末期病患，生存期間大概不超過六個月；(2) 有身體疼痛、不適之症狀及心理、精神、心靈需要輔導；(3) 安寧照顧醫師確定不適合給予治癒性治療，只適合給予緩解性或支持性治療；(4) 病患及家屬同意放棄心肺復甦術（CPR）者；(5) 家屬或親友願意共同參與照顧；(6) 患者及家屬同意接受安寧照顧者。家人可以在商討後，做一個決定。

安寧療護的方式有「安寧住院照顧」（即安寧病房）、「安寧居家照顧」（護理及相關人員定期到府服務）、「日間照顧中心」（由醫療人員設計各樣活動，病人白天至中心參加）等模式，由一組醫療專業人員，用完整的症狀緩解醫療及愛心陪伴癌症末期病人走完人生旅程，提供身、心、靈的全人照顧，並且協助病人及家屬面對死亡的各種調適，讓生者死者都無遺憾。

參、考慮安寧緩和醫療

心肺復甦術（Cardiopulmonary Resuscitation, CPR）常是生命即將結束時被採用的做法，大部分的末期臨終病人還是在醫院裡接受 CPR 的折磨，在加護病房（ICU）承受冰冷的維生儀器，在痛苦中往生。許多家人基於不捨、愛心與孝心，在病患臨終時，還是希望醫師的 CPR 可以有萬分之一起死回生的機會，至於 CPR 所增加病人臨終的痛苦，就不被優先考慮。

我國自 2000 年通過「安寧緩和醫療條例」的立法後，賦予國人臨終時可以選擇接受心肺復甦術或拒絕心肺復甦術（Do No Resuscitation, DNR）的權力。老人可以考慮當有一天走到生命盡頭時做怎樣的抉擇，以保障自己善終的權益。病人可簽署「預立選擇安寧緩和醫療意願書」寄給臺灣安寧照顧協會，登錄到健保 IC 卡；然後到任何一家醫院請醫療人員協助將該 DNR 的意願下載到自己的 IC 卡內，以後到任何一家醫院，都可顯示此 DNR 的意願，將可避免一旦罹患不治的末期疾病，醫師可尊重預立遺囑的選擇，不再做只增加痛苦卻救不了命的臨終 CPR。

　　一個人不一定要病重才簽署這文件，當人生了重病，不論是家人或醫療人員，都很不容易啟齒詢問病人是否要簽署 DNR 的意願書，在猶豫不決中往往錯過時機，一旦病人突然陷入呼吸困難，家人七嘴八舌無法做正確的抉擇，只好讓病人承受氣切插管，接上呼吸器，送入加護病房受苦。雖然心疼病人的痛苦，但家人已悔恨莫及了。其實大孝與大愛應是陪伴臨終親人，協助其坦然接受疾病，安度餘生，安詳捨報往生。病人的死亡，並非醫療的失敗。未能協助病人安詳往生，才是醫療的失敗。

　　總之，幫助、尊重病患、減輕痛苦、照顧長輩，讓病患能擁有生命的尊嚴及完成心願，安然逝去；家屬也能勇敢地度過哀傷，重新展開自己的人生。這是老人走完人生之路時，比較統整的做法。

第四節　生命的統整

壹、面對死亡的態度

　　老人大方地面對死亡，統整自己的一生，悅納生命歷程，家人和照顧者可設計系列回顧生命歷程重要事件的問題，鼓舞老人思考評價過去人生已經完成的事件中，有哪些自己覺得滿意，值得讚賞的又有哪些，有哪

些並不滿意,還可以有什麼補救?有哪些重要事件想做卻因某些因素未完成,現今有哪些方法可以完成未圓的夢想。鼓勵支持老人勇敢面對回顧生命歷程中所感受到的各種滋味與感受,肯定自己努力的成果,喜悅地接納成就。

老人常常想到死亡、關心死亡、較常談論有關死亡的議題。但老年人對死亡的接受有其限度。許多老人把死亡當成危機來看待;許多老人對死亡有「無聲的恐懼」,隨時都感到害怕。但喪親與喪偶的哀傷經驗使老人對死亡已有所認識與準備。由於已經面對許多「喪失」的經驗,如親友的過世、寵物的死亡、身體功能的減退等等,在心理上多少考慮過死亡與後事的準備,對死亡比較不害怕,因而對死亡採取認命與自然接受的態度。

老人對死亡存有焦慮,尤其對那些無法面對統整考驗的老人而言,死亡更是他們心中莫大的壓力;老人對於死亡的焦慮可解析成對「瀕死過程中所遭受到的痛苦」、「死後世界」、「喪失」的焦慮等;在生命回顧過程中,老人多對其一生的評價抱持肯定態度。

根據吳永銘(1998)的研究,不同背景變項的老人對於死亡的態度有顯著的差異:女性老人整體死亡焦慮與對自己的死亡焦慮皆高於男性老人;65 至 69 歲組的老人對自己的死亡焦慮最高,75 歲以上組的老人焦慮最低;不識字老人的整體死亡焦慮與對自己的死亡焦慮最高,顯著高於其他教育程度者;以宗教活動參與的頻率而言,幾乎不參與宗教活動的老人在整體死亡焦慮、對自己的死亡焦慮與對親友的死亡焦慮上,都顯著高於參與宗教活動的老人;住在安養機構的老人在整體死亡焦慮與對自己的死亡焦慮上,都顯著高於住在家中的老人。

貳、心理反應五階段

正如生死學大師、臨終關懷的倡導者——《天使走過人間》、

《論死亡與臨終》、《當綠葉緩緩落下》等書的作者庫伯勒－羅斯醫師（Elisabeth Kubler-Ross）所言，「死亡」給人生最大的啟示是提醒我們：珍惜「生命」當下的美好，其中最重要的莫過於「愛」。生命中經歷的甜蜜、痛苦、挫折和苦難。隨著歲月經過，對於生命與死亡不斷的思考，這一切有了不同的意義與面貌。人生需要持續散發光與熱，也要思考死亡之必要，因為那是關懷與愛的力量來源。庫伯勒－羅斯醫師分析無數人面對死亡所經歷的心理反應五階段（張美惠譯，2009）：

■否認與孤離

當一個人知道或預感不久即將死亡的時候，反應常是極端的震驚與痛苦的困惑，否認生命已近尾聲。他會不斷地反問：「為什麼？該不是上天對我的一些警告吧！」這種否認部分出於害怕，部分則出於一些希望，譬如醫師之誤診、尋求各種偏方等等。

暫時的否認，給了病人以及病人家屬片刻的安慰，舒解了一時椎心之痛，甚至有些人真的期待宗教奇蹟，以為會躲過死亡，可是眼看病情之逐漸惡化，病人之飽受痛苦煎熬，親屬們就不得不承認這痛苦之事實，病人也心知肚明，無法不接受命運之擺佈。

■忿怒

一旦病人瞭解自己的確病情已經不輕，忿怒與痛恨的情緒就油然而生，不時怨天尤人，怪罪造化之弄人，怪罪上天為什麼把這個可怕的事實放在自己身上。這一階段對於病人的家屬，他的態度經常不友善。開水太燙、床鋪太硬、食物太差、房間空氣太悶，都是他遷怒家人的藉口，甚至罵醫生醫術之不精，護士的冷漠無情及很久沒來探望的親朋好友，反正是什麼都不對，什麼都該死！

這種忿怒的情緒是正常的反應，可以暫時讓病人轉移自己疼痛與憂愁的感覺。家屬不要，也不必編什麼話語來寬慰他，更不可因他的這種反應而疏遠他。一切順其自然，反而最好。

■協議或討價還價階段

病久了，也知道自己的日子實在不多了，更清楚怨恨怒罵只是增添自己與週遭人的不快，心也就慢慢平靜下來了。可是一想到多少心願還未完成、多少理想只差臨門一腳，因此不免企求蒼天的垂憐，讓未酬的壯志，能夠在最後這些日子裡完成，那就可以無牽無掛走了。

於是乎他以從未有過的虔誠，祈禱上天的祝福，並承諾對過去有恩恩怨怨的人，有恩的報恩，有怨的以一笑化千仇。同時，更努力地與醫生、護士合作，反而勸慰家屬說他會沒事的。遺憾的是醫藥有它的極限，生命也有它的極限，當病人自知一切的期望只不過是一場夢，可能又陷入憂鬱的深淵中。

■憂鬱沮喪

當病人瞭解一切希望都是幻夢，眼看自己日子實在不多，不免身陷在極端憂鬱與沮喪之中。可能整日不言不語、悶悶不樂，乃至拒絕飲食，也不肯接受醫藥的治療。這一段時間對病人的家屬而言，是最痛苦的階段，有萬般無奈與深深的無力感，只有忍著讓自己的眼淚不要掉下來，卻不知如何強顏勸慰。

病人的憂鬱與沮喪是很容易理解的。他一方面為將失去的一切而悲傷，也為即將面臨的死亡而沮喪。這種失落感是需要以大無畏的精神加以克服的，這時候宗教信仰的力量是可以發揮一些作用。

■接受

經過一段極端的憂鬱和沮喪，病人意識到時候已將到來，反而可能要求活著的人要堅強，不要難過，不要為他悲傷。同時，更希望他們多陪他一些時間，甚至讓他有機會多看這個世界、所有其他的親人一眼，毫無遺憾地離開這個世界。

當然，每個瀕死的病人所經歷的感受歷程各有不同，有的是含恨以終，有的是含笑撒手人寰。其中差異，宗教扮演了一個很重要的因素，家

人的溫情、個人過去修心養性的功夫，也有很大的關係。如果大家都在生與死之間，洞察死亡的必然性，在有生之日，好好愛惜自己、愛護別人，讓生命光輝發揮到最大的境界，就算不得不離開這世界，也應該了無遺憾。

參、天使走過人間

「人生自古誰無死」，「凡事都有定時，生有時，死有時」，這是誰都知道的真理。有生命的開始，當然有它的結束。人人都是百代之過客，既來到人生舞臺，自然也有曲終人亡的一刻。千百年以來，浪淘盡千古風流人物，何況芸芸眾生？「生既有所歡，死又有何懼？」，也該是應有的情懷。

這個世界最公平的事，是人人都會死！秦皇、漢武乃至歷史上不少君王，求仙丹、求靈藥，最後還是沒有一個可以逃避死神的魔掌。有人說死如落日，從西方落下，從人們的眼光中消失，但是在地平線的那端太陽還是不變，永遠會再次升起。

老、病、死似乎總是緊緊地連結一起，以今日醫學之發達，除了有些意外或疾病讓年輕人、中年人比其他人早走出人生舞臺，死亡人口中最大多數是年老而久病的人。因此，對死亡最感到恐懼的，主要是老年人。

對大多數人來說，死亡代表了所不樂見的一種終結，一生的休止符，一生演出的落幕。它使一個人拋下妻子、丈夫、兒女、親友，乃至所有的名與利。盛衰之理，生死自有定期，歐陽修云：「吾固知其如此，但念及纍纍乎曠野與荒城，感念疇昔，悲涼淒滄，不覺臨風而隕涕。」正像你我每想到在暮色沉沉中，走過那些充滿悲傷的墓碑與陰暗的墓園中，總難免有一絲絲憂傷，既悲古人，又為自己總有一天也會消逝而悲。

在本質上，古往今來，每個人所面臨的死亡都是一樣的，但是人們對它所抱持的態度就大大不同。英雄志士之慷慨就義與文天祥的「留取丹

心照汗青」是一種最崇高的死亡，羅密歐與茱麗葉從容走向死亡，又是另一種情懷；屈原的自沉、鄭成功的憂憤而早逝，都讓人們悼念。換一句話說，他們在生死之關，做了偉大的抉擇。死亡反而使他們贏得了無數的歌頌。至於那些怕死貪生，不惜犧牲名節與生命真正意義，苟且偷生，落得眾人唾罵的人，恐怕是生不如死。

老人面對死亡的來臨，瞭解既然不能避免只好接受，但是缺乏足夠的死後世界資訊，不瞭解自身應該如何善加應對，難免會陷入惶恐失措百般無奈的心理低潮，在一段時間的迷惘之後，期待老人能積極尋求協助與指引，藉著外界的力量來獲得有效面對死亡恐懼的秘訣。若無其他的挫折或打擊考驗老人信心的事件，老人能安安然度過生命的終結，若是老人信心的來源遭遇嚴重的考驗或摧毀，老人則會再次陷入另一個追尋面對死亡恐懼秘訣的週期，直到真正死亡的來臨。

聖經詩篇有一百五十篇，篇篇都精準地描寫人們在人生各種處境中的心境。其中最悲哀、最孤單的是第八十八篇，以希幔表達自己的痛苦所符合的憂鬱症症狀，例如：

「因為我心裡滿了患難，我的性命臨近陰間。」（表示心中的痛苦，又擔心會死亡）

「我算和下坑的人同列，如同無力的人一樣。」（表示無力感很深，得不到幫助，也注意到那些已經因憂鬱而死的人）

「我被丟在死人中，好像被殺的人，躺在墳墓裡。」（表示對死亡的想法很具體，也有臨場感）

「你把我放在極深的坑裡，在黑暗地方，在深處。」（描述內心處在黑暗中，無力掙脫，常在重壓之中）

「你的忿怒重壓我身，你用一切的波浪困住我。」（彷彿處在大海洋之中，完全陷於無助的情境，又承擔神的憤怒）

「你把我所認識的隔在遠處，使我為他們所憎。」（因罹患疾病

和家人朋友分隔，甚至被厭惡，心中更是痛苦）

「我被拘困，不得出來。我的眼睛因困苦而乾癟。」（因患病被隔絕，也有了生理的症狀）

「你為何丟棄我？為何丟棄我，為何掩面不顧我？」（對信仰也不免有所懷疑，不瞭解為何連神都沒有回應）

「我自幼受苦，幾乎死亡；我受你的驚恐，甚至慌張。」（心境充滿壓力，回想到的童年時光，都是不愉快的回憶）

「這些終日如水環繞我，一齊都來圍困我。」（困難非常大，自己身陷洪流之中，不知如何脫困）

　　由這一篇三千年前的古詩（訓誨詩）看來，很顯然是充滿身體的痛苦和心裡的苦悶，正表示憂鬱症在人類歷史上已經很久了，一定比精神醫學的歷史要久遠。但是，人類的可愛及能力正是在設法對抗各種的難題。從整體來看，有許多的專業如精神醫療、心理輔導、社會工作、宗教關懷等已經投入，設法在預防、診斷、治療、復健各方面有所協助。許多的人力、知識、設備、組織等都投入，對抗憂鬱與死亡恐懼等心靈的敵人。不論是政府的衛生署，各地的醫療院所，民間的協會基金會，各宗教團體，乃至媒體等，都關心這個大問題。

　　家庭和人際關係網才是對抗痛苦、疾病與死亡的最有效力量。每一個人都知道：「愛是最有效的治病良方」。連生理方面的病都有神奇的效果，更何況是心理方面的疾病更要有人關心，來自親情、愛情、友情等都能幫助我們走過人生各種考驗，來自信仰的力量也幫助過無數人度過心理的各種困境。正像詩篇第八十八篇作者希幔所言：「耶和華阿，我天天求告你，向你舉手——我早晨的禱告要達到你面前。」所以再多的憂悶可以靠更大的力量去對抗。

　　英國大哲學家、數學家羅素探討生與死的歷程，簡要而精準：

生命最初就像點點水滴，逐漸匯集為涓涓細流，慢慢在狹窄的兩岸中行走，沖過岩面，跳躍瀑布，濺起多少水花，不停地流，然後流過山谷、原野，岸向後退，水量也不斷變大，匯納了無數其他細流，奔向大海，在無垠的煙波中消失了自己。生命有它的意義，死亡也有它的境界。生命一直在進行，而且永不會停止。現在只不過是過去和未來的交接點。過去的一切已成過去，喜怒哀樂也一如春夢，憂傷未來，豈不是自尋煩惱，反正那麼一天來臨的時候，還不是四大皆空！

宜蘭名醫陳五福說：「死是沒什麼可害怕的。怕的是沒有盡到應盡的責任，就要離開自己虛度的人生。」馬偕醫院的創辦人馬偕博士曾留下一句名言：「寧願燒盡，不願銹壞。」在有生之日，寧願燒盡自己，照亮別人，而不要讓生命白白地虛度。

所以，在死亡還沒來到前，無論多老，我們都可以過得更好，也使家人、其他人都過得好。如同天使，走過人間，進入天堂。

參考書目

一、官書部分

內政部（2002A）。中華民國九十一年臺閩地區老人狀況調查摘要分析。

內政部（2002B）。《中華民國臺閩人口統計季刊》。

內政部（2003）。老人住宅規定。臺內營字第0920091112號令訂定。

內政部（2004A）。臺閩地區老人長期照護安養、養護機構概況。

內政部（2004B）。促進民間參與老人住宅建設推動方案。

內政部（2005）。民國九十四年臺閩地區重要人口指標。

內政部（2006）。近年我國老人人口數一覽表。

內政部（2008）。九十六年度老人福利機構評鑑報告。

內政部（2009A）。老人長期照護安養、養護機構概況。

內政部（2009B）。老人福利與政策。

內政部（2009C）。友善關懷老人服務方案。

內政部（2011A）。一○○年第十一週內政統計通報（98年老人狀況調查結果）。

內政部（2011B）。一○○年第二十一週內政統計通報（99年底我國老人長期照顧及安養概況）。

內政部（2011C）。一○○年第四十三週內政統計通報（99年平均餘命統計結果）。

內政部（2011D）。「中低收入老人生活津貼」，《內政統計月報》。

內政部（2011E）。「老人福利、十年長照服務成果」，《內政統計月報》。

內政部（2011F）。「老人安養養護機構」，《內政統計月報》。

內政部（2011G）。「老人安養養護機構工作人員數」，《內政統計月報》。

內政部（2011H）。一○○年第八週內政統計通報（我國15歲以上人口教育程度統計）

內政部（2012A）。一○一年第二週內政統計通報（100年底人口結構分析）。

內政部（2012B）。一○一年第四週內政統計通報（100年居家服務使用者滿意度調查結果）。

內政部（2012C）。一○一年第七週內政統計通報（100年日間照顧服務使用人之主要照顧者滿意度調查結果）。

內政部營建署（2008）。〈整體住宅政策及住宅法草案介紹——高齡化社會與老人住宅之開發實現〉，《社區發展季刊》。第121期，頁14-25。

行政院主計處（2004）。戶口及住宅普查初步綜合報告。

行政院主計處（2010）。中老年狀況調查。

行政院經建會（2003）。照顧福利服務及產業發展方案。

行政院經建會（2004）。中華民國臺灣民國九十三年至一四〇年人口推計。

行政院經建會（2005）。照顧福利服務及產業發展方案第一期計畫總檢討報告。

行政院經建會（2008）。中華民國臺灣97年至145年人口推計。

行政院衛生署（1998）。老人長期照護三年計畫。

行政院衛生署（2000）。醫療網第四期計畫——新世紀健康照護計畫。

行政院衛生署（2004A）。臺閩地區長期照護機構歷年成長圖。

行政院衛生署（2004B）。臺灣地區老人營養健康狀況調查1999-2000年調查結果。

行政院衛生署（2008）。圖說性別統計。

行政院衛生署（2011A）。99年死因統計。

行政院衛生署（2011B）。99年國民醫療保健支出。

行政院衛生署（2011C）。性別統計指標。

行政院衛生署（2011D）。長期照顧服務法制專區。

行政院衛生署國民健康局（1989、1993、1996、1999、2003）。「臺灣地區老人保健與生活問題長期追蹤調查系列研究調查資料」。

行政院衛生署國民健康局（2002）。臺灣老人十年間居住、工作與健康狀況的改變。

行政院勞委會（2006）。臺閩地區外籍勞工概況。

行政院主計處（2004）。臺閩地區老人居住安排與健康照護之研析——提要分析。

國家圖書館（2008）。全國博碩士論文資訊網。

教育部（2006）。邁向高齡社會老人教育政策白皮書。

教育部（2011）。第八屆全國教育會議資料。

中正大學高齡教育研究中心成人及繼續教育學系（2011）。樂齡學習中心志工手冊。

中華民國老年醫學會（1994）。臺灣地區65歲以上老人疾病調查報告專刊。

Work Bank (2003). World Development Indicators.（世界發展指標）

The United Nations Department of Economic and Social Affairs (2012).《聯合國統計年鑑》（Statistics Yearbook）。

二、中文書籍期刊論文

孔令謙主編（2007）。《老年養生堂》。北京：中國華僑出版社。

孔繁鐘（1997）。《DSM-IV精神疾病的診斷與統計》。臺北：合記。

方雅慧（2009）。《「我」與「我們」──女性社區工作者社群意識的修練軌跡》。高雄師範大學成人教育研究所博士論文。

王一方譯（2005）。〈非營利組織是否該追求利潤〉，《哈佛商業評論》。第41期，頁92-101。

王正、曾薔霓（1999）。〈倫理與價值：長期照護財務機制之理念與原則〉，《社會政策與社會工作學刊》。第3卷第2期，頁101-142。

王正、詹宜璋（1996）。〈我國老年基礎年金制度及其相關給付水準之探討〉，《臺灣銀行季刊》。第47卷第2期，頁131-163。

王正一（1999）。《健康快樂100歲》。臺北：天下。

王克先（1996）。《學習心理學》。臺北：桂冠。

王明鳳（2008）。《以管理矩陣及家族因素分析屏東縣民間老人養護機構》。東海大學社會工作學系博士論文。

王香蘋（1999）。〈死亡率與罹病類型差異：老年女性健康問題之探討〉，《婦女與兩性學刊》。第11期，頁129-150。

王香蘋（2001）。《臺灣老人健康狀況與健康變化的性別經驗探討》。嘉義中正大學社會福利研究所博士論文。

王國慶（2005）。〈我國老人福利政策的歷史制度論分析〉，《社區發展季刊》。第109期，頁52-65。

王凱竹譯（1994）。《現代人如何奉養雙親》。臺北：遠流。

王晶譯（2000）。《老年潮：人口老化的浪潮，將如何改變我們的世界》。臺北：聯經。

王筑韻譯（2003）。〈非營利社會服務協會中的營利主義：它的特性、重要性與基本原理〉，收錄於江明修主編，《非營利產業》。臺北：智勝，頁255-284。

王舜華主編（1998）。《老年人權益與自我保護》。合肥：安徽科學技術出版社。

王雲東（2009）。〈臺灣高齡者就業的現況與展望〉，《社區發展季刊》。第125
　　期，頁101-111。

王瑋等（1990）。《人類發展學》。臺北：華杏。

王麗芬編（1980）。《60歲以後的健康》。臺北：國家。

王麗容（1998）。〈臺灣老年婦女老化的社會因素分析〉，《社會政策與社會工
　　作學刊》。第2卷第2期，頁19-54。

左學禮（1977）。《發展心理學》。臺北：商務

白秀雄（1996）。《老人福利》。臺北：三民。

伊慶春、陳玉華（1998）。〈奉養方式與未來奉養態度之關連〉，《人口學
　　刊》。第19期，頁1-32。

全映玉譯（1994）。《如何享受老年》。臺北：遠流。

朱岑樓（2004）。《黎牧文集》。臺北：合益。

江幸子（2003）。《照顧服務產業之本土性案例——非營利組織觀點的分析》。
　　嘉義中正大學社會福利研究所碩士論文。

江亮演（1988）。《老人福利與服務》。臺北：五南。

江亮演（2009）。〈高齡社會老人在地老化福利之探討〉，《社區發展季刊》。
　　第125期，頁195-210。

江素慧譯（2006），安琪拉・史坦穆勒、卡爾漢茲・史坦穆勒著。《外卡效應
　　——讓趨勢突變的58個未來關鍵事件》。臺北：臉譜。

江智惠、陳怡如譯（1995）。《疼痛——不受歡迎的禮物》。臺北：智庫。

江雅筑（2006）。《臺中市老人使用居家服務經驗之探討》。臺中東海大學社會
　　工作學系碩士論文。

江漢聲等（1995）。《性教育》。臺北：性林。

何師竹等（2002）。《防制癌症大指導》。臺中：大康。

何琦瑜（2004）。〈企業公益的競爭優勢〉，《天下雜誌》。臺北：天下文化，
　　第294期，頁146-148。

吳永銘（1998）。《我國老人教育辦理現況暨發展取向之研究》。高雄師範大學
　　成人教育研究所碩士論文。

吳玉琴（2004）。〈臺灣居家服務的現況與檢討〉，《社區發展季刊》。第106
　　期，頁132-140。

吳玉琴（2011）。〈臺灣老人長期照顧政策之回顧與展望：老盟觀點〉，《社區
　　發展季刊》。第136期，頁251-263。

吳老德（2003）。《高齡社會理論與策略》。臺北：新文京。

吳肖琪、洪燕妮、黃俊哲（2009）。〈高齡化及少子女化衝擊下的健康照護〉，《社區發展季刊》。第125期，頁75-90。

吳東權（1998）。《越老活得越好》。臺北：希代。

吳信如譯（2006），Das Methusalem-Komplott著。《瑪土撒拉的密謀：顛覆高齡化社會的迷思》。臺北：商務。

吳敏欣（2010）。《受暴婦女充權歷程之研究》。臺中東海大學社會工作學系博士論文。

吳淑瓊（1997）。《老人長期照護研究》。行政院衛生署委託研究計畫。

吳淑瓊（2002）。〈建構長期照護體系先導計畫──理念與實踐〉，收錄於《「挑戰與躍升──打造新世紀長期照護體系」研討會論文》，頁9-38。

吳淑瓊、張明正（1997）。《臺灣老人的健康照護現況分析》。臺北國立臺灣大學公共衛生研究所暨衛生政策研究中心。

吳淑瓊、張媚、莊坤洋（2002）。《全國長期照護需要評估（2001-2003）》。行政院衛生署委託研究計畫。

吳淑瓊、莊坤洋（2001）。〈在地老化──臺灣二十一世紀長期照護之政策方向〉，《臺灣公共衛生雜誌》。第20卷第3期，頁192-201。

吳華（2011）。《老年社會工作》。北京：北京大學出版社。

吳震環譯（2006）。《銀髮族的全人關顧》。臺北：華宣。

吳靜美（2002）。《銀髮心──日常生活的心理問題》。臺北：聯經。

吳麗芬等（2006）。《當代老年護理學》。臺北：華杏。

呂麗芬（1995）。《不老的身心》。臺北：遠流。

呂寶靜（1999）。〈老人使用日間照護服務的決定過程：誰的需求？誰的決定？〉，《臺大社會工作學報》。第1期，181-230。

呂寶靜（2001）。《老人照顧：老人、家庭、正式服務》。臺北：五南。

呂寶靜（2004）。〈失能者身體功能之評量──失能者與其家屬照顧者看法之比較〉，《臺灣公共衛生雜誌》。第23卷第3期，頁188-196。

李小玫、林惠生（1993），王國羽主編。〈臺灣老人生前遺產的轉移：誰分？〉，《社會安全問題之探討》。嘉義中正大學社會福利學系暨研究所。

李平譯（1999），Thomas Armst著。《經營多元智慧》。臺北：遠流。

李永平譯（2009），Elizabeth Kubler-Ross著。《天使走過人間：生與死的回憶錄》。臺北：天下。

李宗幸譯（1999），A. J. Lee及Melanie Callender著。《老人安養手冊》。臺北：洪葉。

李宗派（2011）。《現代老人學》。臺北：洪葉。

李昭蓉（1996）。《老人福利資源運用與社工人員服務績效之關係》。臺中東海大學社會工作學系碩士論文。

李美枝（1987）。《社會心理學》。臺北：大洋。

李淑珺譯（2000），Steve McCurley及Rick Lynch著。《志工實務手冊》。臺北：張老師文化。

李開敏、王玠、王增勇、萬育維等譯（1996），Abraham Monk編。《老人福利服務》。臺北：心理。

李瑞金、孫炳焱（1997）。《老人福利產業開發與建立之研究》。臺北：內政部社會司。

李義川（2009）。《老人營養與膳食製備》。臺北：威仕曼。

李鍾元（1998）。〈終生教育與老人〉，《社區發展季刊》。第83期，頁44-45。

李維靈、施建彬、邱翔蘭（2007）。〈退休老人休閒活動參與及其幸福感之相關研究〉，《人文暨社會科學期刊》。第3卷第2期，頁27-35。

杜娟娟（1998）。〈老人教育的社會學分析〉，《社區發展季刊》。第83期，頁53-61。

沙依仁（1983）。《人類行為與社會環境》。臺北：五南。

沙依仁（1986）。《婚姻與家庭》。臺北：隆勝。

沙依仁（1996）。《高齡學》。臺北：五南。

沈定國譯（1992）。《你也可以活100歲》。臺北：方智。

沈慶盈（2005）。〈因應高齡化社會之福利政策方向〉，《社區發展季刊》。第110期，頁142-157。

邢雅萍（2010）。《大學院校社會服務學門老人相關系所課程規劃及師資之研究》。臺中東海大學社會工作學系碩士論文。

周中興等譯（2006），Mayo Clinic著。《心臟小百科》。臺北：天下文化。

周月清（2005）。《家庭社會工作》。臺北：五南。

周和男（1997）。〈加拿大B.C.省持續性照護簡介〉，《長期照護雜誌》。臺北：中華民國長期照護專業協會，第1卷第2期，頁23-26。

周芬姿等（2009）。《老人休閒活動設計與規劃》。臺北：華都。

周家華（2009）。〈社會變遷與三十年臺灣老人研究──兼論老人政策之推

動〉，《社區發展季刊》。第125期，頁368-393。

周業謙、周光淦譯（1998），David Jary及Julia Jary著。《社會學辭典》。臺北：貓頭鷹。

周勳男編著（1979）。《老人心理學概要》。臺北：老古。

官有垣、陳正芬（2002）。〈我國居家服務購買服務契約體系運作之初探〉，《社區發展季刊》。第98期，頁170-181。

易之新譯（2004），Michael Castleman等著。《阿茲海默診療室》。臺北：天下文化。

林子宇（2011）。《南投縣老人社會支持與生活滿意度之研究》。臺中東海大學社會工作學系碩士論文。

林明禎（2007）。《老人日間照顧服務輸送品質之研究》。臺中東海大學社會工作學系博士論文。

林美珍主編（1994）。《老人的終身教育》。嘉義：嘉義師範學院。

林韋萱（2004）。〈銀髮住宅市場加溫，哪裡是退休桃花源〉，《2005理財特刊》。臺北：遠見。

林娟芬（1999）。《婦女晚年喪偶適應之研究》。香港中文大學社會福利博士論文。

林淑萱（2007）。〈高齡婦女的經濟安全保障何去何從〉，《社區發展季刊》。第116期，頁142-155。

林勝義（2006）。《志願服務與志工管理》。臺北：五南。

林惠貞（1999）。《慢性病老人家庭主要照顧者之困擾、需求與社區照顧支持方案期待之初探——以臺中縣大里市為例》。南投暨南國際大學社會政策與社會工作學系碩士論文。

林智生譯（2001），Mayo Clinic著。《關節炎》。臺北：天下。

林萬億（1999）。〈邁向二十一世紀的後工業福利國家〉，《社區發展季刊》。第88期，頁27-48。

林萬億（2003）。《福利產業化，是啥東西》。臺北市福利聯盟。

林歐貴英等譯（2007），Rosemary Blieszner與Victoria Hilkevitch Bedford著。《老年與家庭：理論與研究》。臺北：五南。

林瓊嘉（2005）。《論老年財產權之保障》。嘉義中正大學法律學研究所碩士論文。

林麗惠（2006）。〈臺灣高齡學習者成功老化之研究〉，《人口學刊》。第33

期，頁133-170。

林麗嬋、蔡娟秀、薛桂香等（2010）。《老年護理學》。臺北：華杏。

邱天助（1990），教育部社會教育司主編。〈老人基本教育的理論與實際〉，載於《成人基本教育》。臺北：臺灣書店。

邱天助（2007）。《社會老年學：年齡、世代與生命風格之探究》。臺北：桂冠。

邱天助（2011）。《老年學導論》。臺北：巨流。

姜德珍（1998）。《老年心理與自我調適》。合肥：安徽科學技術出版社。

姚巧梅譯（2008），（日）曾野綾子著。《晚年的美學》。臺北：天下文化。

施寄青譯（1989），Allan Fromme著。《高齡的魅力》。臺北：遠流。

柯明君（2009）。《老年安養及長期照顧機構之社會工作者面對院民死亡之適應狀況探討》。臺中東海大學社會工作學系碩士論文。

柯素娥編譯（1994）。《老人看護指南》。臺北：大展。

涂筱菁（2006）。《老人安養護、長期照護機構社會工作者工作困擾影響因素之探討》。花蓮慈濟大學社會工作研究所碩士論文。

柯瓊芳（2002）。〈誰來照顧老人？歐盟各國奉養態度的比較分析〉，《人口學刊》。第24期，頁1-22。

柳秀乖（2009）。《癌症飲食全書》。臺北：原水。

段德智（1994）。《死亡哲學》。臺北：洪葉。

洪貴真譯（2003），Vimala Pillari著。《人類行為與社會環境》。臺北：洪葉。

洪鳳儀（1996）。《生涯規劃自己來》。臺北：揚智。

洪蘭（2008）。《大腦的主張》。臺北：天下。

洪蘭譯（2002），Rita Carter著。《大腦的秘密檔案》。臺北：遠流。

紀金山、林義盛（2007）。〈臺北市老人養護機構組織形式與組織績效表現之分析〉，《社區發展季刊》。第119期，頁328-346。

紀金山、劉承憲（2010）。《臺灣長期照顧服務政策與治理：以「居家服務」為例》。第一屆發展研究年會會議論文。

胡幼慧（1995）。《三代同堂：迷失與陷阱》。臺北：巨流。

胡幼慧（1997），劉毓秀主編。〈解讀臺灣長期照護體系的神話：「家」與「國」的性別剖析與另類思考〉，《女性、國家、照顧工作》。臺北：女書文化。

胡幼慧、周雅容（1996）。〈婦女與三代同堂：老年婦女的經濟依賴與居住困境

探索〉，《婦女與兩性學刊》。第7期，頁27-57。

胡澤芷（1997）。《臺灣地區老人健康狀況之動態分析：多重狀態生命表的應用與分析》。嘉義中正大學社會福利研究所碩士論文。

范明林、張鍾汝編著（2005）。《老年社會工作》。上海：上海大學出版社。

范蓓怡（2007）。〈從高齡少子化社會探討臺灣高齡者就業之必要性〉，《社區發展季刊》。第116期，頁156-174。

孫安迪（2006）。《免疫處方──十大老化警訊》。臺北：時報。

孫武彥（2007）。《人類行為與社會環境》。臺北：新文京。

孫得雄（1997）。《人口老化與老年照護》。臺北：巨流。

徐立忠（1995）。《中老年生涯規劃》。臺北：三民。

徐思嫄（2006）。《影響居家服務使用情形及其相關因素探討──以臺北縣為例》。臺北大學社會工作系碩士論文。

徐悌殷（2004）。《彰化縣「居家照顧服務員」工作表現相關因素之研究》。臺中東海大學社會工作學系碩士論文。

徐慧娟、張明正（2004）。〈臺灣老人成功老化與活躍老化現況：多層次分析〉，《臺灣社會福利學刊》。第3卷第2期，頁1-36。

秦燕、游育蕙、黃孝鏘（1999）。〈臺中市老年人主要照顧者的壓力與需求〉，《中華醫務社會工作學刊》。第7期，頁75-103。

秦燕等（2001）。《安寧與緩和療護學》。臺北：偉華。

郝溪明（1999）。《都市中家庭失能老人與主要照顧者調整生活方式之研究》。臺中東海大學社會工作學系博士論文。

涂肇慶、陳昭榮、陳寬政（1993）。〈臺灣地區老年殘障率的研究〉，《臺灣大學人口學刊》。第15期，頁17-30。

康健雜誌（2007）。《找對醫生看對科》。臺北：康健雜誌。

張文華（2007）。《健康老人──銀髮族生理‧心理‧疾病》。臺北：華成。

張宏哲譯（1999），Jose B. Ashford、Crgig Winston LeCroy與Kathy L. Lortie著。《人類行為與社會環境》。臺北：雙葉。

張志成譯（2004），Jorg Blech著。《發明疾病的人──現代醫療產業如何賣掉我們的健康？》。臺北：左岸。

張明正（1997）。〈臺灣地區高齡人口自評健康及功能障礙之追蹤研究〉。收錄於孫得雄、齊力、李美玲主編，《人口老化與老年照護論文集》。臺北：中華民國人口學會，頁237-262。

張春興（1989）。《張氏心理學辭典》。臺北：東華。

張春興（1996）。《心理學》。臺北：東華。

張美惠譯（1996），Daniel Goleman著。《EQ》。臺北：時報。

張美惠譯（2009），Elizabeth Kubler-Ross及David Kessler著。《當綠葉緩緩落下》。臺北：張老師。

張桂霖、張金鶚（2010）。〈老人居住安排與居住偏好之轉換：家庭價值與交換理論觀點的探討〉，《人口學刊》。第40期，頁41-90。

張國燕譯（2003），Mayo Clinic著。《高血壓》。臺北：天下。

張國燕譯（2004），Mayo Clinic著。《攝護腺》。臺北：天下。

張菊華（1998）。《建立老人居家服務志工人力時間銀行制度之研究》。南投暨南國際大學社會政策與社會工作學系碩士論文。

張隆順編譯（1985），Richard A. Kalish著。《老人心理學》。臺北：桂冠。

張嘉玲（2005）。《臺中市獨居老人社會福利服務使用狀況及其相關因素之探討》。臺中東海大學社會工作學系碩士論文。

張麗伽（2010）。《老人安養護的第一本書——為長輩選擇另一個家》。臺北：書泉。

張鐘汝、范明林（1997）。《老年社會心理》。臺北：水牛。

梅可望（1997）。《不老的秘訣》。臺中：中華民國幸福家庭促進協會。

梅可望（2011）。《晚霞滿天：十樂老人80後的回憶》。臺中：臺灣發展研究院。

梅可望、黃堅厚、彭駕騂（1999）。《老年生涯規劃手冊》。臺中：中華民國幸福家庭促進協會。

梅陳玉嬋、齊銥（2004）。《老年學與老人工作面面觀》。香港：香港教育研究中心。

梅陳玉嬋、齊銥、徐玲（2006）。《老人學》。臺北：五南。

莫藜藜（1998）。《醫療社會工作》。臺北：桂冠。

莊安祺譯（1999），Paul G. Stoltz著。《AQ——逆境商數》。臺北：天下文化。

莊秀美（2003）。《老人團體工作實務》。臺北：學富。

莊秀美（2009）。〈從老人的類型與照顧者需求看「居家照顧」、「社區照顧」及「機構照顧」三種方式的功能〉，《社區發展季刊》。第125期，頁177-194。

莊朝榮（2005）。〈探討我國老人住宅的市場規模〉，《臺灣經濟研究月刊》。

第28卷第10期，頁13-18。

許雅嵐（2005）。《長期照顧體系社會型照顧方案成本之案例研究》。亞洲大學社會工作研究所碩士論文。

許傳盛（2009）。《從居家服務實踐經驗檢視長期照顧服務產業的營運與管理》。臺中東海大學社會工作學系博士論文。

許傳盛、彭懷真、陳宇嘉（2006）。〈當前我國長期照顧工作產業化之研究〉，「2006社會服務產業發展研討會」。屏東：美和技術學院。

郭玫怡（2005）。《臺中市獨居老人生活狀況之研究》。臺中東海大學社會工作學系碩士論文。

郭登聰（1998A）。〈我國老人安療養服務市場化可能性探討〉，《社區發展季刊》。第83期，頁62-73。

郭登聰（1998B）。〈政府與民間的關係再造：「促進民間參與公共建設法（草案）與社會福利民營化實施重點」的比較論述〉，《思與言》。第36卷第4期，頁147-192。

郭登聰（1999A）。〈福利與營利的對話：社會福利民營化的另類思考〉，《社區發展季刊》。第85期，頁142-155。

郭登聰（1999B）。《我國社會福利民營化形成與發展的歷史分析》。嘉義中正大學社會福利研究所博士論文。

郭登聰（2001）。〈我國社會福利民營化對社會福利機構現況分析初探〉，《社區發展季刊》。第94期，頁404-421。

郭登聰（2005A）。〈再論營利性組織參與老人安養護機構經營的可行性探討〉，《社區發展季刊》。第110期，頁95-110。

郭登聰（2005B）。〈推動社會福利民營化相關法治的析論〉，《社區發展季刊》。第108期，頁38-53。

郭靜晃等（1998）。《社會問題與適應》。臺北：揚智。

郭鐘隆、林歐貴英（2003），Nancy R. Hooyman及H. Asuman Kiyak著。《社會老人學》。臺北：五南。

陳人豪、黃惠璣、蕭文高、郭旭格、陳政雄、陳俊佑、陳瑛瑛、曾月盃、詹鼎正、石慧玲、毛慧芬、張淑卿、黃源協、蔡秋敏、王寶英、林志鴻（2011）。《老人照顧與服務》。臺北：威仕曼。

陳世堅（2000）。《社政與衛政平行整合的長期照顧系統模式之建構──合作與分工運作之探討》。臺中東海大學社會工作學系博士論文。

陳正芬（2006）。《從老人居住安排及未滿足需求論我國長期照顧政策》。嘉義中正大學社會福利研究所博士論文。

陳正雄（2004）。《臺灣地區老人福利服務設施現況與檢討》。桃園：中原大學。

陳宇嘉等（1996）。《高雄縣老人福利提供與需求評估研究》。高雄縣政府。

陳年等（2008）。《老人服務事業概論》。臺北：威仕曼。

陳怡潔譯（1998）。《人類行為與社會環境》。臺北：揚智。

陳玟玲（2011）。〈介紹日本東北大學聰明老化研究中心〉，《臺灣老年學論壇》。第11期，頁1-7。

陳亮功（2011）。《成功老化》。臺北：大塊。

陳俊良（2002）。〈福利產業發展趨勢「挑戰2008國家發展重點計畫」之衝擊與機會〉。收錄在《2002福利產業化實例觀摩暨研習營論文集》。

陳美花、嚴嘉楓（2005）。〈長期照護機構中社會工作者的角色〉，《臺灣老人保健學刊》。第1卷第1期，頁41-49。

陳英仁（2005）。《老人休閒動機、休閒參與及休閒環境偏好關係之研究》。臺中朝陽科技大學休閒管理研究所碩士論文。

陳淑美、張金鶚（2004）。〈三代同堂家庭遷移決策之研究〉，《人文及社會科學集刊》。第16卷第2期，頁325-349。

陳琇惠（2007）。〈臺灣國民年金制度規劃的發展與挑戰——一項艱鉅社會工程的構築〉，《社區發展季刊》。第116期，頁85-97。

陳琇惠、林奇璋（2010）。《銀髮族經濟安全與財務規劃》。臺北：華都。

陳惠姿、莊秀美、許銘能、鄧世雄、蔡芳文、鄭若瑟、瞿文英、吳孟恬（2009）。《長期照護保險法制服務提供及服務人力之評估》。行政院經濟建設委員會委託研究。

陳萱芳譯（2002），Jerome Groopman著。《第二意見——為自己尋求更好的醫療》。臺北：天下。

陳萱芳譯（2002），Norman Cousins著。《笑退病魔》。臺北：天下。

陳肇男（1993）。〈臺灣地區鰥寡老人之居住安排〉，《中國社會學刊》。第17期，頁163-179。

陳肇男（1999）。《老年三寶：老本、老伴與老友》。臺北：中央研究院經濟研究所。

陳肇男、史培爾（1990）。〈臺灣地區現代化過程中對老人的居住安排之影

響〉，《人口變遷與經濟社會發展研討會論文集》。臺中：中國人口學會。

陳寬政、余玉眉、李麗雪（1995）。〈臺灣地區老年疾病與功能障礙的指標建構〉，行政院衛生署八十三年度委託研究計畫報告。

陳寬政、陳昭榮、涂肇慶（1993）。《老年殘障與醫療費用》。嘉義中正大學社會福利學系暨研究所。

陳慧君（2004）。《臺中市北區居家服務支援中心「居家服務方案」之成果評估研究》。臺中東海大學社會工作學系碩士論文。

陳燕禎、謝儒賢、施教裕（2005）。〈社區照顧：老人餐食服務模式之探討與建構〉，《社會政策與社會工作學刊》。第9卷第1期，頁121-162。

陳燕禎（2007）。《老人福利：理論與實務》。臺北：雙葉。

陳燕禎（2009）。《老人生活福祉與社區休閒教育》。臺北：威仕曼。

陳燕禎（2010）。《老人服務與社區照顧》。臺北：威仕曼。

章英華（1994）。〈變遷社會中的家戶組成與奉養態度——臺灣的例子〉，《臺灣大學社會學刊》。第23期，頁1-34。

傅立葉（1994）。《從老年所得保障看臺灣社會福利體系的階層化》。國科會委託研究報告。

彭書媛（2006）。《南部七縣市非營利組織接受政府委託從事獨居老人照顧之夥伴關係——以社會交換理論為基礎》。高雄中山大學公共事務管理碩士論文。

彭駕騂（1987）。《教師心理衛生》。臺中：臺灣省教育廳。

彭駕騂（1996）。《婚姻輔導》。臺北：巨流。

彭駕騂（1999）。《老人學》。臺北：揚智。

彭駕騂（2006）。《老人心理學》。臺北：揚智。

彭懷真（2002）。《最近有點煩：About男人心事》。臺北：天下文化。

彭懷真（2004）。《賣力別賣命——忙碌中好好過生活》。臺北：健行。

彭懷真（2006A）。〈瑪土撒拉的長壽是祝福——評介《瑪土撒拉的密謀》〉序言。臺北：基督教論壇報。

彭懷真（2006B）。〈每天少工作兩小時，人生真棒！〉，《5／8人生黃金律》序言。臺北：天下。

彭懷真（2006C）。〈以樂觀態度迎接不可測的未來〉，《外卡效應——讓趨勢突變的58個未來關鍵事件》序言。臺北：臉譜。

彭懷真（2007）。〈避免人生悲劇，靠土喜樂豐富〉，《預約幸福退休人生》序言。臺北：天恩。

彭懷真（2008A）。〈孩子比石油重要，孩子是希望之所繫〉，《少子化：我們社會的災難與危機》序言。臺北：博雅。

彭懷真（2008B）。《21世紀社會學》。臺北：風雲論壇。

彭懷真（2008C）。〈老，我們和平共存吧！〉，《老的漂亮》序言。臺北：天恩。

彭懷真（2009A）。《社會學概論》。臺北：洪葉。

彭懷真（2009B）。《婚姻與家庭》。臺北：巨流。

彭懷真（2010）。《社區活動的強化與志工人力的充權——三個臺灣實踐的例子》。促進中國現代化學術研討會論文。

彭懷真（2012A）。《社工管理學》。臺北：雙葉。

彭懷真（2012B）。《工作與組織行為》。臺北：巨流。

彭懷真等譯（1991），Pefer J. O'Connell著。《社會學辭典》。臺北：五南。

曾中明、姚惠文、鄭貴華（2007）。〈我國國民年金之規劃歷程〉，《社區發展季刊》。第116期，頁11-27。

曾文星、徐靜（1985）。《精神醫學》。臺北：水牛。

曾竹寧（2001）。《失能老人社區照顧服務網絡建構之研究》。臺中東海大學社會工作研究所博士論文。

曾志朗、洪蘭（1993）。《成人認知能量之研究》。嘉義：中正大學認知科學研究中心。

曾昭旭（2002）。《老子的智慧》。臺北：健行。

曾薔霓、王正（2001）。〈照顧倫理與政府責任：臺灣實施雙軌制照顧津貼之探討〉，《經社法制論叢》。第28期，頁97-131。

曾瀝儀、張金鶚、陳淑美（2006）。〈老人居住安排選擇——代間關係之探討〉，《住宅學報》。第15卷第2期，頁45-64。

游麗裡、張美淑（2010）。《老人團體活動設計》。臺北：五南。

舒昌榮（2008）。〈由積極老化觀點論我國因應高齡社會的主要策略：從「人口政策白皮書」談起〉，《社區發展季刊》。第122期，頁215-235。

覃笑風譯（2003）。〈化公共問題為獲利契機〉，《哈佛商業評論》。第24期，頁145-154。

馮欣儀譯（2007），Christopher D. Hudson著。《預約幸福退休人生》。臺北：天恩。

馮瓊譯（1997），（日）京極高宣著。《思考老年——設計晚年生活》。北京：

社會科學文獻出版社。

黃志忠（2011）。「老人社會學之理論基礎」。暨南大學社會工作學系上課講義。

黃松林、洪碧卿、蔡麗華（2010）。〈活躍老化：臺灣長青志工之探討〉，《社區發展季刊》。第132期，頁73-92。

黃美娜（2005）。〈臺灣老人長期照護服務政策〉，《社區發展季刊》。第110期，頁29-32。

黃堅厚（2004）。《人格心理學》。臺北：心理。

黃富順（2002）。《老化與健康》。臺北：師大書苑。

黃富順（2007）。《各國高齡教育》。臺北：五南。

黃富順（2008）。《高齡教育學》。臺北：五南。

黃惠璣主編（2011）。《老人服務與照護》。臺北：威仕曼。

黃發典（1996），Maximilienne著。《社會老年學》。臺北：遠流。

黃旐濤、吳正華、戴章洲、賴添福、詹貌、簡鴻檳、黃鎮墻、徐慶發、陳星宇（2009）。《老人退休生活規劃》。臺北：五南。

黃旐濤、徐慶發、賴添福、蔡芳文、吳秀鳳、黃梓松、辛振三、林梅雅、黃偉誠、周慧敏、戴章洲（2007）。《老人服務事業經營與管理》。臺北：心理。

黃旐濤、戴章洲、黃梓松、辛振三、徐慶發、官有垣、黃志隆（2007）。《社會福利概論——以老人福利為導向》。臺北：心理。

黃源協（1997）。〈國家福利的另一種選擇——英國「社區照顧」的內涵、發展與挑戰〉。臺北：跨世紀的臺灣社會福利發展研討會，頁281-308。

黃源協（1998）。〈老人社區照顧的內涵與工作方法〉，《社區發展季刊》。第83期，頁157-167。

黃源協（1999）。〈新管理主義、社區照顧與社會工作〉，《社區發展季刊》。第85期，頁200-213。

黃源協（2000A）。《社區照顧：臺灣與英國經驗的檢視》。臺北：揚智。

黃源協（2000B）。〈社區照顧服務輸送模式之探討〉，《社會政策與社會工作學刊》。第4卷第2期，頁179-220。

黃源協（2000C）。〈社區照顧團隊的建構與管理〉，《社區發展季刊》。第92期，141-159。

黃源協（2001）。〈臺灣社區照顧的實施與衝擊——福利多元主義的觀點〉，

《臺大社工學刊》。第5期，頁53-101。

黃瑞杉（2004）。《照顧服務產業初步評估——以雲嘉南辦理非中低收入失能老人居家服務方案為例》。嘉義南華大學非營利事業管理研究所碩士論文。

黃碧霞、莊金珠、楊雅嵐（2010）。〈高齡化社會新對策——從「友善關懷老人服務方案」談起〉，《社區發展季刊》。第132期，頁3-14。

黃誌坤、王明鳳（2009）。〈高齡者上網環境友善情形之調查研究〉，《社區發展季刊》。第125期，頁485-502。

楊小萱（2009）。《女性老人知覺被遺棄經驗之探討》。臺中東海大學社會工作學系碩士論文。

楊永妙、張玉文（2002）。〈迎接老年少子新世代〉，《遠見雜誌》。臺北：遠見，第195期，頁86-216。

楊玉齡譯（2006）。《長生不老專賣店——充滿希望與爭議的生技大夢》。臺北：天下文化。

楊立民譯（1993）。《如何照顧年邁的父母》。臺北：業強。

楊志良（2003）。〈健康照護體系再造的本土經驗〉，《臺灣公共衛生雜誌》。第22卷第2期，頁82-86。

楊國樞、葉啟政（1991）。《臺灣社會問題》。臺北：巨流。

楊國賜（1999）。〈我國終身教育現況檢討與未來展望〉，《教育資料集刊》。第24期，頁275-289。

楊國賜主編（2002）。《新世紀的教育學概論》。臺北：學富。

楊培珊（1997）。〈失智老人之社區照顧〉，《福利社會》。第163期，頁1-4。

楊培珊（1999）。〈社會工作專業在長期照護中的角色與功能〉，《社會建設》。第102期，頁1-9。

楊培珊（2000）。〈機構式失智症照顧中社會工作的執行〉，《社會政策與社會工作學刊》。第4卷第1期，頁199-236。

楊培珊（2005）。〈老人長期照護機構及社工專業的現況與展望〉，《臺灣社會工作學刊》。第4期，頁148-169。

楊培珊、吳玉琴（2003）。〈臺灣非營利老人福利機構現況分析初探〉，《東吳社會工作學報》。第9期，頁45-74。

楊培珊、徐國強（2003）。〈一位獨居老人由獨立生活到進住照護機構的過程——談社會工作者在長期照護系統之間扮演的角色〉，《長期照護雜誌》。第7卷第1期，頁49-60。

楊培珊、梅陳玉嬋（2011）。《臺灣老人社會工作理論與實務》。臺北：雙葉。

楊漢湶（1993）。〈臺灣地區老人醫療照顧現況與問題探討〉，《社區發展季刊》。第64期，頁71-83。

楊瑪俐（2002）。〈更加養不起的未來〉，《天下雜誌》。臺北：天下，第249期，頁122-164。

楊靜利（1999）。〈老年人的居住安排──子女數量與同居傾向因素之探討〉，《人口學刊》。第20期，頁167-183。

楊靜利（2002）。「臺灣地區老人健康狀況及其影響因素之探討」。國民健康局九十一年度科技研究發展計畫。

溫如慧等譯（2007），Charles Zastrow、Karen K. Kirst-Ashman著。《人類行為與社會環境》。高雄：麗文。

溫秀珠（1996）。《家庭中婦女照顧者角色形成因素與照顧過程之探討──以失能老人之照顧為例》。臺灣大學社會學研究所碩士論文。

萬育維（1995）。〈兩代之間研究議題與反省：兼論相關政策的配合策略〉，《老人學術研究年鑑》。頁207-222。

萬育維（1997）。〈老人照護的現況與發展〉，《1997亞太國際老人照護研討會論文集》。頁185-202。

萬育維、郭登聰、王蕊婷（1999）。〈非營利組織對營運與營利的看法分析：以老人養護產業為例〉，《社區發展季刊》。第85期，頁166-188。

萬育維譯（2004），Mike Nolan、Sue Davies與Gordon Grant著。《老人照護工作──護理與社工的專業合作》。臺北：洪葉。

聖嚴（2007）。《歡喜看生死》。臺北：天下文化。

葉在庭、鍾聖校譯（2008），Ian Stuart-Hamilton著。《老人心理學導論》。臺北：五南。

葉至誠（1998）。〈老人安養問題之探討（上）〉，《社會福利》。第134期，頁53-58。

葉至誠（2010）。《老人福利服務》。臺北：威仕曼。

葉至誠（2010）。《老人福利國際借鏡》。臺北：秀威資訊。

葉志誠（1998）。〈老人安養問題之探討（下）〉，《社會福利》。第135期，頁55-60。

葉怡寧等編著（2012）。《老人心理學》。臺北：華都。

葉家興譯（2005），Laurence J. Kotlikoff及Scott Burns著。《世代風暴：人口老化

即將引爆新經濟危機？》。臺北：左岸。

葉紋芳、蔡如婷譯（2006），（日）齊滕正彥著。《當父母老年失智》。臺北：日月。

葉淑惠、張文芸等（2010）。《老人照護指引：長期照護醫療健康小組適用》。臺北：華都。

葉肅科（2011）。〈安寧照護服務：健康照護社工員的角色與功能探討〉，《社區發展季刊》。第136期，頁180-195。

董文芳譯（2007），Bill Bright著。《回家之旅──喜樂上路》。台福傳播中心。

詹火生（2009）。應長期照護保險制度規劃檢視「我國長期照顧十年計畫」成效及發展方向。臺北市行政院經濟建設委員會委託。

詹火生主編（1998）。《迎接高齡社會的挑戰》。臺北：財團法人厚生基金會。

詹鼎正（2007）。《你應該知道的老年醫學》。臺北：商務。

賈淑麗（2000）。〈臺灣居家護理現況分析〉，《社區發展季刊》。第92期，頁55-65。

賈淑麗等（2000）。《老人居家看護》。臺北：聯經。

廖榮利（1998）。《人類行為與社會環境》。臺北：商鼎。

趙可式（2007）。《醫師與生死》。臺北：寶瓶。

趙善如、趙仁愛譯（2001），Enid O. Cox及Ruth J. Parsons著。《老人社會工作：權能激發取向》。臺北：揚智。

劉文良、盧瑞芬、吳淑瓊等（1997）。長期照護需求量表的建立──SF-36中文版。行政院衛生署八十六年度科技研究發展計畫研究報告。

劉弘煌（2002）。〈老人家庭照顧期待之代間落差〉，《實踐學報》。第33期，頁67-83。

劉秀枝（2003）。《多動腦、不會老》。臺北：天下文化。

劉秀娟譯（1997），Timothy H. Brubaker著。《老年家庭》。臺北：揚智。

劉見祥、吳秀玲（2009）。〈高齡化對全民健保制度之影響〉，《社區發展季刊》。第125期，頁112-127。

劉玲惠、許惠仙、陳斐虹、邱德才（1999）。《中壯年生涯規劃手冊》。臺中：中華民國幸福家庭促進協會。

劉珠利（2004）。〈社區照顧與女性照顧者〉，《社區發展季刊》。第106期，頁79-87。

劉淑娟等著（2011）。《長期照護》。臺北：華杏。

劉雅文、莊秀美（2005）。〈中低收入老人特別照顧津貼之相關探討──關於福利使用自主權與照顧者女性化議題〉，《社區發展季刊》。第108期，頁237-247。

劉毓玲譯（1993）。《新政府運動》。臺北：天下。

劉震鐘、鄧博仁譯（2005）。《死亡心理學》。臺北：五南。

劉麗雯等（2003）。《老人長期照護機構網絡建立之評估研究》。臺北：內政部社會司。

潘淑美、林萬億（2000）。〈居家失能老人照顧津貼──以臺北縣為例〉，《社區發展季刊》。第92期，頁99-112。

潘淑滿（2003）。《質性研究：理論與應用》。臺北：心理。

蔡文輝（1988）。《婚姻與家庭──家庭社會學》。臺北：五南。

蔡文輝（2008）。《老人社會學》。臺北：五南。

蔡佩真（2006）。《臺灣癌症喪親家庭關係之變化與探究》。南投暨南大學社會工作學系博士論文。

蔡承志譯（2005），Cecil Murphey著。《老，是一種態度》。臺北：天恩。

蔡承志譯（2005），Gary Small著。《讓大腦變年輕》。臺北：商周文化。

蔡承志譯（2008），Cecil Murphey著。《老的漂亮》。臺北：天恩。

蔡明昌（1995）。《老人對死亡及死亡教育態度之研究》。高雄師範大學成人教育研究所碩士論文。

蔡果荃、張凱理譯（1982），Milton H. Miller著。《當你所愛的人病了》。臺北：時報。

蔡秋敏等（2008）。《老人安養、長期照顧機構社工人員操作手冊》。臺北：內政部。

蔡培村主編（1995）。《老人學習與生涯發展》。高雄：麗文。

蔡啟源（1994）。《老人福利與服務：研究與實務》。臺北：五南。

蔡啟源（1999）。〈地域福祉：「福利社區化」之日本風貌〉，《社區發展季刊》。第85期，頁214-225。

蔡啟源（2003）。〈老人「機構式照護」之評鑑〉，《社區發展季刊》。第101期，頁399-420。

蔡啟源（2008）。〈建構「老人長期照顧制度」之我見：日本「公共介護制度」經驗之參酌〉，《社區發展季刊》。第121期，頁428-437。

蔡翔傑（2007）。〈背道而馳？老人福利機構評鑑機制實行之初探性研究〉，

《社區發展季刊》。第119期，頁347-370。

蔡漢賢總主編（2000）。《社會工作辭典》。臺北：內政部社區發展雜誌社。

鄭政宗、賴昆宏（2007）。〈臺中地區長青學苑老人之社會支持、孤寂感、休閒活動參與及生命意義之研究〉，《朝陽學報》。第12期，頁217-254。

鄭清霞、鄭文輝（2006）。〈我國長期照顧制度的費用估算與財務處理〉，《臺大社會工作學刊》。第15期，頁167-216。

鄭凱文（2002）。《老人公寓公共空間中高齡者社交行為之建築計劃研究》。作者自印。

鄭堯任、孫彰良（2010）。〈「以房養老」活躍老化〉，《社區發展季刊》。第132期，頁106-122。

鄭慧卿（2001）。《絕地花園》。臺北：天下文化。

鄭讚源（1993）。〈多層次面向的老人安養照顧服務體系——我國老人安養照顧系統的四個整合方向〉，《社會福利》。第126期，頁15-23。

鄭讚源（1996）。〈如何整合民間資源，建立志願服務網絡〉。迎向二十一世紀志願服務會議實錄。臺北：中華民國志願服務協會。

鄭讚源（2000）。〈社會福利機構與政府之間關係的省思：以我國老人安養護機構為例〉。收錄於鄭讚源編，《新臺灣社會發展學術叢書：長期照護篇》。臺北：允晨，頁269-299。

鄭讚源（2001）。〈混合式福利經濟體制下公益導向與市場導向——安養護機構服務品質之初探〉，收錄於《照顧的混合式經濟論文集》。屏東科技大學，頁178-228。

蕭文高（2010）。〈活躍老化與照顧服務：理論、政策與實務〉，《社區發展季刊》。第132期，頁41-58。

賴秀芬、胡幼慧（1996）。〈那些社區資源真的可以用：失能老人家庭照顧者社區支持體系之動員力探討〉。中國人口學會：人口與老年照護研討會。

賴明宏（2011）。《老人營養學》。臺北：威仕曼。

賴建仲（1998）。〈老人居家服務整合之研究〉。臺灣地區老人服務輸送體系及網絡的建立學術研討會論文集，頁51-94。

戴章洲、吳正華（2009）。《老人福利》。臺北：心理。

戴瑩瑩、黃源協（2009）。〈老人居家服務品質觀點與要素之探討〉，《社區發展季刊》。第125期，頁272-286。

薛承泰（2008）。〈臺灣家庭變遷與老人居住型態：現況與未來〉，《社區發展

季刊》。第121期,頁47-56。

薛承泰(2011)。〈我國當前長期照顧政策研擬與困境〉,《社區發展季刊》。第136期,頁20-49。

薛承泰、陳素春(2010)。〈建構老人經濟安全的新選擇——不動產逆向抵押構想〉,《社區發展季刊》。第132期,頁93-104。

謝秀芬(2011)。《家庭社會工作》。臺北:雙葉。

謝美娥(1993)。《老人長期照護的相關議題》。臺北:桂冠。

謝美娥(2000A)。〈美國對失能老人非正式照顧者協助措施之初探〉,《社區發展季刊》。第92期,頁242-252。

謝美娥(2000B)。〈成年子女照顧者照顧失能父母之影響與因應經驗〉,《臺大社會工作學刊》。第3期,頁1-36。

謝美娥(2002)。〈失能老人與成年子女照顧者對失能老人遷居的歷程與解釋:從家庭到機構〉,《社會政策與社會工作學刊》。第6卷第2期,頁7-64。

謝美娥(2004)。〈失能老人的資源、居住安排、居住決定的掌控力與生活品質:一個量化的初探〉,《社會政策與社會工作學刊》。第8期第1卷,頁1-49。

謝儒賢(2005)。《福利混合供給模式部門互動關係之研究:以老人安養機構為例》。南投暨南大學社會政策與社會工作研究所博士論文。

魏惠娟(2008)。《高齡教育政策與實踐》。臺北:五南。

羅秀華、張美珠主編(2007)。《社區化的福利服務》。臺北:松慧。

羅紀瓊(1987)。〈近十年來臺灣地區老人家庭結構變遷的研究〉,《臺灣經濟預測》。第18期,頁83-107

譚家瑜譯(2005),Ernie J. Zelinski著。《幸福退休新時代》。臺北:遠流。

譚健民(1998)。《健康快樂又長壽》。臺北:希代。

關銳宣(1985)。《老人工作手冊》。臺北:張老師。

嚴秀雯(2001)。《政府與非營利組織夥伴關係之研究——以臺北市獨居老人照顧為例》。臺北大學公共行政暨政策研究所碩士論文。

蘇景輝(1999)。〈社區照顧實務探討〉,《社區發展季刊》。第87期,頁225-236。

蘇麗瓊、黃雅鈴(2005)。〈老人福利政策再出發——推動在地老化政策〉,《社區發展季刊》。第110期,頁5-13。

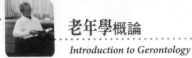
三、英文部分

Abbot, P. (1994). Conflict over the Grey Areas: District Nurses and Home Helps Providing Community Care, *Journal of Gender Studies*, 3(3), 299-306.

Amerz, A. T. (1993). *Sociology and People*, McGraw-Hill Co.

Arber S. and Ginn J. (1994). Women and Aging, *Review in Clinical Gerontology*, 4, 349-358.

Arnseth, H. C. (2008). Activity theory and situated learning theory: Contrasting views of educational practice. *Pedagogy, Culture & Society*, 16(3), 289-302

Ashford, Josh. Craig Winston LeCroy, and Kathy L. Lortie. (1999). *Human Behavior in the Social Environment: A Multidimensional Perspective*, Brooks/Cole Pub. Co.

Barash, D. P. (1983). *Aging: An Exploration*, University of Washington Press.

Barker, R. L. (1991). *Social Work Dictionary*, NASW Press.

Becker, Gary S. (1991), *A Treatise to the Family*. Cambridge Massachusetts: Harvard University Press.

Belsky, J. K. (1994). *The Psychology of Aging*, Brooks/Cole Publishing Co.

Belsky, R. (1989). *Psychology*, Harper Publishing Co.

Benjamin, H. (1997). *Marriage and Family*, Springer Publishing Co.

Bettelheim, Adriel. (2001). *Aging in America: A to Z*, CQ Press.

Binstock, R. H. & George, L. K. (Eds.) (1995). *Handbook of Aging and the Social Sciences*, Academic Press.

Birren, J. E. (1991). *The Psychology of Aging*, Perntice-Hall Inc.

Brehony, Kathleen (1996). *Awakening at Midlife*, The Berkley Publishing Group.

Boyd, Denise and Bee, Helen (2006). *Lifespan Development,* Pearson Education, Inc.

Brody, S. J., Poulshock, S. W., Masciocchi, C. F. (1980). The Family Caring Unit: A Major Consideration in the Long-term Support System, *The Gerontologist*, 18, 556-561

Brody, S. J. (1982). *The Hospital Role in Providing Health Care to the Elderly: Coordination with other Community Services*, The Hospital Research and Educational Trust.

Bywaters, P. & Harris, A. (1998). Supporting Carers: Is Practice Still Sexist?, *Health and Social Care in the Community*, 6(6), 458-463。

Cameron, P. (1975). *Psychology,* McGraw-Hill Co.

Cameron, P., Stewart. L. & Biber, H. (1973). *The Psychology of Aging*, Harper Publishing Co.

Cartell, T. D. (1971). *Intelligence*, McGraw-Hill Co.

Catherwood, Dianne & Gellibrand, Rachel (2004). *Developmental Psychology*, Crucial, a division of Learning Matters Ltd.

Cohen, Gaynor (1987). *Social Change and the Life Course,* Tavistock Publications.

Cohen, Gene D. (2000). *The Creative Age*, HarperCollins Publishers.

Conn,P. Michael. (Edi.) (2006). *Handbook of Models for Human Aging*, Elsevier Academic Press.

Connid, I. A. & Davis, H. N. (1997). *Marriage and Family,* Springer Publishing Co.

Cornaro, Louis (2005). *The Art of Living Long,* Springer Publishing Company.

Cowgill, Donald O. (1986). *Aging around the World,* Wadsworth Publishing Company.

Cross, J. A. & Markus, B. (1991). *Social Psychology*, Books/Cole Publishing Co.

Cumming, E. & Henry, W. (1961). *The Modern Sociology*, McGraw-Hill Co.

Davenport, G. M. (1999). *Working with Toxic Older Adults*, Springer Publishing Co., Inc.

Eckenwiler, Lisa (2007). *Caring about Long-Term Care: An Ethical Framework for Caregiving*, Center for American Progress.

Elison, Jennifer & MaGonigle (2003). *Liberating Losses—When Death Brings Relief,* Perseus Publishing.

Ellis, Albert (1998). *Optimal Aging. Get Over. Getting Older.* Open Court Publishing Co.

Erber, Joan T.(2005). *Aging and older adulthood*, Thomson/Wadsworth.

Ernie, D. S. (2004). *Sociology*, Harper Publishing Co.

Ester, E. H. et al. (1988). *Sociology and Daily Life*, Prentice-Hill Inc.

Everett, J. E., Homstead, K., & Drisko, J. (2007). Frontline worker perceptions of the empowerment process in Community-based agencies. *Social Work,* 52(2), 161-170.

Fried, Bruce J.& Johnson, James (2001). *Human Resources in Healthcare: Managing for Success*, AUPHA Press.

Garner, Dianne J. (1995). Long term care. In Mizrahi, Terry, Davis, Larry E. (Eds.), *Encyclopedia of Social Work*, Silver Spring, National Association of Social Workers, 1625-1634

Gerike, Ann. E. (1997). *Old is Not a Four-Letters Word*. Papier-Mache Press.

Giles, Bridget (2002). *Developmental Psychology*, The Brown Reference Group.

Goldberg, E. (2005). *The Wisdom Paradox*, Cotham Books.

Harlen, W. H. (2001). *Marriage and Family*, John Wiley Co.

Harmen, D. B. (1975). *The Changing Society*, Harper Publishing Co.

Harwood, Jake (2007). *Understanding Communication and Aging*, Sage Publication Inc.

Hayflick, B. (2002). *The Old People*, Harper Publishing Co.

Hedda AT,Eva von S, Matti V, Bengt W, Laura F (2001). Institutionalization in the Elderly: The Role of Chronic Diseases and Dementia. Cross-sectional and Longitudinal Data from a Population-based Study. *Journalof Clinical Epidemiology*, 54,795-801.

Hess & Markon (1992). *Growing Old in America*. Transaction Publisher.

Hummert, M. & Shanner, J. (1994). *Cognitive Functions of Old Age*, McGraw-Hill Co.

Jeffers & Verwoerdt (1987). *Aged and Aging,* Harper Publishing Co.

Johnson, M. L. et al. (2005). *The Cambridge Handbook of Age and Ageing*, Cambridge University Press.

Kalish, R. A. & Reynolds, D. K. (1976). *The Developing Age*, John Wiley Co.

Kane, R.A. (1987). Long term care. In A Minahan, *The Encyclopedia of Social Work*, Sliver Spring. National Association of Social Work, 59-72.

Kbler-Ross, E. (1969). *On Death and Dying*, Macmillan.

Kettner P. M. (2002). *Achieving Excellence in the Management of Human Service Organization*, Allyn and Bacon.

Kin,Kyung-Hye.(1993). *The Impact of Community-based Services on the Residential Choice of Older Americans*, University Microfilms International, A Bell & Howell Company.

Kropf, N.P. (1992). Home Health and Community Services, In R.L. Schneider & N.P. Kropf, *Gerontological Social work Knowledge, Service Settings and Special Populations,* Nelson-Hall, 173-210.

Kupersmidt, J. B. & Bengston, P. C. (1983). *The New World*, Prentice-Hill Inc.

Lemon, P. et al. (1972). *Sociology*, McGraw-Hill Co.

Levingstones, D. J. & Hopkins, C. A. (1990). *Development Psychology,* Books/Cole Publishing Co.

Levinson, D. J. (1990). A Theory of Life Structure Development in Adulthood, In C. N.

Alexander & E. J. Langer (Eds.) (1990), *Higher Stages of Human Development*, Oxford University Press, 35-54.

Malcolm L. Johnson (Edi.) (2005). *The Cambridge Handbook of Age and Ageing*, Cambridge university Press.

Margolis, Richard J. (1990). *Risking Old Age in America,* Westview Press.

Marshall, V. W. (Ed.) (1986). *Later Life: The Social Psychology of Aging*, Sage Publications, Inc.

McFadden, Susan H. & Atchley, Robert C. (Ed.) (2001). *Aging and the Meaning of Time*, Springer Publishing Company.

Meeks-Mitchell, L. (1987). *Health: A Wellness Approach*, Merrill Publishing Co.

Mitchell, C. M. & Linda, M. (1998). *Sociology,* Merrill Publishing Co.

Molarius A and Janson,S.(2002). Self-Rated,Chronic Disease,and Symptoms among Middle-aged and Elderly Men and Women, *Journal of Clinical Epidemiology*, 55, 364-370.

Moody, Harry R.(2010). *Aging: concepts and controversies*, Pine Forge Press.

Morley Patrick (1999). *Second Wind for the Second Half,* Zondervan Publishing House.

NASW. (1999). *Code of Ethics*, National Association of Social Workers.

NASW. (1999). *Gerontology for Health Professionals: A Practice Guide,* Florence Safford (Ed.), George I. Krell.

National Association for Home Care (2001). *Basic Statistics about Home Care*. http://www.nahc.org.uk.

National Association for Home Care (2001). *How To Choose a Home Care Provider.*

Nolan, M.R. (1997). *Health and Social Care: What the Future Holds for Nursing*, Keynote addressat Third Royal College of Nursing Older Person European Conference and Exhibition , Harrogate.

Parkes, C. (1972). *The Widows*, McGraw-Hill Co.

Perlmutter, M. & Hall, E. (1992). *Adult Development and Aging*, John Wily & Sons, Inc.

Pillari, V. (2002). *Social Work Practice: Theories and Skills*. Boston: Allyn & Bacon.

Prager, E. (2001). *Nutrition and Exercise*, John Wiley Co.

Rappaport, J. (1987). Terms of empowerment/examples of prevention: toward a theory for community psychology. *American Journal of Community Psychology,* 15(2), 121-145.

Rown, J. (1990). *Gerontology*, G. P. Putnam's Son.

Schaie, K. W. & Carstensen, L. L. (2006). *Social Structures, Aging, and Self-Regulation in the Elderly*, Springer Publishing Co.

Schaie, K. W. & Haffler, S. (2001). *The Agers,* G. P. Putnam's Son.

Schell, Robert E.(1975). *Developmental Psychology Today*, Random House.

Schiffman, H. R.(1990). *Sensation and Perception*, John Wiley & Sons.

Schneider, Barbara W., Mahoney, Kevin J. & Simon-Rusinwitz, Lori (2001). Consumer-Directed Care. In Mezey, Mathy D.(Ed.), *The Encyclopedia of Elder Care: The Comprehensive Resource on Geriatric and Social care,* Springer Pub, 152-154.

Schrader, C. (1999). *1001 Things Everyone Over 55 Should Know*. Doubleday.

Scissons, E. H. (1987). *Happily Even After. Making the Most of Your Retirement*. Demner Book Co.

Shah Ebrahim & Alex Kalache (Ed.) (1995). *Epidemiology in Old Age*, Crimmins EM.

Shankle, William Rodman. And Amen, Daniel G. (2004). *Preventing Alzheimer's*, G. P. Putnam's Son.

Sigelman, C. K. (1991). *Life-Span Human Development*, Cole Publishing Co.

Smith, G., Doty, P. & O Keeffe, J. (2000). *Supporting Informal Caregiving (under Medicaid)*, National Family Caregiving Support Program.

Solomon, B. & Garaner, H. (1999). *Educational Psychology*, Scott Foresman Co.

Stito, A. (2006). *Mental Health*, Harper Publishing Co.

Terman, J. (1972). *Psychology and Daily Life*, Cole Publishing Co.

Vierck, Elizabeth & Kris Hodges.(2005). *Aging :Lifestyles, Work, and Money*, Greenwood Press

Wagner, E. H.(1999). "Care of Older people with chronic illness" in Calkins, E. et al.(Eds), *New Ways to Care for Older People: Building Systems Based on Evidence*, Springer Publishing Co.

Webster, Andrew (2007). *Health, Technology and Society*, Palgrave Macmillan.

Weisstub, David N.et al. (Ed.) (2001). *Aging: Caring for Our Elders,* Kluwer Academic Publishers.

Yu-Hsien Li,Chaur-Shine Wang, Li-Ying Liao, Chung-Kwe Wang, Li-Shun Shih, Ran-Chou Chen, Pao Huei Chen: 陳寶輝等 (2003) Long-term survival of taiwanese patients with hepatocellular carcinoma after combination therapy with transcatheter arterial chemoembolization and percutaneous ethanol injection. *J Formos Med Assoc,* 102(3): 141-146.

Zelinski, P. T. (2004). *The Psychology of Aging*, Cohan Publishing Co.

Zuniga, Maria E.(1995). Aging: Social Work Practice. In Mizrahi, Terry, Davis, Larry E. (Eds.), *Encyclopedia of Social Work*, NASW Press, 173-183

四、雜誌及報紙部分

部分資料引用自《天下雜誌》、《康健雜誌》、《常春月刊》、《The Economics》、《大家健康》、《健康世界》、《理財週刊》、《安寧療護》、聯合報》2011/11/21/A13版。

五、網站部分

部分資料引用自樂齡網、銀髮網、中國網、維基百科、社區大學全國促進會網站、安寧療護照顧協會,以及部分資料檢索自 2010 World Population Data Sheet,網址:www.prb.org/Publications/Datasheets/2010/2010wpds.aspx。

老人服務叢書

老年學概論

作　　者／彭駕騂、彭懷真
出 版 者／威仕曼文化事業股份有限公司
發 行 人／葉忠賢
總 編 輯／閻富萍
企劃主編／范湘渝
地　　址／新北市深坑區北深路三段 260 號 8 樓
電　　話／(02)8662-6826　(02)8662-6810
傳　　真／(02)2664-7633
網　　址／http://www.ycrc.com.tw
　E-mail　／service@ycrc.com.tw
印　　刷／鼎易印刷事業股份有限公司
　I S B N　／978-986-6035-09-8
初版二刷／2014 年 9 月
定　　價／新台幣 400 元

國家圖書館出版品預行編目資料

老年學概論 / 彭駕騂, 彭懷真著. -- 初版. -- 新北
市：威仕曼文化, 2012. 04
面； 公分. --（老人服務叢書）
ISBN 978-986-6035-09-8（平裝）

1. 老人學

544. 8   101006758